国家社科基金项目：
基于数据库的零形回指解析方式实证研究，09BYY001

蒋平◎著

基于数据库的
汉语零形回指

研究
与
解析

中国社会科学出版社

图书在版编目(CIP)数据

基于数据库的汉语零形回指研究与解析 / 蒋平著. —北京：中国
社会科学出版社，2017.9

ISBN 978 – 7 – 5203 – 0841 – 0

Ⅰ.①基… Ⅱ.①蒋… Ⅲ.①数理语言学－应用－汉语－研究
Ⅳ. ①H1 – 0

中国版本图书馆 CIP 数据核字(2017)第 205633 号

出 版 人	赵剑英	
责任编辑	熊　瑞	
责任校对	季　静	
责任印制	戴　宽	

出　　　版	中国社会科学出版社	
社　　　址	北京鼓楼西大街甲 158 号	
邮　　　编	100720	
网　　　址	http：//www. csspw. cn	
发 行 部	010 – 84083685	
门 市 部	010 – 84029450	
经　　　销	新华书店及其他书店	

印　　　刷	北京明恒达印务有限公司
装　　　订	廊坊市广阳区广增装订厂
版　　　次	2017 年 9 月第 1 版
印　　　次	2017 年 9 月第 1 次印刷

开　　　本	710×1000　1/16
印　　　张	22.5
插　　　页	2
字　　　数	318 千字
定　　　价	99.00 元

凡购买中国社会科学出版社图书，如有质量问题请与本社营销中心联系调换
电话：010 – 84083683

前　言

一

　　零形回指又称零回指、零形式或零形指代（zero/null anaphora），是指在语言表达中再次提到某个指称实体时，采用零形式进行指代，表面上没有具体的语言符号或语音形式的指称现象。当今，回指的先行语解析问题已经成为计算机自然语言处理与机器翻译中需要解决的几个难题之一，零形回指是其中的难点。汉语是零形回指使用频率极高的语言，其先行语的确认或计算机解析是汉语自然语言处理和机器翻译中的难题，引起了国内外语言学研究者及计算机科学研究者的关注，至今没有找到可靠的解决办法。本研究是基于数据库的零形回指研究与解析，以计算机自然语言处理及机器翻译中关于汉语零形回指特征的描写与运用、规则的建立和零形回指先行语的解析为目的，选择了汉语三种不同体裁的语篇语料，对其中的零形回指、零形回指的先行语及其相关的各种因素包括距离因素、位置及位置关系、主题性、生命性、层次性、平行性、关联性等进行分析，对这些因素在语料上进行标注之后，建立了相应的数据库记录这些信息。在获得了对汉语零形回指的重要特征描写的基础上，形成了零形回指先行语的解析规则和原则，并对本研究的数据库中的6401例零形回指的先行语进行了解析试验，获得了可靠的结果。同时，为了测试本研究所使用的特征和规则在智能化计算机运算中的可行性和可推广性，本研究将数据库中的零形回指关系整理为124类，将其所涉及的108例语句共1230项有关成分全部标注之后，在智能化的 Logistic Regression 解析系统中进行尝试，获得了较为理想的结果以及对本研究所采用的特征和规则的检验。

二

本研究的理论框架是认知功能语言学。包括可及性理论、层次性理论、中心理论等。但在运用中，对其中的内涵和要素进行了扩展和调整。

基于 Ariel（1988）的可及性理论，本研究以语篇距离作为基本标尺，在以往研究的基础上，对零形回指的分布情况进行了再调查，同时，以凸显性为指导，对零形回指先行语和回指语所在的位置进行记录和分析，结合框架因素和竞争因素对零形回指的基本规律和特殊规律、先行语的特点、干扰成分的数量和强弱等进行分析。

借鉴 Keenan & Comrie（1977）的名词短语可及性等级体系，本研究对语料中零形回指先行语的句法位置规律进行了分析，得出汉语零形回指先行语的句法位置也有不同的可及程度。不仅如此，零代词的句法位置也同样具有可及性标示作用。先行语与回指语均在主语位置的可及性显然要高于先行语和回指语都在宾语位置或旁语位置的情况。为此，本研究将可及性概念在距离因素的基础上，进一步扩展到句法位置，是一种比 Ariel 的距离可及性分类体系更为具体而微观的做法。

运用 Fox（1987）和 Chen（1986）关于语篇结构的层次性和平行性的观点，本研究讨论了汉语零形回指和先行语所在结构的层次、层次的特点及其相互关系。不仅如此，我们还将这一概念拓展到研究回指环境中的其他语篇单位的结构层次，也用于对零形回指位置发生变化、反指和不同形式的长距离回指等问题的讨论。

采用中心理论和指称参照点等理论的核心概念，本研究进一步讨论了零形回指先行语的凸显性或主题性、回指的延续性、前指和后指、跨句回指等问题，并在中心理论的框架指导下，在已有研究与试验的基础上，基于本研究的数据分析，对回指解析的有关参数与特征进行了调整和修改，并对零形回指的先行语进行了解析试验。

三

在语料的选取上，本研究采取了比以往研究更为合理更为完善的考虑，选择了三种不同体裁的汉语语篇语料。之所以这样选择，是因为目前除了叙事语篇有较多的研究之外，新闻语篇和学术语篇的零形回指研究很少，很难知道其内部的零形回指面貌。为了使本研究的语料有更广泛的代表性，我们选择了三种体裁，同时，也希望借此机会能够研究不同语篇中的零形回指异同。之所以在叙事语篇之外添加新闻和学术语篇，也是考虑了这两种语篇的广泛性。本研究对语篇的年代跨度也有较全面的考虑，主要从 20 世纪 30 年代（新闻与学术语篇从 50 年代开始）到 21 世纪初，按照改革开放前的语篇和改革开放后的语篇分为早期和近期两个时段。三种语篇的语料各选取 9 万字，共 27 万字。

在对语料的标注和分析上，本研究不仅根据实际情况需要，对位置、距离、层次等因素进行了扩展，还对一些以往较为模糊的标准进行了界定，取得了创新。其中包括对零代词的标注标准的确定。这是一项较为复杂的工作，且在以往研究中没有统一的标准。本研究制定了零代词标注的 10 条细则，包括对以往未得到关注的零形回指的标注。例如，汉语中经常出现"的"字修饰语结构以动词开头，且其前未带名词词组（相当于英语的定语从句）。在本研究中，其动词前均计算为有一个零代词，定位为次层次结构（从句结构）中的零回指。

语料的基本标注单位也是棘手的问题。本研究根据语块理论以及当今计算机语言学正在建设大型语块库的新动向，结合对零回指语料的反复考察，规定语料的基本标注单位为词块。以切合自然语言表达的实际情况和语篇组织的心理过程，也与计算机模拟自然语言处理的最新做法取得一致。同时，本研究还对一些特殊的语块的划分进行了规定，使用了统一的标准。关于句子、小句单位的确定，本研究除了将句号、问号、感叹号、分号计为隔句符号，前后编号为不同的句（其中，将分号计为隔句符号是本研究的新做法）；将逗号、冒号、破折号计作小句分隔符，前后编号为不同的小句之外，还对标点符号过多的和无标点符号情况下的小句单位进行了界定。此外，还对语句的结构关系、语句的结构层次与结构层次类型、反指、定语从句中的零形回指，以及语料标注所涉及的句法成分、句法成分的内部分类等各种情况均进行了确定。例如，层次标注分为主次两种。插入算作次层次，前置定语从句、状语从句算作次层次，后补小句、内嵌句算作次层次，宾语从句算作次层次，定语从句中包含的定语或状语从句以及其他从句中包含的从句算作二级次层次。次层次的小句，未必仅指语法上的从句，而是语义上的，而且，也可以是整句作为次层次的结构。在标注宾语及介宾类的成分上，本研究将"有"之后、"是"之后、其他存现动词之后、"把、将、连"之后的名词成分，以及直接宾语和间接宾语等均采取分小类标注，以便考察之用。

四

经过多年深入而反复的分析、研究与探索，本研究获得以下一些主要发现：

1. 关于零形回指在汉语三种不同体裁中的个性和共性。研究发现，叙事语篇的零形回指最多，学术语篇的最少。从回指的句法位置看，新闻语篇的最简单，其次是学术语篇，叙事语篇的零形回指最复杂。从位置关系上看也是如此。另外，三种体裁还在回指关系的各自特色、指称对象的生命性和非生命性、抽象回指、无指等方面呈现出差异性。然而，它们有着重要的共性，包括：三种体裁的零形回指位置都以主语为主，其他位置上的零形回指都很少。在先行语方面，三种体裁也都是主语占据绝对数量，共有 4643 例。其次是宾语位置，共有 837 例，其次是主题位置，共 828 例。其他位置上的先行语都很少。在回指的位置关系上，三种体裁都以 S—S（S 表示主语）位置关系的零形回指最多，而且，排在前三位的都是 S—S、T—S、O—S（T 表示主题，O 表示宾语），排在第四位的都是 O—O 位置关系的零形回指。其他位置关系的零形回指很少，约为 6%。最后，在三种体裁中，叙事语篇的零形回指最具有代表性，从而说明，以往研究选择叙事语篇作为研究的材料有很好的代表性，也可以说明，零形回指的解析，就书面语而言，无须考虑分体裁解析。

2. 汉语零形回指的距离特征。在 Ariel（1988，1990）的研究体系中，先行语和回指语之间的距离是衡量先行语可及性的第一因素。我们发现，汉语零形回指也一样。距离是最重要的因素。在以往研究的基础上，本研究根据实际情况，对距离的统计做了调整，分为：隔段（先行语和回指语所在的段落之间还有别的段落）、前后段（先行语和回指语在相连的前后段落）、隔句（先行语和回指语所在的句子之间还有别的句子）、前后句（先行语和回指语在相连的前后句子）、隔小句（先行语和回指语在同一句子，但是之间还有别的小句）、前后小句（先行语和回指语在同一句子，并且在相连的前后小句）、小句内（先行语和回指语在同一小句内）。统计发现，汉语的零形回指绝大多数出现在先行语为前后小句的语境中。其次是先行语和零回指在同一小句内。第三个典型的距离是前后句，即先行语和回指语出现在前后相连的句子中，其间没有其他句子或者小句。加起来看，零形回指在这三种相邻语句中使用总量达到了 6037 例，占了总数的 94%。这为零形回指先行语的解析提供了极为重要的信息。

3. 句法位置上，本研究发现，如果说距离可以体现汉语零形回指使用的基本面貌，位置规律则更为突出。汉语零形回指的先行语最集中地出现在主语位置，占总数的 72.5%。其次是宾语位置和主题位置，分别为 13.07% 和 12.9%。主语的属格语位置有一些先行语（共 64 例）。旁语和宾语属格语位置有少量先行语，分别为 23 例和 6 例。没有发现其他位置的先行语。汉语的零代词更是集中在主语位置，共有 5916 例，占了总数的 92.4%。还有一个重要的发现是，零代词在其他位置出现的机会特别少，宾语位置和主题位置有一些零代词，分别为 274 例（4%）和 198 例（3%）。只有 10 例零代词出现在主语的属格语位置，3 例出现在旁语位置。其余位置没有零代词的使用。

就位置关系看，先行语和回指语都出现在主语位置的零形回指最多，共有 4476 例。其次是主题—主语位置的零形回指，共有 722 例。

这两种合计有5198例，占零形回指总数的81%以上。类似的位置关系还有主题—主题，共54例，主语—主题，共130例。与前两种加起来，共有5382例，占了回指总数的84%。其余位置关系的零形回指数量不多，却有几种是以往未曾讨论过的。例如，"主题—旁语"、"主语—旁语"、"宾语—旁语"位置关系的零形回指，本研究各有1例；"主语属格语—主题"位置的零形回指，本研究有2例；"宾语属格语—宾语"位置的零形回指，本研究有1例。此外还有"旁语—主题"和"旁语—主语"位置关系的零形回指。因此，本研究在语料上的扩充，获得了更多未知的零形回指位置关系。

在位置关系中，我们还发现了比较出格的两类。一类是先行语出现在宾语属格语或旁语位置的零形回指。这些位置在语篇表达中很不凸显，出现零形回指的先行语的可能性非常小。另一类是零代词出现在旁语位置，其先行语分别出现在主题、主语和"把"、"将"、"连"引入的名词成分的位置上。这些先行语的位置在语篇表达中是比较凸显的，可能说明，零形回指在旁语位置的使用，至少其先行语要足够突出。

4. 零形回指句法位置的排序。综合对零形回指位置的分析和比较，本研究参照 Keenan & Comrie（1977）提出的关于不同的句法位置上的成分实现定语从句化的可及性等级体系，在以往研究的基础上，获得了对汉语零形回指先行语的句法位置排序的修正：

T > O1/O3 > SM > S > O > OBL/OM

以上等级体系的重要性不仅在于，它把 Keenan & Comrie（1977）关于定语从句化的句法位置等级体系进一步扩展运用到零形回指的研究，更重要的是，在新的体系中，不仅主语的属格语排到了主语的前面（以往的研究或者把它笼统地作为属格语，列在旁语之后，或者作为其他类，列在序列的最后，最好的是将它排在主语的后面），宾语的属格语与旁语并列（以往的研究或者通通算作其他类，列在最后，或者将宾语属格语排在旁语前面），而且单独考虑了存现结构的宾语，并置于以上等级中仅次于主题的地位。

王德亮（2004）在基于中心理论的零形回指研究中，运用了"主题＞主语＞宾语＞其他"排序，结合其他规则的运用，取得了较好的回指确认结果。段嫚娟等（2009）对中心理论的排序进行了改进，吸收了将 SM 靠前排列的做法，取得了更好的效果。相信本研究基于大量数据分析获得的位置等级序列的进一步修正和优化更有利于中心理论的回指解析。

5. 零形回指的生命性与主题性。以往研究对零形回指先行语的生命性已有一些讨论，但未有过详细统计。本研究对此进行分体裁统计发现，除了学术语篇之外，零形回指的先行语最主要的是生命性的实体，其次是无生命的实体或事件，再次是抽象概念。场所、时间和天气很少成为零形回指的先行语。从数量最多的两种指称对象来看，生命性的实体和无生命的实体或事件无论在三种体裁中，还是在总体比例上，都占绝对数量。在本研究的6401例零形回指中，共有3695例先行语是生命性的实体，占总数的 57.725%，内部存在一定的体裁差异。新闻语篇中，生命性实体担任先行语的数量是1025例，占该体裁零形回指总数的51.61%；学术语篇中，生命性实体担任零形回指先行语的数量只有426例，占该体裁零形回指总数的30.47%，排第二位，比例最高的是非生命性的实体或事件担任先行语，达到了49.57%；在叙事语篇中，生命性实体的数量最高，达2244例，占该体裁零形回指总数的74.38%。

三种体裁的零形回指先行语在生命性上的差异与体裁的特点密切相关。新闻语篇的报道不仅要以人物为主，向读者详细说明事件的原委也是报道的主要任务。这就是为什么在新闻语篇中这两种类型的先行语比例都高。学术语篇不关注人物的进展，而以研究对象、问题或研究目标为主题，因此，生命性实体的零形回指数量和比例都不高。叙事语篇以人物描写和人物的活动为叙述的主体，因而，生命性的实体被关注的频率最高，这也是为什么其生命性实体的零形回指比例最高。然而，在总体数量上看，汉语零形回指先行语的生命性排序很清楚，可以形成以下等级体系：

A ＞ I ＞ C ＞ L ＞ T ＞ W

（A 为有生命的实体；I 为无生命的实体或事件；C 为抽象概念；L 为场所；T 为时间；W 为天气）

生命性和主题性有内在联系，基于这两方面的关系，本研究成功地解释了为什么在句法位置的等级体系中，主语的属格语和存现结构的宾语位置可以靠前，以及"把"、"将"、"连"所引入的成分可以成为零代词的先行语。

本研究发现，主语的属格语能够优先于同等条件下的主语是因为它所表达的指称对象的生命性。生命性带来了主语属格语在认知框架上的凸显性。由于生命性实体的运动性和方向性，较之非生命的、静态的、抽象模糊的实体引起更多的注意，更容易成为表达的出发点及关注点而成为先行语。因而，主语属格语的优先排序得到了认知语言学的凸显观和图形—背景观的支持。

存现动词引入的宾语在过去多作为一般的宾语处理，直到近些年关于主题引入方式的研究对这一类宾语的主题性提出了新的看法。本研究不仅发现，当先行语环境中有存现句 S 和 O 时，零代词更多地回指 O，而且发现，这是由于存现宾语的认知地位决定的，并从认知语言学的图形—背景关系的角度进行了成功的解释。

汉语介词引导的 NP 在下文很少用零形回指，"把"、"将"、"连"则是例外。这也是由于这些成分的强调作用及所引导的 NP 的次主题地位决定的。

6. 平行性和层次性。本研究发现，零形回指的平行性有句法位置平行性和语篇结构平行性两方面。一般来说，语篇结构平行，句法位置则平行。句法位置变化，语篇结构一定出现了不平行。比较典型的位置变换是：1）先行语在宾语位置，零回指出现在后续的主题或主语位置（O—T/S 位置关系）；2）先行语在主语位置，零回指在后续的宾语或旁语位置（S—O/OBL 位置关系）。

关于层次性，本研究发现，并不是所有的层次变化都引起零形回指位置的变动。这与以往的看法不同。出现在主句结构之前的从属状语（FAD1）、出现在主句结构之后的从属状语（BAD）、插入的状语结构

（IAD）、插入句（INS）和出现在主句结构后面的内嵌结构（EBAD）基本不影响零形回指的位置。出现在主句结构之前的从属定语（FAD2）和出现在主句结构之前的包含着状语或包含着另外一个定语的从属定语（FAD3）绝大多数也不会引起零形回指位置变化，只有当该定语结构所修饰的中心成分是宾语的时候，才出现零形回指位置变化。综合各方面的分析，本研究发现，出现在主句结构之后的从属补语（BADC）是主要的引起零形回指位置变化的次层次结构，其中又分为存现结构的补语、动补结构和补充说明结构，零代词往往出现在这些结构的主题/主语位置，先行语出现在其前的上一层次的宾语位置。

虽然从总体上看，零代词发生位置变化是由于其先行语出现在更高的结构层次，也有反过来的，这种情况多出现在 S—O 类型的换位回指中。因此，与以往观点不同的是，本研究对零形回指的换位更客观的解释是结构层次发生变化而产生的，未必都是从高的结构层次到低的结构层次。

关于平行性和层次性，还有两个重要的现象是，反指多出现在平行的句法位置，但多不是平行的结构。有两类次层次结构中出现零形反指。一种是在 FAD1（出现在主句前的从属状语结构），一种是在 FAD2（出现在主句前的从属定语结构）。

长距离零形回指多与平行性和层次性有极大的关系。一般来说，后续主结构层次中的零代词往往与前面主结构中的指称对象相联系，而且多以平行句法位置为主。次层次结构中的零代词，或者与其前的次层次结构中的平行位置的指称对象相联系，或者回指就近的更高层次宾语位置上的指称成分。这是主要规律。但是，我们也发现少量其他形式的出现在主次结构层次之间的长距离零形回指。还有，虽然长距离零形回指主要在主语—主语位置，但是，也有其他位置，如旁语、宾语位置；虽然夹在长距离零形回指中间的结构主要是次层次的，但是，也有其他层次，如并列结构，而且，中间结构并非总是简单结构；另外，长距离零形回指并非总是在主结构，也有次层次结构及交叉出现的长距离零形回指。这都是以往研究未曾注意的现象。

最后，平行性和层次性不是零形回指位置变化和距离变化的唯一原因，语句的主题性和语篇主题都会带来一定量的回指位置变化和长距离零形回指。

基于层次性的主要表现，我们为零形回指先行语的解析建立了层次性规则。

7. 对零形回指模糊性的揭示，并以具体的实例从多方面论述其模糊性的主观原因和客观原因。

8. 其他方面。除了以上主要发现之外，我们还发现零形回指的两种动词控制关系，一种是主语控制，一种是宾语控制。可以进行较清楚的分类，并可以采用动词分类的方法分化其中的先行语。以往有研究者讨论汉语主从句间的回指问题，涉及某些动词。本研究对语料中的两类动词进行了列表，同时，还发现了少量兼有两种功能的动词。

本研究对零形回指语料的分时段考察发现，零形回指的使用在时段上无区别，但是，零形回指的使用数量、位置和复杂度存在个人差异，似与表达者的语言风格、思维习惯、思想的开放度和复杂性等有关。

五

归纳起来，本研究的创新之处主要有以下几个方面：

1. 以往研究多次提到回指的层次性，并进行了一定的分析与应用，但没有进行系统的语料分析与标注。本研究在语料中对此做了清楚的划分和标注，并在数据库中详细地记录了这一特征。而且，本研究所涉及的层次类别也比现有的研究更为丰富。

2. 本研究对中心理论关于"中心是语篇片段中作为语篇模型一部分的语义实体"概念进行扩展，认为中心是双向的，不仅可以按照语言的线性顺序向右延伸，也可以左向扩展和控制其领域范围内的其他成员。同时，本研究认为，作为语篇模型中的一部分语义实体，中心的延伸性在其所在的语篇片段中是延续的，不因为次中心或局域中心的出现而中断，以保持对主题的延续性和回指的延续性的有效解释。

3. 本研究还在指称参照点理论的框架下，对于汉语的零形回指，增加了一个主语之上的参照点——主题，以及主语之下和宾语之下的若干参照点。另外，本研究认为参照点不仅形成领地，更重要的是形成不同层次的领地，这对于解释包括长距离回指和内包回指在内的零形回指现象有着具体积极的作用。

4. 本研究在 Duan（2006）、许余龙等（2008）和段嫚娟等（2009，2012）的研究基础上，在语句的划分上直接反映出句法层次。同时，针对段嫚娟等（2012：231）提出的问题，采取在语料标注时添加一些零形主题的办法，以有助于某些指代词的正确消解。并基于更为丰富的语料数据，对零形回指解析参数做了调整和修改，有助于获得更好的解析效果。

5. 基于以上各种处理，以及对数据库中的各种特征与关系的分析，本研究进行了零形回指先行语的解析试验，取得了对数据库中 88.3%先行语的解析。运行的规则包括先行语的位置、零形回指的平行位置关系和层次结构等。位置、生命性、平行性、层次作为主要特征；距离和概率是基本原则。

此外，针对以上解析中的机械性，为了增加本研究数据解析的智能化程度和考虑今后在开放语料中运用本研究的回指解析特征与规则，我们选择了 Logistic Regression 系统尝试解析本研究的零形回指的先行语。用的是从本研究的数据库中归纳出来的 124 类零形回指关系及相关语篇信息（共包括 108 例语句 1230 项有关成分），写成 txt 文本，进行了特征标注，包括 NP 的类、位置、生命性、层次性四个部分。试验获得了对零形回指解析 83.2%的正确率。该结果不仅表明了本研究思路和方法的可行性，也证明了特征选择的可靠性。试验还表明，如果增加语料的量，会取得更好的效果，并能够训练出一个模式，在开放的语料中进行尝试。

6. 当今，随着大型计算机语料库的出现，一些学者开始尝试机器学习型回指解析模式。其主要做法是首先在封闭语料库中对语料进行规则训练，称为训练语料库，然后推衍到大型的开放语料库中，由计算机自主学习算法和进行指代解析的公开测试。其最大的优点在于它的可扩展性。但是，我国学者关于机器学习回指解析的研究多针对汉语或英语的名词短语或代词，尚未对汉语的零形回指进行尝试。本研究作为一种新的尝试，能够为机器自学习的零形回指解析提供有益的参考。这也是本研究进一步努力的方向。

目　　录

第一章

引　言

第一节　回指

回指（anaphora）是语言中用各种形式指代上下文中提到的某个实体的复杂指称现象。一般来说，被指代的成分称为先行语，用于指代先行语的成分称为回指语。"回指"一词出自希腊语，意为"带回"（carrying back）。在现代语言学中，它常用于指两个语言成分之间的指代关系，对于其中的一个词语（称为回指语 anaphor）的解释需要依赖对于另外一个词语（称为先行语 antecedent）的意思的理解（Huang，2000：1）。例如：

(1) *John* loves <u>himself</u>.

(2) *Mr. Smith* is a linguistic teacher and <u>he</u> loves the job.

(3) 我们热爱*中国*，<u>她</u>是我们的母亲。

(4) 我国有广大的*市场*，我们要认真管理<u>这些市场</u>。

在以上例句中，画线的成分是回指语，斜体标示的成分是先行语。画线成分回指斜体成分所表示的对象，对于画线成分的解释需要借助对于先行语的解释。

在英语中，"anaphora"这一术语一般表示回指过程或回指现象，"anaphor"用于指与先行语相联系的回指的具体形式（Bosch，1983：2）。由于大多数情况下，被指的实体出现在上文之中，因此惯称为回指，或前指/指前。有时，被指代的先行语成分是句子或句子以上的单位，这一类回指被称为小句回指（clausal anaphora）。在一般情况下，被指代的先行语是词语。

　　按照先行语与回指语的出现顺序，回指可分为前指和后指。前指的先行语在前，回指语在后。后指又称反指，其回指成分在前，被指称的成分在后。后指在语言中远不如前指丰富。例如：

　　　　（5）Near him, *John* has a lovely dog.

　　　　（6）ø Standing at a sea shore, *you* can have a broad vision.

　　在以上的前一例句中，代词"him"在前，回指后面的"*John*"，在后一例句中，"ø"回指后面的"*you*"。

　　按照回指对象与先行语的所指对象之间的关系，回指可分为完全回指与部分回指，直接回指与间接回指。完全回指的先行语与回指语指称同一实体，部分回指的先行语与回指语具有整体与部分的关系或者一般与个别的关系。例如：

　　　　（7）I sent $John_1$ a $present_2$ and he_1 loves it_2.

　　　　（8）I don't have *your name card*. Can you give me one?

　　在以上的前一例句中，代词"he"和"it"与句子前面出现的"*John*"和"*a present*"所指对象完全一致。在后一例句中，"one"与"*your name card*"虽然都指名片，但是回指成分仅涉及其中的一张名片，具有整体与部分的关系。

　　直接回指的先行语与回指语指称同一实体或同一类实体。间接回指又称联想回指（associate anaphora），其先行语与回指语指称不同类或者不同范畴的实体，但是，在时空上或者概念上具有某种联系性，其回指语往往涉及先行语范围内的某一实体。例如：

（9）I gave *Mary*₁ *a new school bag*₂ and <u>she</u>₁ loves <u>it</u>₂. 直接回指

（10）We came to *a Chinese village* inside a mountain. <u>The old well</u> is still pouring out fresh water. 间接回指

按照回指语与先行语之间距离的远近以及中间成分的间隔数量和复杂程度，回指可分为近指和远指。近指是先行语与回指语之间距离近，中间没有间隔其他小句或小句以上语言单位的回指关系。远指也叫长距离回指，是先行语与回指语之间间隔了这些成分的回指。例如：

（11）*The post office* is just round the corner，and you won't miss <u>it</u>. 近指

（12）*The post office* is just round the corner. Go straight forward and turn left at the crossroad，and you won't miss <u>it</u>. 远指

从句法关系看，回指又可分为句内回指（intra - sentential）和句间回指（inter - sentential）。句内回指是先行语和回指语在同一句内的回指关系，又分为在同一结构层次和在不同结构层次两种情况，是回指句法研究的对象。例如：

（13）*John* only cares about <u>himself</u>.

（14）*John* said that Mary didn't understand <u>him</u>.

以上第一个例句是单句，先行语和回指语处在同一结构层次。第二个例句中有一个内嵌的宾语从句。先行语出现在主句结构，回指语出现在从句结构，但都在同一个句子之内。

句间回指是先行语在前一句，回指语在后一句的回指。由于常常涉及大于句子的语言单位，并且常常需要结合语境或语篇关系进行分析，句间回指是语篇回指研究的重要内容。

在句法成分上，回指还可分为名词词组回指（NP - anaphora）、名词回指（N - anaphora）和动词回指（VP - anaphora）（Huang，2000：2 - 5）。

名词词组回指是指先行语和回指语所采用的成分均为名词性成分。该类回指所采用的具体形式可以是零形式、代词、反身代词、专有名词和有定描述语。例如：

(15) *Professor Zhang* went to the lab very early ø to find the result. 零形式

(16) *May* said that <u>she</u> loves summer. 代词

(17) John said that *Mary* only cares about <u>herself</u>. 反身代词

(18) Jane told the news to *Mary* and <u>Mary</u> passed it to Nancy. 专有名词

(19) A report of *Liu Xiang* said that <u>the 110 - meter hurdle race champion</u> would take part in another competition soon. 有定描述语

以上各个画线成分以各种不同的形式回指每一句斜体中的名词词语所表达的实体，双方具有同指关系。

名词回指是指先行语和回指语均为名词性质，但是，相互之间的关系更多的是语义回指关系，即，先行语和回指语在语义上关联，但不指代同一个实体。例如：

(20) *Henry's favorite teacher* of his university study is Andy but George's ø is David.

(21) A new *city district* looks much more regulated than an old <u>one</u>.

(22) My colleague sold his old *PC* and bought a Lenovo new <u>PC</u>.

　　以上第一句中，"Henry"所喜欢的老师并不是"George"所喜欢的老师；第二句中的老城区与句子前面所说的新城区不是一回事；第三句中的新电脑自然也不是"my colleague"所卖掉的那台旧电脑。这是名词回指与名词词组回指的重要不同之处。

　　动词词组回指也是一种重要的回指形式，具体可分为五类：

　　a）动词删除（VP – ellipsis或VP – deletion）。指在后续小句中表示重复意义的动词被取消的现象。一种是在并列小句中删除动词，还有一种是在从属小句中删除动词。例如：

（23）My students wanted to visit Lu Mountain but they never did.

（24）John hated linguistics more than Bob did.

　　b）空位（gapping）。指在后续并列小句中起关联作用的某些成分被略去。这些被略去的成分是重复出现的动词或者是包含该动词的组合。例如：

（25）Burning summer is associated with the south of the country and snow ø with the north.

（26）The dean recommended 5 top students to other universities and ø the remaining 5 to this university.

　　c）截除（sluicing）。指将包蕴式补语成分中的小句予以省略，结果只留下引导该小句的疑问副词。例如：

（27）Sally promised to pay a visit to her supervisor but I don't know when.

　　d）剥离（stripping）。指将整个后续小句的结构省去，仅保留其中的一个成分。例如：

（28）John loves music, but not <u>his wife</u>.

（29）I phoned Timmy about the news, but not <u>George</u>.

e）零补语（null complement）。指句子动词的整个补语成分在后续小句中被省略。例如，以下前一例句中的"to hand in at least half of the homework"和后一例句中的"that he wouldn't be back for a few days"均在下文被省去：

（30）John's teacher asked him to hand in at least half of the homework, but he refused <u>ø</u>.

（31）John told Sally that he wouldn't be back for a few days, and Sally told Susan <u>ø</u>.

第二节　零形回指

回指词语，除了以上所述的各种分类之外，还可以根据回指形式的饱满程度，分为名词词组、专有名词、代词和零形式四种。前两类又可合称为有定描述语。代词又可分为人称代词、指示代词、不定代词、反身代词、互指代词等。零形式又称零回指、零形回指或零形指代（zero/null anaphora），是指在语言表达中再次提到某个指称实体时，采用零形式进行指代，表面上没有具体的语言符号或语音形式的指称现象。例如（为了醒目起见，以下将零形回指的先行语用下划线表示，零代词用 Ø 符号表示。）：

（32）<u>周文兴</u>把两只耳朵张得圆圆的，Ø 细听每一个字。

在以上例句中，"∅"位置上没有有形的词语，但存在一个表达实体与"周文兴"同指。语言中出现的这种回指现象就叫零形回指。"∅"表示这个位置上采用了零形式指代前面提到的"周文兴"，"周文兴"为先行语。

零形回指是语言中使用非常广泛的一种回指形式。上一节提到的反指、名词词组回指、名词回指和动词词组回指中都出现了零形回指。零形回指也是语言中较为复杂的一种回指现象。它不光可以像以上例句中的那样，先行语和回指语均出现在前后的主语位置，并且前后的句子是并列关系，也可以出现在其他位置，甚至出现位置交错或多重零回指关系，出现在结构层次不同的句子之间，或者出现在有其他句子间隔的语篇结构中。例如：（相同的下标数字表示同指关系）

(33) 车厢里高高堆着箩筐，我想着箩筐里装的$_1$∅$_1$肯定是水果$_2$。当然∅$_1$最好是香蕉。我想他的驾驶室里$_3$应该也有∅$_2$，那么我$_4$一坐进∅$_3$去∅$_4$就可以拿起∅$_2$来∅$_4$吃∅$_2$了。

(34) 原告与被告争论的焦点$_1$，∅$_1$是东史郎日记中记载的其上司桥本光治$_2$将中国人装入邮局麻袋$_3$，∅$_2$浇上汽油，∅$_2$捆上手榴弹，∅$_2$点着∅$_3$后∅$_2$扔∅$_3$进水塘的事实是否存在。

以上两个例子中均出现了多重回指，零形回指出现在不同的位置上，先行语的位置也很丰富。这些都给先行语的确认带来很大的麻烦。而且，零形回指不光可以前指，也出现后指。例如以下句子的开头所出现的零形指代：

(35) ∅$_1$为了使广大适龄儿童$_2$∅$_2$都有机会∅$_2$学习文化，拉萨军管会$_1$最近又帮助各居民委员会$_3$，∅$_3$采用民办方

式 Ø₃ 兴办了 19 所文化学校。

　　另外，由于它不具备有形的符号体现，零形回指本身的识别也成为语言学研究中的问题。

　　在不同的研究体系中，零形回指现象有不同的界定方式。在管辖—约束理论中，零形回指被看作空范畴（empty categories），即不具备具体的语音形式但在句法上存在着的一种实体的语法范畴。乔姆斯基（1981，1988，参见 Huang，1994：22 - 24）将空范畴分为名词语迹、*pro*、PRO 和变元四种类型。例如：

　　　（36）a. 名词语迹

　　　　　　The giant panda seems *t* to live exclusively on bamboo leaves.

　　　　　b. *pro*（意大利语）

　　　　　　pro parlano di pragmatica.

　　　　　　'（They）talk about pragmatics.'

　　　　　c. PRO

　　　　　　John promised PRO to study Classical Greek.

　　　　　d. 变元

　　　　　　Who does Chomsky admire *t*?

　　　　　　　　　　　　　　　　　　　（Huang，1994：23）

　　在 Ariel（1988，1990）以认知功能为基础的可及性等级体系中，零形式被视为高可及性标示语，标示着它的先行语在回指确认中具有最高的可及性。Ariel 根据不同类型的回指词语在语篇中所标示的先行语的可及性高低程度，将回指词语划分为低可及性标示语、中可及性标示语和高可及性标示语三种等级。低可及性标示语主要是采用全称名词或者全称名词 + 修饰语进行回指，中可及性标示语主要是采用指示代词或者指示代词 + 修饰语进行回指，高可及性标示语则是采用代词或者零形式进行回指。许余龙（2000）的研究得出，在汉语中，除了那些用于无指称词语间隔并通常出现在主语/主题位置上的某些代词和指示词语之外，零代词是最主要的高可及性标示语。

汉语是零形回指使用得极为丰富的语言。汉语零形回指的各种研究，包括句法关系分析、话语功能分析、语篇研究、先行语的识别与解析等一直受到国内以及国外语言学界的关注，加深了人们对于汉语零形回指的认识。同时，一些新理论的应用也进一步深化了人们对汉语零形回指的研究与思考。由于汉语的零形回指多用于语篇衔接功能，因此，包括可及性理论在内的认知功能语言学理论框架和研究方法对于汉语零形回指的研究具有更为重要的意义。本研究所针对的即是汉语语篇表达中的名词性成分的零形回指现象，包括对名词词组和小句的前指和反指。

第三节　本研究的目标、目的、方法与意义

本研究是基于数据库的零形回指研究与解析，以汉语语篇为语料。回指解析是当今计算机自然语言处理与机器翻译中要解决的几个难题之一，零形回指解析是其中的难点。汉语是零形指代使用频率极高的语言，零形回指是重要的回指研究对象。但是，迄今为止，已有研究对于语料的掌握尚不充足，零形回指的分布情况、使用方式、先行语出现的规律、先行语与回指语之间的各种关系仍未得到全面的认识和科学的分析，使得理论探索与实验研究受到一定的局限。本研究正是基于对这些问题的思考，采取以大量的零形回指语料为基础，以数据库为分析工具，从中获取零形回指及其先行语的分布情况、使用方式、类型以及各种关系等数据。根据这些方面的数据总结出零形回指的各方面规律，写出可供计算机运行的参数与特征，进行计算机零形回指先行语的确认，对解析结果进行分析和总结，从而对零形回指的解析提出新的方法和建议。

已有的研究表明，汉语的零形回指在句法位置及位置关系等方面

呈现出一定的规律性。这使得我们考虑从这些方面入手，对它进行更为全面深入的研究。本研究希望在更充分的语料调查基础上，获得有关零形回指的使用环境、位置、距离、间隔、层次、延续与断续等更为全面的数据，理出零形回指的先行语与回指之间的各种关系，以便进行计算机的零形回指解析试验。本研究在功能语言学理论框架的指导下，采取自下而上、归纳式、描写性研究模式。具体设想与方法包括：

1）以丰富的语料作为调查材料以保证描写的充分性，避免片面性。选取现代汉语的叙事文体、新闻文体、学术文体书面语料各9万字，对零代词的位置、先行语的位置和先行语环境中的干扰语的位置、语篇距离、结构关系、层次性、指称同位与换位、长距离回指、交叉回指、内包回指等进行调查。

2）以语篇中的距离因素和句法位置因素为基础，确定语料中的零代词、先行语以及其他成分之间的各种距离及各自的位置等。

3）从形式入手，尝试一条形式与功能相结合，并且从形式上寻找零形回指使用规律的路子，以提高从功能角度进行的零形回指研究的形式化程度和回指确认方式的可操作性。本研究将运用认知语言学和功能语言学的有关理论，分析先行语环境中所出现的指称实体在语篇展开过程中的信息强度或照应性强度，将这些与实体所出现的距离和位置等因素相联系，以讨论不同的距离和位置等因素所造成的语篇实体的照应性强弱及投射方向。结合讨论回指语环境中各个位置上的空实情况，以确定某个指称实体对某种空位的填补。本研究将运用句法可及性理论（Keenan & Comrie，1977）分析零回指先行语的位置规律、零回指与先行语之间的位置关系，建立零回指的句法位置等级体系，以期对零形回指位置规律进行描写并对大多数零回指现象进行解释；这些描写和解释还需要借助主题性和生命性这两个重要的功能语言学概念。此外，本研究还将运用层次性、平行性等观点分析零回指与结构层次之间的关系，以获得对先行语环境中具有多指称词语情况下的零形回指、交叉回指、内包回指、反指和长距离零形回指等的解释。

4）建立数据库分析系统，以保证数据分析与测试的科学性与客观性。本研究将参照许余龙（2004）的数据库建设方法，用 Fox Visual Pro 软件建设零回指数据库分析系统。在系统中根据研究的需要设置不同的字段，逐条输入语料中的每一个零回指的信息及其各种相关数据，逐条储存这些信息以供分析。

5）根据语料的数据分析与研究的结果，总结出零形回指的位置、距离、层次、主题性等各种关系，写出可供计算机运行的参数与特征，进行计算机零形回指先行语的确认，对解析结果及整个研究进行分析和总结。

零形回指解析问题是机器翻译中复杂而尚未解决的问题。回指的计算机实验越来越要求语言描写的充分性。零回指在汉语语篇中的高使用频率和它在语形上的缺乏，给先行语的确认造成了很大的困难。在回指的确认中，如果零代词的先行语能够得到有效的识别，对于整个回指的确认具有重大意义。另外，与英语代词的回指研究相比，零形回指作为汉语中的一个极为重要的语言现象研究得远远不够，理应得到更为深入的描写和更深刻的认识。

本研究在语料的采集与分析上采用以往零形回指分析尚未有过的做法，以现代汉语的三种不同体裁的语篇语料为基础，并建立数据库进行语料分析，使研究具有了可靠的材料支撑和客观性保障。

本研究在方法上运用认知功能语言学理论，从距离、位置和结构层次等方面入手描写零形回指的使用规律，探索一条从形式上寻找零回指确认方式的路子，并揭示某些语言形式层面的规律所具有的功能特性，在语言学研究中具有较高的理论意义。

零形回指是汉语中普遍存在的现象，它的普遍性以及其中所具有的规律性与复杂性引起了多方面研究者的兴趣。近年来，它已成为句法、语义、语用、认知、语篇分析等领域的重要研究对象，也引起了众多哲学、心理学、认知科学和人工智能研究者的重视。另外，零回指现象在汉语语篇表达中的普遍性，不仅使它成为汉语语篇中的一种重要衔接手段而被加以讨论，也成为解读语篇生成机制和理解机制，特别是计算机自然语言生成和机器翻译中的语篇关系理解的重要课题，引起了广泛的关注。《中国语文》50 年创刊词提出，今后的汉语研究要朝着应用，特别是与机器翻译和计算机自然语言处理有关的应用方向发展。本研究顺应这个方向，具有明确的应用价值取向和实践意义。

第四节　本书的章节安排

本书共包括十一个部分。第一章是引言，介绍本研究的基本概念、研究对象、研究方法、主要内容、研究目的和意义。第二章对国内外回指研究进行回顾，着重回顾汉语零回指研究的情况、理论上的更迭、语料的使用情况、发展趋势以及问题与不足。第三章介绍本研究的基本理论框架和所运用的理论和观点。本研究主要采用认知语言学框架和功能语言学的理论、观点和研究方法。第四章是研究设计，包括语料的选取与数量、零形回指的确定方式、语料的标注方式、语言单位的确定、先行语与零回指位置、位置关系与层次关系的确定、数据库的建设方式、数据库建设的内容与信息提取方式等。第五章是零回指语料的总体数据分析，包括数量、位置、距离、间隔、位置关系、结构层次关系、一般分布与特殊分布等。第六章是零形回指的位置关系及先行语位置等级体系，包括先行语的位置规律、零代词的位置规律、先行语和零代词之间的各种位置关系，零形回指位置关系等级序列的建立等。第七章分析零形回指的主题性与生命性。包括对主语属格语的主题性与生命性的分析、存现宾语的凸显性与零形回指、"把" ＋NP 位置的凸显性与零形回指，以及生命性与零形回指先行语的分体裁考察。第八章是平行性、层次性与零形回指，主要讨论平行性、层次性与零回指位置的保持与变动之间的关系，包括句法位置平行、结构层次的平行与不平行等，涉及宾语位置的先行语的零回指情况、交错回指、内包结构或层递结构中的回指、回指插入情况和长距离零回指现象。第九章是零形回指的计算机解析验证。包括基于数据库的零形回指解析试验与问题分析、零形回指的计算机自学习解析尝试、所使用的特征与规则。第十章是关于零形指称中的模糊性的讨论和零形指代的模糊指称现象分析。第十一章是本研究的总结。

第二章

国内外回指研究综述

回指的研究涉及多种理论和不同的学派。有从语言的形式出发进行的分析，有基于语义与功能进行的探讨，有从句法结构关系、语义关系、篇章结构关系、语境与认知机制、心理语言学等角度进行的研究，也有以计算机自然语言处理和机器翻译为目的的解析实验与论证。此外，还有基于语料库的数据分析得出各种数理统计模式与算法。根据研究目的的不同，回指的研究还可以分为针对解释回指的生成机制所进行的研究和针对建立回指的先行语识别方式所进行的研究两大类型。

第一节 国外的回指研究

国外的回指研究在这里主要介绍的是西方国家尤其是英语国家的回指研究。在西方语言学界，回指的研究由于代词的句法关系问题和代词的生成机制问题起始于 20 世纪 60 年代，很快得到了众多学者的重视，不仅在句法学领域产生了广泛而深远的影响，而且引起了其他不同角度的回指研究与探讨。在这些研究中，影响较大的有 Ross（1967）、Langacker（1969）、Reinhart（1976，1981）、Chomsky（1975，1981，1988）、C. T. – J. Huang（1983，1984，1989）、Tang（1989）、Battistella（1989）、Cole, Hermon & Sung（1990）、Pollard & Sag（1992）等众多学者从生成句法学角度进行的句内回指探讨；Jackendoff（1972）、Bickerton（1975）、Wasow（1979）、Reinhart（1983 a & b）、Culicover & Wilkins（1986）、Reinhart & Reuland

（1993）、Culicover & Jackendoff（2005）等对回指进行的生成语义学及逻辑语义学解释；Kuno（1972 a & b，1987）、Bolinger（1979）、Westergaard（1986）、Levinson（1987，1991）、Huang（1994，2000）等学者从功能与语用角度进行的研究；Li & Thompson（1979）、Givón（1983，1985）、Chen（1986）、Fox（1987）、Tao（2001）等从功能和语篇分析的角度进行的研究；Ariel（1988，1990）、Gundel，Hedberg，Zacharski（1993）、van Hoek（1997）等从认知语言学角度进行的讨论，以及近年来 Hobbs（1978）、Grosz，Joshi & Weinstein（1983，1995）、Brennan，Friedman & Pollard（1987）、Lappin & McCord（1990）、Mitkov，Choi & Sharp（1995）、Kameyama（1998）、Tetreault（1999，2001）、Mitkov（2000，2002）等基于各种理论从统计学和计算语言学角度进行的回指计算解析。西方学者的回指研究主要关注代词的回指与先行语确认问题。从文献数量和研究人数来看，句法学对此问题的研究在前一段时期一直占主导地位，功能、语篇、认知及与机器翻译和计算机自然语言解析实验相关的研究在后一段时期开始占主要地位。

国外的回指研究非常丰富，以下主要回顾形式语法角度、语义角度、功能与语用角度、语篇分析、认知角度、回指的计算机解析和机器翻译回指处理中的一些有代表性的研究。

一　基于形式语法的回指研究

（一）研究英语代词回指的类型

由于代词在英语中形式多样，用法非常丰富，英语代词的回指用法也形式多样，且有多种分类方式。英语代词回指的分类成为研究问题之一。有关研究除了将英语代词回指分为反身代词和互指代词回指、关系代词回指、人称代词回指、代词的前指和后指之外，还发掘出英语中的一些特殊代词回指类型。其特殊性在于，这种代词并不单一性地指称某一具体对象或在实际中能够找到与先行语相同的指称实体，例如，著名的"驴子句"（donkey sentence）、"考试句"（examination sentence）和

"支票句"（paycheque sentence）等：

（1）If *any man* owns a donkey, he beats it.

（2）*No one* will be admitted to the examination, unless he has registered four weeks in advance.

（3）The man who gave *his paycheque* to his wife was wiser than the man who gave it to his mistress.

以上是这类句子的典型例句。第一句就是著名的"驴子句"。Geach（1968：128）认为，该类句子中的代词"he"必须看作是一个约束变量，受到"any man"的约束，但是，其具体指称又是不确切的。第二句被称为"考试句"。其特点是，句子中的先行语没有具体的指称对象，数量概念也不能转移到回指语上面，其中的代词不可能受到先行语数量的约束，不能看作约束变量。第三句被称为"支票句"。其特殊之处在于，句子里的代词所指的对象与先行语所指的对象已经不是同一个实体，有关研究指出，这是一种令回指研究和转换生成句法研究都感到十分棘手的代词现象。

（二）研究英语的代词化转换

代词化转换（pronominalization transformation）的研究是为了说明语句中代词的由来及其作用。有关研究所形成的基本规则是：

"在底层结构中具有共指关系的两个名词词组中的第二个，如果出现在内包句中，将在表层结构中被转换成一个代词。"（Lees & Klima，1963：23）

这一规则得到了许多学者的共识（Ross，1967；Langacker，1969；Lakoff，1968；cf. Wasow，1979；Postal，1970），并被运用于解释其他类型的代词的生成方式，例如：

"如果两个 NP 在同一个句法层面，则出现反身代词化（reflexivization）或互指代词（reciprocals）。"

（三）研究代词回指的顺序与控制

这方面的讨论，尤其是关于控制的讨论，可以说是句法回指和其他句法研究中的重要内容。自从生成语法出现以来，控制一直是一种反复被讨论的复杂的句法成分之间的关系，很多研究者对此进行了专门讨论。与指称词语的先后顺序相联系讨论回指的控制关系和控制条件的有 Ross（1967）、Langacker（1969）、Lakoff（1968）、Postal（1970）、Jackendoff（1972）、Lasnik（1976）等学者。例如，Langacker 所讨论的"先行—控制约束"（precede – command constraint）关系：

"一个节点 A '控制' 另外一个节点 B，如果：1）A 和 B 都不统领（dominate）对方；2）直接统领 A 的 S 节点（S – node）也统领 B。"

根据以上关系，一个代词，为了与某个特定的先行语具有回指关系，必须出现在该先行语之后，否则就必须被它所控制。如果先行语既不前置于代词，也不控制该代词，则不能构成回指关系，至少需要满足其中的一个条件。

上述原则，由于在解释某些实例时不够充分，又被其他学者修改或补充。例如，Jackendoff（1972）认为代词是在底层结构中形成的，因此也提出两条规则以确定代词和它们的先行语在句子中的共指关系。其规则是：

"规则1）：有选择地将一个名词短语定为与一个代词共指，除非该代词既先行于该名词又控制它；

规则2）：对于句子中的任何两个名词短语，如果没有确定它们之间的共指关系，将它们记为不具有这种关系。"

Lasnik（1976）认为，两个名词短语之间有没有共指关系只要在表层结构上确定就够了，不需要回到派生体系中去谈。他还认为，讨论非共指的条件比讨论共指的条件更加容易，因此提出了以下条件：

"公式：如果 NP$_1$ 先于且控制 NP$_2$，NP$_2$ 不是代词，那么，NP$_1$ 和 NP$_2$ 就不具有共指关系（否则就具有共指关系）。

关于控制的定义：一个节点 A '控制' 一个节点 B，如果统领 A

的最小循环节点（cyclic node）（S 节或 NP 节）也统领 B。"

　　但是，学者们发现，以上控制条件在实际中还是碰到不少例外，问题仍然是条件不够充分。例如，对于 Langacker 提出的 "先行—控制约束"，Lakoff（1968；cf. Wasow，1979：55）提出了以下例外：

　　　　（4）Near him, *Julius* saw a snake.
　　　　（5）In his flat, *Julius* makes cigars.

　　不难看出，以上两句中的回指关系是合理的。但是，其中的代词不仅先于先行词，而且控制它们（而不是如规则所说被先行语所控制），并没有遵守 "先行—控制约束"。

　　其次，"代词—先行语" 顺序在分裂句中的可接受性也构成一种例外，例如：

　　　　（6）It's his mother whom *Julius* loves.

　　为了解决以上反例，"先行—控制约束" 原则对原有的条件进行了修正和补充，形成：

　　"如果一个 NP 要成为位于其左边的一个有定代词的先行语，该代词必须至少要像该 NP 一样深藏在内包结构中。"

　　即便如此，以上原则在解释某些分裂句时，还是不完全行得通。因此，围绕着一致性、顺序与控制的反复讨论，还产生了以下关于英语代词与先行语回指关系的控制条件：

　　"假定在同一句内有一个 NP 和一个有定代词，该 NP 可能成为该代词的先行语，除非——

　　1）该代词与该 NP 的人称、性、数不一致；

　　2）该代词在该 NP 的左边，且该代词不如该 NP 的包蕴程度深；

　　3）该代词在该 NP 的左边，而且该 NP 是不可确定的。"

　　　　　　　　　　　　　　　　　　　　　　（Wasow，1979：61）

（四）成分限制理论的回指解释

在句法回指的研究中，具有重大影响的还有成分限制理论。成分限制（c‐command constraint）是 Reinhart（1976，1983a）针对句法结构树析图中的节点之间的限制关系进行的研究。成分限制具体描述为：

"一个节点 A 成分限制一个节点 B，如果——

最直接统领 A 的分叉节点 α_1 同时也统领 B，或者直接受到统领 B 的分叉点 α_2 所统领，而且该分叉点与前面的 α_1 属于同一类范畴。"

基于以上概念所产生的回指限制基本公式是："如果 NP_1 成分限制 NP_2，而 NP_2 不是代词，那么，NP_1 和 NP_2 不具有共指关系。"

因此，以下前一句中的代词与"Mike"构成共指，而后一句不行：

（7）a. *Mike* loves his mother.

b. He loves Mike's mother.

Reinhart 基于以上概念提出的两个限制条件是：

"1）如果一个先行词被一个代词成分限制，该代词不能成为该先行词的共指成分；

2）一个代词可以是一个非定指先行词的共指成分，只有当该代词被该先行词成分控制。"

Reinhart 的讨论与 Langacker（1969）等人的限制条件很相似。但是，与"先行—控制"等限制条件相比，"成分限制"的进步在于：第一，它不限于解释先行语在前的代词回指，也适用于先行语在后的回指；第二，它一改以往的控制条件，提出成分限制的崭新概念。这一新的控制关系能够清楚地揭示出代词的主语与非主语地位对于共指关系的可接受性的影响。

（五）约束原则的回指解释

乔姆斯基也对反身代词和代词的回指进行了研究并提出了著名的

约束原则。乔姆斯基的约束关系实际上是一种特殊的成分控制关系，在其中，控制和被控制的成分之间具有共指的关系，这种关系被定义为：

"α 约束 β，当且仅当——

1）α 成分控制 β，而且

2）α 和 β 共指。"

约束最早是逻辑学中的概念，指的是如何根据某些被称作量子成分（quantifiers）的逻辑算子（logic operator）对变量进行解释。例如：

（8）*Poor farmers* help <u>themselves</u>.

乔姆斯基（1980，1981）认为，在自然语言中，论元位置上的名词性成分就像一个个变量，可以通过它们之间的结构关系解释其中的共指特性。基于这一概念，乔姆斯基在他的管辖—约束理论中对代词和名词词语之间的共指关系限制进行了讨论，并且，他以特殊的标准区分了回指词（anaphors，包括互指代词、反身代词、名词短语语迹）和代词（pronominals）。其约束原则为：

1）约束原则 A：回指词语在其管辖范围内受到约束；

2）约束原则 B：代词在其管辖范围内自由；

3）约束原则 C：指称词语自由。　　　　（Chomsky，1981：188）

乔姆斯基的以上三条约束原则可以通过例句显示如下：

（9）a. *John* loves <u>himself</u>.

　　　b. *John and Sara* help <u>each other</u>.

（10）*John* said his mother loves <u>him</u>.

（11）John loves Sara.

（六）乔姆斯基对空范畴的解释

乔姆斯基的管辖—约束理论对零形回指做了一定的界定。在该理论中，零形回指被作为空范畴，即，不具备具体的语音形式但在句法上存在着的一种实体的语法范畴。

乔姆斯基（1981，1988）对空范畴进行了分类。他首先从非常抽象的层面区分了名词词语的两个概念，一个是回指词，一个是代词。回指词是以名词为表征的，其在指称上必须具有依赖性，且必须在同一句法范围内受到约束。代词是具有名词性质的表征，其可能在指称上具有依赖性，但是必须在某一个句法范围内自由。乔姆斯基认为，在这二分法之下，可以理想地期待四种名词性质的表达类型：（参见Huang，1994：22-24）

	词语表达式	空范畴表达式
a. ［＋回指词，－代词］：	词语回指词	名词语迹
b. ［－回指词，＋代词］：	代词	*pro*
c. ［＋回指词，＋代词］：	－	PRO
d. ［－回指词，－代词］：	名称	变元

以上空范畴表达式中的四种类型在实际中的用法可示例如下：

（12）a. 名词语迹

The giant panda seems *t* to live exclusively on bamboo leaves.

b. *pro*（意大利语）

pro parlano di pragmatica.

'（They）talk about pragmatics.'

c. PRO

John promised PRO to study Classical Greek.

d. 变元

Who does Chomsky admire *t*?

（Huang 1994：23）

乔姆斯基（1981）认为，在以上四种空范畴中，名词语迹和变元受到空范畴原则的制约。该原则写为：

"语迹必须得到恰当的管辖。"

但是，PRO 不遵守以上原则。在指派先行语的时候，以上四种空范畴也遵守着不同的原则。名词语迹、*pro*、变元分别遵守约束条件A、B、C。而 PRO 遵守控制理论中的原则。

（七）黄正德对空范畴的修改

基于对汉语零形回指现象的分析，黄正德（1989）对乔姆斯基的空范畴划分提出了修改。他认为不能将空语形式定为既是回指语，同时又具有代词性，认为 PRO 和 *pro* 应该同时被视为一种代词形的空语类型，可合称为 *pro*/PRO。因此，在他的分析中，只有三种空语形式：名词语迹、*pro*/PRO 和变元。

黄正德（1984）还提出了一个分析空主题的方法，即，当一个零回指出现在主语位置时，它或者被当作是一个非约束（Ã - bound）变元，或者被当作 *pro*/PRO 中的前一种（如果该小句被认定是限定性的小句），或被当作后一种（如果该小句被认定是非限定性的）。当一个零形式出现在宾语位置时，它或者被当作非约束（Ã - bound）变元，或者被当作一个受约束的（A - bound）名词语迹。（黄正德，1989，参见 Huang，1994：25）这五种情况具体可以采用以下例句说明：

（13）a. ø 来了。　　　　　　　　　（非约束变元）

　　　 b. 张三说 ø 很喜欢李四。（*pro*）

　　　 c. 老王请小李 ø 来。　　　（PRO）

　　　 d. 李四很喜欢 ø。　　　　　（非约束变元）

　　　 e. 小明被老师批评过 ø。　（受约束的名词语迹）

　　　　　　　　　　　　　　　（Huang，1994：25 - 26）

黄正德（1984：548 - 549）进一步认为，可以基于零形指代的两个参数给语言分类：一个是零主题参数，以区分零主题性的语言和非零主题性的语言；一个是零指代（pro‐drop）参数，以区分具有零指代的语言和不具有零指代的语言。从而分出四种语言类型：1）零主题—零指代语言（如汉语和葡萄牙语）；2）非零主题—非零指代语言（如英语和法语）；3）零主题—非零指代语言（如德语）；4）非零主题—零指代语言（如意大利语和西班牙语）。

（八）控制理论对零回指的解释

在乔姆斯基的管辖约束理论框架下，黄正德（1984）还提出了以下用于解释零形指代的控制规则：（Huang，1994：59）

"将一个空代词与最接近的名词成分同指。"

在这个规则中，"最小距离"被作为一种范围概念提出来。但是，这个概念过于粗糙，甚至没有将出现在同一小句中的受到成分限制的主语与受到成分限制的宾语区分开来。结果在以下情况的控制关系选择上出现问题。例如：

（14）司令员命令*我们*ø马上出发。

（15）小明说爸爸决定ø明天不用去上学。（Huang，1994：59）

对于以上第一句，"最小距离"标准难以预测零形式的控制成分是哪一个。因为，句中的位于主句主语和宾语位置的两个名词成分都是成分限制者。对于第二句，"最小距离"标准可能会导致错误的判断。

（九）反身代词回指的形式研究

反身代词回指在形式语言学中可以说是一个热门话题。众所周知，乔姆斯基（1981）约束条件A）就是对反身代词约束关系的解释。

约束条件A）："回指词语在其管辖范围内受到约束。"

该条件要求回指词语必须在最小的句法范围内受到约束。即它与先行语在同一句法结构之中，或者受同一谓语的控制。例如：

(16) *John* loves himself.

约束条件 A）也用于解释类似于以下句子中的回指关系。在以下第一句中，"himself"不能回指"Mike"，因为它不在小句范围之内，只能回指小句的主语"George"，因为"George"是出现在小句范围内的先行语。在以下第二句中，"George"和"brother"同是小句范围之内的先行语，"himself"不能够回指"George"，因为两者之间不具备成分控制关系，只能回指小句的主语"brother"，因为两者之间具备成分控制关系。

(17) Mike thinks that [*George* is proud of himself].

(18) Mike thinks that [*George's brother* is proud of himself].

在乔姆斯基（1986）修正的约束理论中，约束条件 A）经过修正之后，还可以解释反身代词或互指代词内嵌在先行语的共轭论元范围内的回指现象，例如：

(19) *John* found [a picture of himself].

这就是所谓的"相片反身代词"（picture noun reflexives）。然而，有学者发现，并不是所有的"相片反身代词"或其他类似结构中的反身代词回指都能够得到乔姆斯基修改的约束条件 A）的解释。Postal（1971）早就提出，"相片反身代词"这样的代词并不接受像普通反身代词一样的约束。Kuno（1972 a，1975，1987）也坚持认为，有些反身代词甚至还受到那些需要借助语篇概念（如"视角"）才能加以描述的各种约束。

基于以上问题，Pollard & Sag（1992：262）提出了一个糅合型的回指约束原则。这两位学者认为，约束理论关于反身代词和互指代词回指分布的概括靠不住，"相片反身代词"的回指关系不拘泥于上述约束。沿用 Kuno 的观点，两位学者从语篇约束的角度提出对"相片反身代词"的回指关系进行解释。这种约束还与独立驱动的以加工为基础的各种因素相互作用，产生新句法约束原则 A）。该原则不是以管辖关系或成分限制关系来体现，而是借助某种语法功能的模糊度（obliqueness）来实现的，这种模糊度类似于过去所说的语法等级中的诸概念。Pollard & Sag（1987）将这种等级概念或等级关系称之为局部模糊控制［Local o（bliqueness）– command］，并指出这种控制是根据"次范畴化"（subcategorization）特征形成的。局部模糊控制写为：

"一个回指词语必须与一个比它的模糊度低的共轭论元同指。"例如，以下两个句子中都有介词"to"和"about"，但是，前一句的反身代词回指关系成立，后一句的不成立（以"＊"标示）：

(20) a. Mary talked to *John* about <u>himself</u>.

b. ＊Mary talked about *John* to <u>himself</u>.

（Pollard & Sag，1992：266）

原因是，在关系语法中，"to"短语中的成分被认为比"about"短语中的成分的模糊度低，因此"about"短语中的回指词语可以回指"to"短语中的成分，但是"to"短语中的回指词语不能回指"about"短语中的成分。根据这一发现，Pollard & Sag（1992：287）对乔姆斯基的原则 A）修正如下：

局部模糊控制和局部模糊约束（local o – binding）关系定义为：

"1）A 在局部范围内模糊限制 B，如果 A 在内容上是一个指称参数，而且有一个次于 A 的次范畴表达系列（即，模糊度不如 B 的表达系列）；

2）A 在局部范围内模糊约束 B，如果 A 和 B 共指，且 A 在局部范围内模糊限制 B。如果 B 没有在局部范围内受到约束，那么就可以说它在局部范围内自由。"

基于以上定义形成的新约束原则 A 为：

"一个在局部范围受到模糊限制的回指词语必须在局部范围内受到模糊约束。"

该原则旨在保证：每当一个回指词在次范畴表达系列中比另外一个或一些指称词语更加模糊的时候，那么它一定与它们其中的一个词语共指。

相关的规则还有："如果一个动词的宾语部分包括一个主要宾语和一个更为模糊的成分表示的补语，而后者又是一个回指词，那么，该回指词既可以与主语，也可以与主要宾语共指。"该规则可以解释以下结构中的反身代词回指关系：

（21） a. *Mary* explained Bill to herself.

       b. Mary explained *Bill* to himself.

长距离反身代词回指也是句法回指研究的焦点之一，并成为验证和检测各种基于原则和参数产生的生成句法假设的标准，同时也成为探讨句法和语用分界的工具。（Huang，1994：75）长距离反身代词回指是指反身代词不在局部范围内受到约束的回指现象。这一现象在很多语言中都存在，而且起因不同，结构多样。有关研究不仅发现长距离反身代词在不同的语言中对约束条件有不同的要求，也发现了以下一些共同的特性：

1）长距离反身代词的先行语在它的局部范围之外；

2）长距离反身代词只接受主语为其先行语；

3）长距离反身代词形态上简单；

4）在代词和长距离反身代词之间不存在互补分布。

根据以上标准，汉语被认为是一种具有典型的长距离反身代词的语言。长距离反身代词回指的研究已经涉及多种语言及语言之间的比较，产生了不少理论探讨和实例分析。

二　基于语义的回指研究

（一）　对约束的语义修正

这主要是从语义学角度对约束条件进行修正，主要是借用论元结构分析中的一些概念和做法，参照题元等级关系对约束进行定义。基本上是参照 Fillmore（1968）和 Jackendoff（1972）等建立的题元等级关系对回指约束中的语义限定进行讨论。

题元等级关系：

施事 > 感事 > 目标/来源/方位/受事 > 题元

之所以出现借助题元角色修正约束条件的这一做法，有两方面原因。第一，在某些语言中存在着对约束（小句约束或长距离约束）产生作用的非形式化的东西。第二，越来越多的研究发现，形式化与非形式化因素相互作用，共同影响约束的程度，且因语言的不同而异。例如，现代希腊语是一种非形式化限制比形式化限制更起主要作用的语言。在该语言的结构中，回指约束关系更多地受到题元结构而不是形式结构的影响。另外，在匈牙利语、尼泊尔语、印第安拿佛和语等聚合型的语言中，同一述谓的论元之间可以互相构成成分限制关系。例如，在匈牙利语中，小句的论元之间的约束条件一般来说不是双向的，而是非对称的。研究还发现，在该语言中，影响约束关系的主要因素之一是先行语相对于回指语的主题凸显地位。

（二）　基于语义的回指控制研究

由于以句法关系为基础的控制理论存在着问题，Jackendoff（1972）提出将带补语的动词的词汇意义作为控制因素，以加强对回指的解释。这也是乔姆斯基（1980）所采取的一个做法。在尝试解决“许诺”类（promise - class）动词给“最小距离”规则引起的麻烦的时候，乔姆斯基提出将一个任意特性［＋SC］（意为“授予主语控制”）增加到这类动词的语义项上。对于第二大类控制动词，即，“劝说”类（persuade - class）动词，他认为也可以在词项意义上标记一个任意特性［＋CC］，即授予它们为补语控制动词。此后，还有其他学者提出主题同一条件（TIC）和主题有别条件（TDC）（Růžička 1983），用于加强对控制成分和被控制成分的选择。主题同一条件要求控制成分和被控制成分具有相同的主题身份，而主题有别条件要求它们具有不同的主题身份。根据这一概念，传统上被看作主语控制的动词，被乔姆斯基定为［＋SC］特性的动词，即在 Růžička 的模式中被标记为［＋TI］的动词。传统上被看作宾语控制的动词，被乔姆斯基定为［＋CC］特性的动词，即在 Růžička 的模式中被标记为［＋TD］的动词。

Culicover & Wilkins（1986）以题元关系为基础，提出了另外一种控制解释。在他们的理论中，不定式补语被视作基动词词组（base VPs），动词的词项中包含一条规定其主题结构的义项。主题身份被指派到一个称之为 R－结构的表征层面，R－结构受到完形限制和分布限制条件的制约。在此基础上，他们对控制成分的指派提出了一条共指规则，用于解释以下句子中补语动词"to go"的不同控制关系：

（22）John permitted/allowed Bill to go.

（23）John expected/wanted/tried to go.

（三）回指的"关涉"原则

回指的"关涉"原则（Aboutness Principle of Anaphora）是基于语篇范围和凸显两个基本概念建立的回指语义原则。其基本概念是，一个语篇范围内最凸显的对象就是语篇在某个时刻所"关涉"的对象。语言表达中代词的使用意味着它所指的对象是已知的，是语篇中处于显著地位的，是它所"关涉"的语篇范围中的对象。基于这一概念所形成的判断是："一个独立的或内包的句子 S 是关于一个对象 A 的，当且仅当，S 是一个关于 A 的言语行为。"

"关涉"还可以指相关性，如果一个句子是关于具体的某个个体，例如，"John's mother"，那么，它也可以间接地涉及这个个体中的

"John"。如果一个句子是关于谓语"kicked Fred"所表达的特性，它也可以间接地涉及其中的"Fred"。基于这一概念所形成的回指"关涉"原则是：

"一个出现在（独立或内包）句子 S 中的回指成分 A，指称某个对象 B，如果 S 是关于 B 的直接的或间接的陈述。"（Bosch，1983：206）

（四）前提—判断原则

Bickerton（1975）基于逻辑语义关系探讨了回指。他的回指分析完全抛弃了生成语法的框架，认为句法关系在决定代词的指称关系时没有多大作用。他通过分析预设/前提、句子重音、句间回指关系三种因素，认为可以在此基础上建立一条单一的原则解释所有的代词回指现象。其原则是：

"代词可以双向指称，可以跨越句子指称，可以由前提到判断，也可以由前提到前提，除非有一个名词词语通过派生已经被设为前提，而另外一个名词词语没有被设为前提。如果出现后者，那么代词将从更为一致的前提指称不一致的前提。"

Bickerton（1975）认为，运用以上原则，可以成功地分析以下类型的句子是否合乎语法：

(24) a.　* What annoyed <u>him</u> was my punching *Bill.*

　　　b. It was my punching <u>him</u> that annoyed *Bill.*

以上分裂句均含有一个前提成分和一个强调成分。在前一句中，wh - 从句中的信息是前提信息，其余是判断。因此，在前提中使用代词，而在判断中使用名词词语不能构成共指关系。在第二句中，分裂结构中的成分是判断，后续关系小句中的成分是前提信息。因此，在前提中使用名词词语，在判断中使用代词，是符合语法的。这一事实充分肯定了 Bickerton 关于代词是从前提流向判断的观点。

三　基于功能语用的回指研究

（一）Kuno 的信息原则

该原则从信息关系的角度考察回指现象。Kuno（1972 a & b）认为，可以通过区分可预测的、旧的信息和不可预测的、新的信息来找出一条关于回指的语用原则。他的分析首先包括三个基本假设。这些假设与先行—控制条件以及一些以语篇为基础的限制条件共同解释所有的有定名词回指。Kuno 最重要的一条假设是：

"在英语中，只有当两个共指的名词词语中最右边的一个代表旧的可预测的信息，反指代词才可能出现。"（Kuno，1972b：302）

该原则还指出，代词出现在句子左边的条件是，只有当它的共指名词在上文中是已经获知的信息。这一原则实际上是一条跨句子的语篇回指原则。Kuno 的第二条假设是：

"一个用于表示一个句子所关涉的对象（即句子的主题）的名词词语，不能在句子内部被代词指代。"（Kuno，1972b：305）

这一假设也来自于语篇关系。Kuno 的第三条假设是：

"对于指称对象需要加以进一步明确的名词词语，在句子的内部不能用代词复指。"

（二）Bolinger 的交际主题原则

Bolinger（1979）也提出一条回指语用原则。他没有把代词的使用看作是由于名词的共指关系引发的结果，而是以交际功能为出发点，将整个回指问题看作是说话者在表示饱满意义的全称名词和表示不饱满意义的其他名词形式之间的语用选择。他的原则不是直接关于什么时候出现代词，而是关于什么时候全称名词会再次用来确认一个上文提到过的指称对象。

Bolinger 的交际主题原则：

"处于主题地位的话题容易再次得到确认，而处于述题中的话题，只有当主题缺乏一个正常的话题形式（如主语名词或主语代词）时，才会得到确认（1979：306）。"

　　该原则可以解释为什么以下第一句和第三句可以接受，而第二句不行：

（25）a. The moment *he* arrived，*John* was recognizable.

　　　　b. * *He* was recognizable the moment *John* arrived.

　　　　c. I recognized *him* the moment *John* arrived.

　　在以上第一句中，由于对话题以全称名词形式重新确认是在主题位置上进行的，因此，句子的共指关系可以按照上述原则得到解释。在第二句和第三句中，对话题"John"的重新确认是在述题中进行的。按照 Bolinger 的意思，这种情况只有当出现在主题位置的共指代词不是一个正常的话题形式，即当它不是句子的主语的时候才合理。根据此标准，第二句的回指关系不合理，而第三句可以接受。

（三）交际动态回指原则

　　Westergaard（1986：59）基于布拉格学派的理论框架，也将语言的使用看作交际过程，提出交际动态（dynamism）回指原则。基本概念是，成分在句子中的先后顺序是根据它们所传递的交际动态的量来安排的，一般从最低量逐渐排列到最高量。句子中的常规语序以及最常见的交际动态分布是一个持续的"主题—传递—述题"序列。在交际动态的框架中，线性顺序、主题/述题、无标/有标、已知信息/未知信息、焦点、语法特征/非语法特征等都是成分分布的参考条件。

　　Westergaard（1986：63）还认为，交际的过程受到某个一般原则的制约。该原则影响句子的主题/述题和信息结构，对于回指选择代词还是全称名词起到重要的作用。据此，他通过借鉴前人的观点和自己的创新，提出了五条原则和两个限制条件，用于说明代词和全称名词回指分布的一般趋向。（1986：64－67）

　　另外，为了在原则受到违背的情况下，保证对代词和名词回指的一般分布的准确预测，Westergaard（1986：67）还提出了一个超级原则：

"在具有共指名词成分的句子中，如果一个是代词，另外一个是全称名词，代词不能比它所回指的全称名词更具有主题性。"

（四）回指赋值研究

回指赋值研究主要是 Westergaard（1986）和 Kuno（1987）等学者的尝试。

Westergaard（1986：67）在他的回指原则和限制条件的基础上，提出了一个系统的设想，希望基于信息的新旧、词语的句法位置、主题性、焦点等要素建立一个名词赋值体系，并提出在给词语赋值之后，再采用他的超级原则对句子及其回指关系进行分析。例如，假如碰到代词的积分点低于全称名词的积分点，即当代词更具有主题性的时候，那么两个成分之间就可以根据超级原则判为不具有共指关系。

Westergaard 赋值体系的第一步是人为地规定代词和全称名词的起点值不同，且不论出现在什么位置。这一人为规定的依据是，一个全称名词的语义重量大于代词，因此负载着更多的信息。所以，如果规定代词的起点值为 0，那么一个全称名词的起点值就可以是 +1。类似的做法也用于权衡和规定其他各种因素的值。其赋值体系中的内容包括：代词（0）、全称名词（+1）、主题（-1）、述题（+1）、旧信息（-1）、新信息（+1）。此外，Westergaard 还把语调和重音考虑为赋值的范围，因为重音的变化会造成焦点的转移，产生临时焦点或语用焦点，并因此改变回指关系。

Kuno（1987：159-161）基于对英语反身代词回指的限制条件的讨论，也提出一个回指赋值方案。他首先建立了一些具有约束意义的等级并将不同的量值赋予等级体系中的各个成分（Kuno，1987：158），认为这些等级可以在他提出的移情限制（Empathy Constraints）的基础上帮助解释简单句中的反身代词回指。以下是他的赋值等级及所赋的值。

表层结构等级：当先行语在主语位置而不是其他位置时，反身代词的用法更为自然——

主语 > 非主语

（+1）（-1）

言语行为移情等级：说话者很难从别人的角度出发，对涉及自己的事件进行陈述和描写。因此，在句子中出现第一人称代词，赋值为（-1）。

回指关系等级：在句子中，如果需要说话者选择外在的角度进行表达时，先行语在以下回指等级中的级别越高，反身代词的使用条件就越好：

有定名词词语 > 不定名词词语 > 不定代词

（+1）　　　　（-1）　　　　（-2）

Kuno 认为，根据以上赋值分配，对于一个给定的引发词语（先行语），其引起反身代词回指的引发潜力（trigger potential，TP）可以通过累计该词语从以上等级中所获得的分值进行计算。获得的分值越高，就越能够引发反身代词回指，否则就越不能引发。例如：

（26）*John* talked to Mary about himself.

John 的 TP 值：主语（+1）+有定性（+1）=（+2）

（27）? * Mary talked to *someone* about himself.

someone 的 TP 值：非主语（-1）+不定代词（-2）=（-3）

Kuno（1987）在使用以上赋值分析"相片反身代词"尤其是与英语关系从句有关的"相片反身代词"回指时，进一步将其他因素纳入他的赋值系统，包括知情度、施事强度、干扰成分、语义格、表层结构、可回指性、生命性、关系从句等，从而提出了一个用于解释"相片反身代词"回指的量化分析模式。

（五）主人公视角回指研究

主人公视角（logophoricity）指的是在句子或语篇中与当前的、外在的说话者相对立的内在主人翁的"角度"，通过某种形态和/或句法手段表现出来的语言现象。这里的"角度"可以包括词语、思想、知识、感情、感知和空间方位等。主人公视角这个概念产生于对一些非洲语言的分析。在这些语言中，存在着一种专门用于体现主人公内在视角的代词的用法（Huang，2000：172–173）。

在具体使用中，表示内在视角变化的代词需要有引发词，即引起在下文中使用视角代词的先行词。根据众多非洲语言的情况看，引发词基本上出现在主语位置，虽然在少数情况下，宾语或旁语位置的名词词语也有可能。

分析显示，主人公视角引发词或视角先行词往往会形成视域和控制范围，而显示内在视角变化的词语或句法形式通常出现在这个视域和控制范围中。

Stirling（1993：260）注意到，告知类（report – opening）补足结构的引导词也能够引起视角范围的形成。这些词往往是动词"说"的同义词，且往往是从该类动词发展而来的，有的仍然表示言说的意义。

以上概念不仅用于讨论非洲众多语言中以代词的形态变化表示的主人公视角现象，也被试用于分析其他语言中的长距离反身代词现象。汉语、日语和韩语均有长距离反身代词。在这些语言中，长距离反身代词可以做主语、宾语、间接宾语、旁语以及属格语。它们的先行语主要是主句谓语的核心论元，以主语最为典型。研究发现，在含有表示"听说"意义或心理过程的结构中，先行语也可以是其他成分（Huang，2000：191）。例如：

(28) 小明告诉小华说小兰说自己的坏话。

(29) 妈妈表扬了自己使小明很高兴。（Huang，2000：192–193）

（六）　新格赖斯回指语用分析

这是 Levinson（1987，1991）基于句法框架的回指语用研究，包括三个新格赖斯回指语用分析。在这些分析中，研究者首先假定一个回指的一般模式：

"形式简化的、语义笼统的回指成分倾向于在局域范围内获得共指解释；形式饱满的、语义具体的回指词语倾向于在局域范围内不共指。"

Levinson 认为，运用新格赖斯理论的 Q－、I－、M－原则解释回指指称，能够获得一个一般的语用模式以解释反身代词、代词和零回指的使用规律。在假定以下语义内容等级的基础上，Levinson 提出了他的语用模式：

语义内容等级：

实义名词＞代词＞零形式（实义名词的内在语义比代词更为具体，代词的语义比零形式更具体实在。）

回指语用模式：

1）在句法上允许直接编码一个共指关系的地方，如通过采用反身代词的形式，却用了一个信息更弱的表达成分，如代词，将"量—预示"一个非共指的解释。

2）语义宽泛、信息量最小的表达成分（代词和零形式）将根据"信息—预示"获得一个共指解释。

3）在一个可使用代词的地方使用有标记的成分，如实义名词，或者在一个可使用零形式的地方使用代词，将"方式—预示"一个非共指解释。

Huang（1994：128－46，2000：318－28）也采用新格赖斯语用框架，提出了另外一种回指研究方式。其设想产生于对汉语回指现象的考察。他认为，像汉语这样的语言，除了先行语和回指语可以是同一小句谓语的两个论元之外，一般情况下，共指的可能性总是大于非共指。在 Huang 的模式中，他首先假定在反身代词和其他回指词语之间，指称/依赖关系有区别，并认为这是由于语义差别造成的。因此，反身代词、代词、零形式和实义名词的使用可以在很大程度上由"方式—原则"和"信息—原则"先后进行系统的相互作用来决定，同时受到基于世界知识的 DRP 原则的限制。

四　基于语篇功能的回指研究

上述研究，无论是形式主义的，还是语义与功能语用的，多集中在解释以句子为单位的语句中的回指现象。较少涉及句子以上的语言单位及语境。本节回顾的是关于句子以上的语言单位的回指研究。

（一）指称推移与零形回指

Tao（2001）从跨语言比较的角度对指称推移的标记形式进行了研究。她认为，在有的语言中，指称的前后连贯是靠指称推移系统实现的，在有的语言中并不然。但是，不具备指称推移标记的语言有自己的一套推移方式。例如，在汉语中的推移方式就是零形式的使用。她认为，使用语法标记的语言和不使用标记的语言均具有指称推移系统，只不过实现的方式不同。为此，她提出两个假设：（Tao，2001：253）

1）指称表达中的格赖斯原则（格赖斯连续统）

清晰型　指称推移……主人公视角……性数一致/生命性……零形式　**经济型**

$$\longleftrightarrow$$

2）指称确认中的推理原则（推理连续统）

指称推移 ＞ 主人公视角 ＞ 性数一致/生命性 ＞ 零形式　**推理**

$$\longrightarrow$$

对于连续统右端的不使用指称推移标记的语言，Tao 认为，这类语言在指称推移中使用大量的零形式，取得了最大的经济度。汉语就属于这一类。而这一类语言中的回指关系，根据 Givón（1983）的主题连续性模式，在指称的推移过程中，如果后面的小句中使用了代词或全称名词，其意思就是，出现了不同的指称实体，意味着语篇主题连续性被中断。反过来，继续使用零形式则表明语篇主题的维持性。

从这一意义看，汉语的零形式具有保持主题连续性或者标记与语篇前面的主题一致性的作用。

（二）主题连续性与回指

主题连续性被认为是语篇回指中的一个重要特点。Givón 和他的同行通过对众多语言的研究证明，在很多语言中，主题性与回指编码之间有强烈的相关性。这一发现还得到了其他学者来自东亚语言的分析的进一步支持。例如，Clancy（1980）通过对比英语和日语的语篇回指发现，在这两种语言中，当指称距离近且没有干扰的指称项的时候，主题性就高，就会典型地出现简化的回指形式。Li & Thompson（1979）发现，汉语也是这种情况。例如，在汉语语篇中，零形式在"主题链"中出现的频率最高。往往在第一个小句建立主题之后，该主题便成为后续小句的主题参照点，后续小句的主题均无须以有形的指称形式予以标明。其他研究者也注意到汉语的这一现象。Chen（1986）注意到，汉语语篇中常常用零形式或代词显示语篇中的高主题连续性。Tai（1978）发现，当汉语叙事语篇中出现两个或两个以上指称对象时，常常用一个简化的回指形式复指充当主题的那个指称对象，用非简化或简化程度低的回指形式复指那个不是主题的指称对象。汉语叙事语篇中还有事实表明，前后指称的临近性与否，干扰指称项的存在与否，是影响主题连续性的两个主要因素。Chen（1986）发现，零形式和代词在汉语中倾向于用于近距离或没有干扰指称项的语境中，描述语倾向于出现在有干扰项的环境中。另外，对现代希伯来语的研究也显示出主题连续性与回指选择之间的相关关系（例如Ariel，1994）。

有关研究还注意到，处于主题地位的指称对象往往是叙事语篇或对话中的主体人物或主要对象。它们有以下共同特点：1）通常是施事或完全参与构成故事的行为或事件的引起者；2）它的生命程度高于其他成分；3）它在达到目的方面起主要作用；4）如果该事件中的人物需要具体名称的话，一般总是该实体；5）它反复被提到的次数，比任何其他实体多；6）它出现在多个场面，在不同的背景中出

现，而且它往往在叙述的开头就介绍给读者。（Huang，2000：305）

（三）关于回指位置的研究

Chen（1986）在关于汉语叙事语篇中的指称词语的生成和确认机制的研究中，对不同的句法位置上所使用的回指词语进行了统计。统计显示，句法位置与语篇中的回指词语的使用有密切的关系。汉语的回指词语在动词前、把字后、动词后1、动词后2、兼语（pivotal object）、旁语六种句法位置上的使用情况各不相同。例如，在动词前位置上，即在主语或主题位置上，零形回指的使用占多数。Chen 根据以上句法位置的统计，同时鉴于"把"字的介词特性，将把字后位置并入旁语位置之后，提出了一个汉语回指词语句法位置的等级：

动词前 > 动词后1 > 中心宾语 > 旁语 > 动词后2（1986：131）

在以上等级中，汉语的零形式主要出现在前两种位置，代词主要出现在动词后1、兼语、旁语位置，名词类可以出现在以上所有的位置，但以最后两种位置为最多。

（四）层次性与语篇回指

Fox（1987）提出了层次性模式（hierarchy model）以解释英语语篇中的代词回指。层次性指的是语篇中前后相连的小句之间的语义结构层次关系。该模式的基本假设是，话语的组织不仅按照线性顺序前后排列，而且按照层次性展开。Fox 认为，任何回指的研究都必须考虑语篇的层次结构。语篇不仅仅是小句链，而且是互相具有各种信息关系和互动关系的小句分层次组织起来的结构群。语篇的最基本单位是命题，命题的多层次组合形成修辞结构（R – structure），进而形成语篇。大多数修辞结构具有核心成分（nucleus）和附属成分（adjunct）。核心成分表示主要目的，附属成分提供补充信息。有的修辞结构只有并列的核心成分，没有附属成分。

Fox 认为，语篇的层次性是影响回指选择的重要因素。她结合回指的情况讨论了以下一些类型的修辞结构：1）议论；2）条件；3）环境；4）列表；5）叙述；6）因果；7）转折；8）正反；9）目的；

10）回应；11）对照。其中，列表、叙述、对照类的修辞结构主要包含并列关系的核心成分，其余修辞结构中均有核心和附属成分关系（1987：79）。例如：

（30）a. Buy only enough for immediate use.

b. As they spoil rather easily. （Fox，1987：83）

以上句子有两个小句，构成因果关系的修辞结构，a. 表示结果；b. 表示原因。前一小句是核心，后一小句是附属成分。附属成分可以用代词回指前面核心小句宾语位置上的所指对象。

Chen 从同样的角度讨论了汉语的零回指。他将修辞结构看作是小句和句子等语言单位之间认知关系的体现，认为这种关系是通过各种关系述谓建立的（1986：89）。Chen 讨论的关系述谓包括：顺连、罗列、对比、交替、背景、因果、让步、条件、说明等。前四种所带的论元之间是等立关系，后五种是主从关系。

Chen 将以上概念用于讨论汉语中的零形反指和受干扰的零形回指。例如，他认为，在非等立关系的结构中，当表示从属意义的小句出现在表示核心意义的小句之前时，就会出现反指，零形式出现在前面的小句，先行语出现在后面的小句：

（31）a. ø 因为急于做些什么。

b. ø 因为轻看学问。

c. 慢慢他习惯于懒惰。

五　基于认知的回指研究

（一）研究回指的可及性

可及性是近年以认知为基础的回指研究中的重要内容。这一概念首先由 Clark & Marshall（1981）用于讨论指称问题。两位学者认为，指称词语的使用与三种语境的可及性有关——百科知识语境、物理语境和语言语境。他们认为，在无标记情况下，作为"百科知识"保存起来的信息是难以自动获取的信息；物理环境中的信息，如果是说话者正在关注的内容，则在心理表征上具有较高的可及度；上下文刚提到的内容是最容易获取的信息。反映在指称词语上，则是分别使用有定描述语和名称、指示词语、代词与以上三种不同的语境对应。

Ariel（1988，1990）认为，以上只是指称词语可及性的一般情况。不能仅仅按照三种不同的语境简单地给指称词语分类，将某一种指称词语与某一种语境对应。她认为，语境差异虽然是大脑记忆差异的一种反映，大脑记忆的差异也可以反映在其他方面。语言中的不同指称形式，在被用作"连接成分"建立语篇衔接的同时，也用于指称给定的语篇中出现过的各种实体。那么，不同形式的指称词语就可以标示它们的指称实体从语篇的心理表征中被提取的相对难易程度，即可及性。不仅如此，指称所采取的形式与它所表示的实体的可及性之间还具有一种"形式—功能"相关关系。编码所采取的形式越精确，则它所表示的可及性越低，所指对象被提取的难度就越大，相反，编码所采取的形式越单薄，则它所表示的可及性就越高，所指对象被提取的难度就越低。

Ariel（1988，1990）进一步认为，所指对象被提取的难易程度，反映在语篇的上下文中，还可以是指称同一对象的两个表达成分之间的距离远近，因此，可以用于解释上下文中的词语之间的回指关系。换言之，在语篇中使用较单薄或较精确的回指形式可以意味着在语言的上下文中寻找该词语的先行语的难易程度。回指越是采用单薄的形式，意味着在指称同一对象的两个表达成分之间的距离越短，指称实体的可及程度越高。相反，回指越是采用复杂的形式，意味着指称同一对象的两个表达成分之间的距离越远，实体的可及程度越低。基于这一考虑，Ariel 对英语实际语篇中的各种指称词语的分布和指称同一对象的最靠近的词语之间的语篇距离进行了统计，得出的结论是，在上下文语境中，不同的指称词语的选择确实标示了先行语的不同可及程度。她对先行语的不同可及程度的衡量主要基于以下四种因素：

距离因素——先行语与回指语之间的距离；

竞争因素——先行语身份的竞争者数量；

凸显因素——先行语确认中主题地位的重要性；

框架因素——先行语确认中结构框架的重要性。

（Ariel，1988：65）

基于对这些因素，尤其是距离因素的分析，Ariel 把英语中的各种指称词语划分为高可及性、中可及性和低可及性标示语。其中，代词被确定为高可及性标示语，因为代词的先行语主要出现在同一句和前一句；指示词语是中可及性标示语，因为它们的先行语主要出现在前一句和同一段；有定描述语是低可及性标示语，因为它们的先行语主要出现在同一段和前一段。

（二）对可及性标示语的排列

Ariel（1990）不仅根据先行语与回指语之间的距离等因素，把各种指称词语划分为高、中、低可及性标示语，而且对这三种标示语的内部情况做了进一步的研究，排列出以下关于英语回指词语的可及性等级（等级中的词语所表示的先行语的可及度由上至下递增）：

a. 全名 + 修饰语

b. 全名

c. 长有定描述语

d. 短有定描述语

e. 姓

f. 名

g. 远指指示代词 + 修饰语

h. 近指指示代词 + 修饰语

i. 远指指示代词（ + NP）

j. 近指指示代词（＋NP）

k. 重读代词＋手势

l. 重读代词

m. 非重读代词

n. 附着（cliticized）代词

o. 极高可及性标示语（包括各种零形式、语迹、反身代
词和一致关系）　　　　　　　　（Ariel，1990：73）

（三）基于概念结构的回指模式研究

van Hoek（1997）基于 Langacker（1987，1991）的认知语法框架，提出了一个关于代词句内回指的限制模式，认为代词回指的限制可以从名词成分与语境在语义上的相互作用进行解释。她主要依据 Langacker（1991）的认知参照点—领地（dominion）关系。

在分析属格结构时，Langacker 指出，属格结构中的所有者（possessor）是整个结构的参照点，通过它可以建立与所属物的心理联系。例如，在"the boy's knife"这个结构中，"the boy"就是用于确定某一特定的名词"knife"的参照点。人们在概念上首先要与凸显的"the boy"建立心理联系，然后通过它与"knife"这个希望表达的对象建立联系。

Langacker（1991，1993）后来将参照点—领地概念用于解释语篇的主题和与其相联系的小句之间的关系。主题在它的语篇范围内是参照点，与之相联系的小句在它的领地范围内得到解释。主题往往采用精确的话语建立起来，对后续小句的解释可以用主题来定位，因为，与它相关的小句构成它概念下的领域范围。

van Hoek 认为，以上概念关系有助于定义回指限制的相关语境范围。因此，她基于以上概念尝试建立回指的参照点模式（1997：53 - 54）。采用认知语法中的概念对句内语义语境进行定义之后，van Hoek 首先建立了一个关于句内代词回指的模式。在她的模式中，某些名词的职能是充当概念参照点，功能上大致等于局部范围中的主

题。与概念参照点相联系的是领地，被定义为概念领域。参照点具有高度的可及性并作为背景语境的中心点。因此，当一个低可性的名词成分内嵌在领地内部时，它在领地范围内的共指机会就会被排除。（van Hoek，1997：4）例如：

(32) Near John, he noticed a trapdoor.

(33) He loves John's mother.

在上面两例中，名词词语"John"所表示的概念内嵌在代词"he"所设定的概念领域之内，因此，要使句子成立，"John"就必须被判为不与它所属的领地范围的参照点"he"共指。

一般来说，在小句内，主语是主要的参照点，其他的名词词语均处于它的领地之内。直接宾语是小句的次要参照点，对它的解释要在主语所建立的领地内进行。其他名词也可以采用同样的方式进行解释。另外，参照点—领地关系不是单一的，而是层层叠加的，构成含有不同层次关系的更大的语言概念结构。基于参照点—领地关系，van Hoek（1997：57）认为，可以形成以下关于名词与代词之间的回指关系：

1）全称名词不能出现在与它相关的参照点的领地范围之内；

2）代词的先行语必须在代词所出现的语境范围内足够凸显（即醒目或突出），并且，它可以被认为是在代词所出现的领域内的参照点。

对于参照点的确定，van Hoek（1997：58）进一步提出了三点补充：一是突出性；二是线性顺序；三是概念延续性。此外，音调，包括重音、停顿等也是确定参照点所需要考虑的因素。补语链也是一个重要的决定因素。van Hoek（1997：63）认为，在小句内，中心结构与补语结构以及这两种结构在图形—背景关系中凸显程度的非对称性，有助于确定句中可能具有的一系列"参照点—领域"概念结构。其中，突出性和成分之间相对紧密的联系性共同决定内部的参照点与领地范围，并有助于判断其中的同指关系。

六 以计算机自动识别为目标的回指研究

以计算机自动识别为目标的回指研究主要针对语码转换中的回指解析或先行语识别。研究者主要包括语言学专家和计算机专家。在计算机自然语言处理中，回指是一个复杂的问题。在这方面，计算机语言专家（如 Carbonell & Brown，1988；Hobbs，1978；Ingria & Stallard，1989；Rich & LuperFoy，1988；Mitkov，2000，2002 等）做了不少的努力，但是，尚未找到理想的理论和方法以获得回指确认的最终成功。有关研究不仅大多数局限在代词回指方面，而且，多为纯句法分析或高度的语义和语用分析，往往只能解决问题的一部分或某些方面。以单一的句法规则为基础的概率统计方法（如 Hobbs，1978）和以中心理论框架为指导的做法（如 Joshi & Kuhn，1979；Kehler，1997）都进行了长期的探索和试验，但是仍然存在着各自的局限性。近年来有一些新的进展，一是统计学方法被大量地尝试用于计算机回指解析的研究之中（如 Ge，Hale & Charniak，1998 等）。主要特点是通过建立概率统计模型，并依靠大量的训练语料库（training corpus）的语料来确定词语之间的相关关系，希望在不依靠高层次的语言专业知识的情况下，测算回指语与先行语之间的关系。二是机器自学习方法在回指解析中的尝试（如 Soon et al.，2001 等），包括使用决策树算法、最大熵模型和聚类算法等，主要是研究有学习能力的计算机算法。学习能力指在完成一项任务时的自我完善，即通过对已完成任务的经验的学习，来增强今后执行任务的性能，以实现从无到有，从弱到强的工作性能。最近，还有尝试基因学编程模式（genetic programming）（Orasan et al.，2000）进行回指确认的做法。

（一）槽位语法与回指处理

在针对计算机回指识别的研究中，Lappin & McCord（1990）等人首先基于槽位语法（slot grammar）的概念提出了一个回指处理方式，具体包括三种算法。第一种算法用于解释含有先行语的省略结构、次

省略结构 （sub – deletion constructions） 和句子之间的动词词组省略；第二种算法是一个关于代词回指的句法过滤系统；第三种算法用于确认回指语（反身代词或互指代词）的约束关系（binder）。

（二）Hobb's 算法及其运用

Hobb's 算法（Hobb's naïve algorithm）是 Hobb's 在 1978 年的论文《代词确认》中提出来的代词解析模式。该算法是一种穿过话语所产生的树析图（parse trees）的方法。对于代词确认的具体过程是，从表示代词的节点出发上行，直到遇到表示名词词语的节点结束，结束点就被认为是出发点的那个代词的先行语。Hobb's 算法原有的设计主要依赖于对树析图结构的假设。近年来，该算法得到一些改进。改进后的算法包括以下步骤：

1. 从直接辖制有关代词的名词短语节点下手；

2. 沿着节点所在的树析图上行到遇到的第一个名词短语节或 S 节。将这一节点命名为 X，将所经过的路径命名为 p；

3. 穿过 X 下面的所有枝节，按照从左向右、宽度优先的方法（left – to – right，breadth – first manner），到达路径 p 的左边，将遇到的任何名词短语节点（只要在它与 X 之间有一个名词短语或 S 节）定为先行语。如果这样仍然没有找到先行语，则需要进入下一步；

4. 如果节点 X 已经是句子中最高的 S 节，那么，就要按照由近至远的顺序，穿过话语前面的一个句子的表层树析图，每一个树析图按照从左向右、宽度优先的方式穿过，当遇到一个名词短语节点的时候，将它定为先行语。如果 X 节点不是句子中最高的 S 节，需要进入到下一步；

5. 从节点 X 开始，顺着树析图上行至所遇到的第一个名词短语或 S 节点，将它定为新的 X 节点，将到达这一节点的路径称为 p；

6. 如果新的 X 节是一个 NP 节点，而且，如果到达 X 的路径 p 不穿过 X 直接辖制的名词节点，将该 X 定为先行语；

7. 穿过新 X 节点下的所有枝节，按照从左向右、宽度优先的方法，到达路径 p 的左边，将遇到的任何名词短语定为先行语；

8. 如果新的 X 节是一个 S 节点，那么，穿过该节点的所有枝节，按照从左向右、宽度优先的方法，到达路径 p 的右边（注意不要进入所遇到的任何名词节或 S 节点内部），将遇到的任何名词短语节点定为先行语；

9. 回到以上第 4 步骤。

除了能够帮助确认代词的先行语之外，Hobb's 算法还提供了一个测算先行语与代词之间距离的方法，因为，该算法是按照从代词出发逐渐增加距离的方式接近先行语的。另外，通过将 Hobb's 算法运用于标注的训练语料库（annotated corpora of training data），由它为所遇到的每个代词提出潜在的先行语的名单，然后记录各个先行语与代词匹配的次数，有可能建立一个统计模型，并在某个代词真正的先行语出现之前，测算出必须出现在潜在的先行语名单中所期待的先行语的个数，即所谓的"Hobb's 距离"。

在 Hobb's 算法的基础上，Ge，Hale & Charniak（1998）提出了一个关于英语代词回指确认的计算模式，并做了两个实验以证明其可行性。模式将多种回指确认因素纳入统计框架内，特别是回指代词与可能的先行语之间的距离、可能的先行语的性、数标记与生命性、管辖范围、中心词的信息，以及名词词语的复现等。研究者把这些因素全部作为帮助确认指称对象的概率因素。第一个实验用于证明各个因素在回指确认中相对作用的大小，并获得了对 82.9% 代词的先行语的确认。第二个实验进一步将性、数、生命性考虑进去之后，得到了 84.2% 的确认比率。

Ge 等（1998）的计算模式实际上是概率模式。他们的算法是为了获得潜在的先行语与一个具体的代词之间回指关系的概率。为了获得这一概率，他们采用了四个概率接近模式（approximated probabilities）：Hobb's 积分，阴阳性—生命性积分，提到次数积分和树析积分。

Handy 等（2006）在以上积分的基础上，进行了两个扩展。首先是建立一个大范围的代词—先行语分类系统，用于解决阴阳性—生命性积分的努力未能做到的精确性，而且，也为了获得有关先行语的特性的更准确信息。语料测试的具体做法是，每遇到一个潜在的先行语，分类系统就会给它提供一个相应的代词类型。如果所提供的代词类型与所要确认的代词的类型一致，那么，就增加积分，如果不一致，就罚去积分。基于以上分类结果得出的增罚分值的数量通过效度集合（validation set）进行调节。其次是，用语言模型测算先行语与代词之间的自然度或语法符合度。操作上与代词—先行语分类系统相似，使用的是 Trigram 语言模型进行有关试验。

（三）Mitkov 的早期研究

Mitkov（2000）将回指识别分为"传统式"和"统计式"两种研究。传统式计算机回指算法倾向于知识丰富型，需要以各种方式在回指确认系统中表征丰富的语言知识和世界知识。统计式则尽量少使用语言知识和领域知识，目前，它与知识丰富型的识别方式一样也获得较好的实验结果。

Mitkov 的早期研究采用"传统式"。他尝试过三种回指确认方法：整合式、不确定推理式、双擎模式。整合式（Mitkov，1994 a & b）属于"传统式"，一定程度地结合了传统语言学方法与统计学的中心跟踪法（center tracking）。该模式整合了不同知识——句法、语义、领域、语篇等标尺（module）。例如，它将句法标尺用于规定先行语与回指语必须在性、数、人称上一致。该标尺还用于核定成分限制关系和查出不相关的指称。遇到句法平行的时候，该标尺还将选取具有相同句法身份的词语作为先行语的最佳选项。它的语义标尺用于核定回指与候选的先行语之间的语义一致性，根据当前动词语义或者候选成分的生命性，过滤掉语义不兼容的候选成分，推选出语义身份相符的名词成分作为首选的先行语。它的领域知识标尺用于确定回指的领域关系。语篇知识标尺用于找出当前语篇片段的中心成分。不确定推理式是 Mitkov（1995）基于以上各种标尺建立的一个人工智能式的推理模式。Mitkov（1996）的双引擎模式是基于两个引擎之间的互动构成的回指模式。实际上就是将以上两个模式结合起来。第一个引擎将上面的整合式中的限制与选择纳入系统，以作为回指确认的手段；第二个引擎按照不定性推理原则进行工作。两者合作提供最大的搜索先行语的效度，然后再从两个方面评估候选语。当意见一致时，评估即终止；当意见不一致时，评估继续。

以上三种方式均需要语言知识和领域知识，表征这些知识的代价大，实用性不够。

（四）Nasukawa 的回指赋值尝试

Nasukawa（1994）尝试了从原文本中提取句间信息的方式，以提高代词确认的准确性。该方式基于"根据语篇中存在同样的搭配形式进行选择"、"根据前面句子中重复的频率进行选择"，以及"根据句法位置进行选择"等方法提取句间信息，同时辅以少量的背景信息（如形态、句法或语义知识）。研究者将同一个名词在前文出现的频率作为选择先行语的指标，采用了将主语位置定为优先于宾语位置的启发式规则，考虑了句子的邻近关系以及同一句内最靠近句首的位置等。此外还借助同义词词典，以确定与候选语具有同义词性质的词语也可以成为先行语。

在先行语的确认中，Nasukawa 首先对以上三个指标（搭配、频率、句法优先位置）给出各自的"选择值"，然后将这些值汇总，以确定最高值的候选语就是先行语。作为测试的语料，该研究者用了含有 1904 个句子的语篇，其中有 112 个第三人称代词。测试结果证明，其算法获得了包括"it"在内的 93.8% 代词的确认。

（五）Mitkov 的赋值计算模式

这是 Mitkov（2000）后来的回指确认研究。Mitkov 转向了启发式，不使用那些已经编码了语言信息（如句法、语义结构等）的输入文本，只利用词性标注信息，外加简单的 NP 规则进行回指确认。操作上采取的是先行语打分（antecedent - pointing）制度。以下是这一模式的计算步骤：

1）确定出当前句和前面的两个句子（如果有这么多句子的话），寻找出现在回指语前面的名词词语；

2）从找到的名词词语中只选择那些在性、数上与代词一致的词语，将它们列成候选先行语集合；

3）运用先行语打分标准，对每个候选词语进行打分，获得最高分的被定为先行语。

实例分解如下：

（34）Installing the battery in your Portable Style Writer. In most cases a Print dialog box appears，with options for printing your document. The dialog box may not look exactly like the window shown here，but it will have the options shown in this one.

回指词：it

运用以上第1—2步骤，产生候选先行语集合 ｛window，dialog box，document｝。运用第3步骤，分别为这些词语打分如下：

window：定指0＋已知0＋领域概念1＋动词优先0＋名词优先0＋词语复现0＋章节标题0＋搭配0＋指称距离2＋非介词内名词0＋直接指称0＋先行语打分结构式0＋非候选0＝3

dialog box：定指0＋已知1＋领域概念1＋动词优先0＋名词优先0＋词语复现2＋章节标题0＋搭配0＋指称距离2＋非介词内名词0＋直接指称0＋先行语打分结构式0＋非候选0＝6

document：定指0＋已知0＋领域概念1＋动词优先0＋名词优先0＋词语复现0＋章节标题0＋搭配0＋指称距离1＋非介词内名词0＋直接指称0＋先行语打分结构式0＋非候选0＝2

最后，"dialog box" 因为获得了6分，被确定为代词 "it" 所回指的先行语。

七　机器翻译系统中的回指处理

机器翻译系统中的回指处理是针对具体的语言翻译系统进行的研

究。Wada（1990）首先进行了一个研究，尝试将语篇表征理论用于英—日机器翻译程序中。他的回指确认机制中包含三个功能单位：语篇表征结构构块，凸显成分储备和先行语搜索。

Saggion & Carvalho（1994）在葡萄牙语—英语机器翻译系统中，研究了代词回指的确认方式，用的是句法一致和成分限制规则处理句内回指，外加一个针对前一句的句法分析机制和一个针对前面所出现过的指称成分的列表，以处理句间回指。实验的语料是自然科学摘要。

Preuß 等（1994）在英语—德语机器翻译系统中进行了回指识别研究，使用的是两个语篇表征层面（结构的和指称的）、临近性、约束性、主题地位和概念一致性作为考虑因素。

机器翻译的回指确认研究多集中在句子层面，而语篇层面的研究总是要面临句子之间回指关系处理这一棘手的问题。为此，Mitkov 等（1995）在 CAT2 机器翻译系统中对语篇层面的代词回指确认进行了实验，所采用的方法中考虑了句法、语义、优选等限制条件。实验主要是针对"第二句"中的代词与前一句中的先行语之间的确认。具体采用的是英语—德语机器翻译系统。

在进一步的完善过程中，Mitkov 等人还将中心成分跟踪系统（center tracking engine）组合到 CAT2 机器翻译的回指确认模式中。中心跟踪系统在回指确认中的重要性在于，当句法和语义限制不足以在潜在的先行语中分出上下时，就可以认定在结构中具有中心地位的名词短语为指称的对象。中心跟踪系统基于统计学的方法，是以名词短语充当句子的中心成分的概率为出发点的。此外，研究者还设想了使用启发式和领域模型，认为，将这些与指称表达过滤系统共同使用，有利于提高 CAT2 机器翻译系统中回指确认的效果。

八　基于中心理论的回指解析

（一）基于中心理论的回指解析尝试

中心理论（Centering Theory），又称向心理论，是近年来在回指的计算机研究中运用较广的理论。它是关于语篇处理和语篇局部结构的理论。该理论来自 Grosz 等（GJW，1983）最早提出的基本设想：话语中的某些实体比其他实体拥有更为中心的地位，这制约着不同的指称语的使用，特别是代词的使用。后来，Grosz 等（1995）又对该设想进行了补充和具体化，提出了一些规则和制约条件。80 年代末至 90 年代，中心理论得到了很多学者的重视，研究成果纷纷在《计算机语言学学报》等刊物上发表，并在 1998 年形成和出版了专集《语篇中的中心理论》（Walker et al.，1998），集中探讨了中心理论对于语篇连贯性的解释和在回指解释中的运用。

关于中心理论的运用，GJW（1986，cf. BFP，1987）首先建立了一个中心模型，该模型基于以下假设：语篇片段包含一连串话语 U_1，…，U_m，每个话语 U_n 与一系列下指中心［forward - looking center，Cf（U_n）］相联系，包含着那些直接用语言表达出来的语篇实体。这些实体的排列大致与它在后面的语篇中作为主要焦点一致；下指中心系列中的成员可以根据各自在语篇中的突出程度进行排列，排在最前的成员即是优先中心［preferred center，Cp（U_n）］，往往是下一句关注的焦点。在英语中，下指中心的凸显程度按照语法功能呈现以下等级序列：

主语 > 直接宾语 > 间接宾语 > 介词宾语

该等级说明，出现在主语位置的表达成分最有可能成为下指中心的最重要成员或优选中心，出现在介词宾语位置的表达成分最不可能成为下指中心的成员。

中心理论有利于解释自然语篇的注意中心、中心成分的移动方式及其与语篇的连贯性和指称形式之间的关系。GJW（1986，cf. BFP，1987）关于语句和中心的解释是：U_n 一次只能以一个实体为中心，即，上指中心［backward - looking center，Cb（U_n）］。上指中心是对一个已引入的语篇的实体的确认，可以建立当前语句与前面的语句的联系。通过它还可以预见下一句的 Cb，同时，它还常常是前一句的 Cb。在此基础上，GJW（1995）规定了中心理论的制约条件：

对于每个在 U_1，…，U_m 中的话语 U_n：

1）只有一个上指中心 Cb；

2）下指中心系列 Cf（U_n）中的每一个成员必须在 U_n 中实现；

3）上指中心 Cb（U_n）是在 U_n 中被实现的下指中心系列 Cf（U_{n-1}）中排列等级最前或突出程度最高的成分。

此外，研究者还规定了中心理论的两条规则，大致表述为：

1）如果 Cf（U_{n-1}，D）中的某个成分在 U_n 中实现为代词，那么 Cb（U_n）也应该是代词。

2）从一个话语到另一个话语有几种过渡方式，延续过渡（continue）优于保持（retain）过渡，保持过渡优于转换（shift）过渡。

规则 1 指明了代词对于中心成分的延续作用，即代词化是体现语篇实体显著性的重要标志，是向听话人表明说话人正在持续谈论同一个语篇实体。如果某一语段只有一个代词，那么这个代词一定是回指中心成分的，如果有多个代词，那么，一定有一个是回指语篇的中心成分的。

规则 2 通过对几种过渡方式的分类以衡量语篇片段的连贯性。当语篇将同一个中心延续下去时，语篇的连贯性最强，否则最弱。GJW（1995）认为，语句 U_{n-1} 与下一个语句 U_n 之间的过渡方式可以由两个因素决定：1）从 U_{n-1} 到 U_n 的注意中心 Cb 是否相同；2）该实体是否与 U_n 中的优先中心 Cp 一致。

以上规则和制约条件被尝试用于解析语篇中的回指语与先行语之间的关系。

（二）中心理论的回指解析拓展应用

中心理论的解析方式得到了广泛的拓展应用。不仅主要用于解析英语等西方语言中的代词回指，近年来也被尝试用于解析其他语言中的零形回指。BFP（1987）将该理论用于解析代词回指，提出一个模型解释语篇中的注意结构，并用之作为识别语篇语境和代词。主要办法是针对 GJW（1986，cf. BFP，1987）规则 2 提出的三种过渡进行扩展，以使模型能够处理某些具有歧义的代词。在此基础上，研究者提出了一个代词回指的算法，该算法包括三个程序：1）建构所设想的回指点位（anchors）；2）进行过滤；3）进行分类和排序。

Tetreault（1999，2001）基于 GJW（1995）的中心理论模式也提出一个代词回指算法，称为 LRC（Left – Right Certering Algorithm），并认为该算法比 BFP 的算法更具操作性。BFP 算法的缺点是，它不能允许增量处理（incremental processing），而且计算负荷高，使用起来耗时，难以处理语料库中的大量数据。Tetreault 认为，通过建立一个可以驱动各种回指算法的系统，就可以便捷且容易地分析大量的语料，并产出更为可靠的结果。

LRC 在操作上很简单，首先在当前句中搜索先行语，如果当前句没有，就逐个从前一句开始往前从左向右搜索前面 Cf 列表中的成员。其操作包括三个步骤：

1）前处理过程——从前面的话语中获得 Cb（U_{n-1}）和 Cf（U_{n-1}）。

2）处理话语——从 U_n 中分析和提取所有的指称词语。对其中的每一个代词进行以下处理：

a）在句内 Cf（U_n）中搜索满足语法特性和语法限制的先行语。如果有，进入下一个代词的分析；如果没有，则进入下一步；

b）跨句搜索 Cf（U_{n-1}）符合语法特性和语法限制的先行语。

3）建立 Cf——建立 U_n 中的 Cf 列表，根据语法功能排列其中的词语。

为了证明以上算法的效果，Tetreault（1999，2001）将 LRC 与其他三种代词回指算法——Hobb's 算法、S – list 算法、BFP 算法——进行了比较。使用的是 Penn Treebank 标注语料库（1993）中的两组语料。实验包括两个阶段：第一阶段是解析语料库中的话语，主要包括提取其中的语篇实体；第二阶段是试用四种不同的算法对代词的回指进行确认。

实验结果显示，在四种算法中，Hobb's 算法的正确率最高。其次是 LRC 算法。这两种算法的优势有两个原因：首先，它们都能在句内和跨句范围中寻找先行语；其次，它们都以凸显优先的方式寻找所需要的数据。

第二节　国内的回指研究

在国内语言学界，回指研究的数量和广度均不及国外。除了介绍性的文章之外，在 20 世纪 80 年代中期以来的研究中，主要有回指的话语或语用分析（陈平，1987；徐赳赳，2003；等）、基于认知与功能的回指研究与对比（许余龙，2003，2004，2007；杨若东，1997；陆振慧，2002；蒋平，2003，2004；Jiang，2004；王义娜，2005；李从禾，2005，2007；熊学亮，2005；陈伟英，2009 等）、回指的动态句法分析（如朱勘宇，2002；刘伟，2005）回指的数据库建设（许余龙，2004）和基于语料库的回指研究（Hu，2008）等。近年来，也有包括港台地区在内的基于句法学、语篇关系、中心理论、统计学和计算语言学相关的理论进行的各种回指解析与尝试，其中，以中心理论的应用与补充、机器学习诸模型如决策树和最大熵模型等的尝试最为丰富（如 Yeh et al.，2001；Liang et al.，2004；王德亮，2004；Duan，2006；段嫚娟等，2009，2012；许余龙等，2008，2013；王厚峰等，2001；孔芳等，2009；刘礼进，2005；钱伟等，2003；胡乃全等，2009；杨勇等，2008；庞宁，2007；史树敏，2008；王智强，2006；王海东等，2009；黄李伟，2010）。也有针对机器翻译系统中的回指处理的研究（如侯敏、孙建军，2003，2005）。研究者中既有语言学领域的专家，也出现了越来越多计算机领域的专家。

从研究的情况看，国内的回指研究起步较晚。从句法学角度进行的研究较少，而且主要集中在针对英语的代词或者汉语反身代词及长距离反身代词的讨论。从篇章与功能的角度进行的研究较多。虽然国内的回指研究涉及各种回指词语，由于零形回指在汉语中的使用频率最高且先行语最难以确认，不少国内的回指研究涉及这个问题，对零形回指的产生和先行语的确认都进行了一些研究和探讨。这些研究和探讨包括句内零回指和语篇中的零回指，并从先行语和零回指的位置、凸显性或主题性、延续性、可及性、语篇结构等方面做了分析。近年来，由于从认知语言学角度以及计算机自然语言处理为目标的研究得到越来越多的重视，与之有关的理论介绍与应用也逐渐增多。尤其是近十年，围绕着各种回指解析模式的尝试和运用产生了不少探索与试验，已经将语言的回指分析与计算分析连接起来。其中的一个重要变化是，不少计算机领域的研究者和新人加入到回指研究的行列，不仅使硕士论文与博士论文的有关选题数量增多，而且使回指研究列入了国家自然科学基金项目、国家 973 重点基础研究项目和国家 863 计划课题而得到有力的支持，形成了苏州大学、清华大学、华中科技大学等高校的计算机信息处理研究实验室对回指解析问题的集中研究和重点攻关。

一　回指的话语语用分析

（一）回指的话语分析

回指的话语分析在国内主要有陈平和徐赳赳等学者的研究。陈平（1987）为了揭示汉语零形回指的生成机制，对汉语零形回指的话语结构进行了分析。他不仅分析了零形回指在话语中的延续性以及能够插入在先行词和回指对象之间的句子的特点，而且引入语式（schema）这一概念，探讨了话语的语义结构。他将语式解释为体现句子/成分与句子/成分在语义结构中的最基本组织方式的固定模式，语式可以包括等立关系的语式（如顺连、罗列、对比、交替）和主从关系的语式（如背景、因果、让步、条件、说明），其内部成员仍可区分为处于相同的语义结构层次和不同的语义结构层次两种。语句按照等立关系或主从关系组成各种语式，进而组成更大的结构。陈平成功地将语式用于分析汉语零形回指的话语层次及与使用或不使用零形回指的关系，得出：连接先行语所在的小句和回指对象所在的小句的语式在语义结构中所处的层次越低，所指对象的宏观连续性越强，

使用零回指的可能性就越大。(1987：373)

徐赳赳（2003）系统地研究了汉语零形回指、代词回指和名词回指的篇章特征，提出了回指研究的三个重点：零形回指的研究重点在多动词句子中零形回指的表现；代词回指的重点在第三人称单数"他"在篇章中的表现以及回指特征；名词回指的重点是要关注名词回指框架的"概念系统"。他以汉语叙述文为语料，对这三种回指进行了系统的分析，发现零回指的语篇延续性最强，代词次之，名词最弱。他还探讨了影响和制约零回指的因素，包括句内指称距离、词汇意义、上下文、语用制约等，并认为，语用和语义是判别多动词句子中的零回指对象的主要因素，句法因素处于次要地位。他还指出，判断零回指对象的所指是一个复杂的过程，以包含语境和语音形式等的语用和语义为主要判别方法。

（二）谦虚与汉语的零形回指

熊学亮（1999）从语用学的角度研究了汉语零形回指在口头陈述中的使用特点。他发现，在类似于求职面试、小结、座谈、汇报等场合的个人陈述中，说话人倾向于使用比较谦虚和委婉的方式陈述自己的业绩成就及有关情况，在这一心理驱动下，往往选择零形回指的方式指称自己，以取得这一效果。通过分析 21 个职称评定场合、11 个工作面试场合、9 个工作小结场合、8 个退休工人座谈场合的记录，熊学亮发现，第一人称零回指在主语位置上的使用频率在这些场合的自我介绍中为 89%（761/855），在宾语位置的使用频率是 74.42%（32/43）。(1999：137) 同时，他还发现，在这些个人陈述所使用的全部零形式中，95.96%（761/793）出现在主语位置上，只有4.04%出现在宾语位置（32/793）。这种现象说明，汉语零回指的使用与礼貌原则策略有关。

二　基于功能与认知的回指研究

（一）话题的引入与回指

许余龙（2007）以民间故事为语料，分析了英汉篇章中的话题引人方式及与篇章回指之间的关系，对比了两种语言中话题引入的异同。他发现，在将一个实体引入篇章时，主要使用两类语言手段来标示所引入的实体的重要性，一类是句法手段，一类是形态手段。句法手段主要有存现结构的运用和引入话题的名词短语在句中的句法功能。形态手段主要有话题引入时所采用的不同类型的名词短语。Jiang（2004）也注意到存现结构在引入话题时的重要作用，她的语料显示，在总共72例存现结构引入的话题中，有57例由存现动词引入的实体在紧接着的小句主语位置上采用了零代词回指，只有15例存现句主语位置上的成分在下一小句主语位置上使用零形回指。（Jiang 2004：118）这后一种情况很少，而且主要原因是第二个小句还是存现句，出现了结构上的平行关系，使得回指也采取了平行推进的格局。杨宁（2010）进行了基于话题的汉语零形回指分析，认为对回指的研究就是对话题的建立、保持和转换与指称词语的关系的研究。

（二）汉语零形回指的位置与分布

蒋平（2003）通过约6万字的汉语叙事语篇中2132例零形回指的分析发现，汉语零形回指的先行语和回指语出现的位置都具有很强的规律性。在她的分析中，先行语的位置主要有句首主题、主语的属格语、主语和宾语四种，极少数出现在宾语的属格语和旁语位置；零代词也主要出现在句首主题、主语的属格语、主语、宾语位置，不出现在宾语的属格语和旁语等位置。另外，研究者发现，在先行语与回指语之间的位置关系上也有一定的规律性。这些为进一步在形式上描写语篇中的零形回指的规律提供了重要线索。蒋平（2004）发现，从位置关系看，汉语的零形回指有先行语和回指语在相同位置和不同位置两种；从位置的前后看，汉语的零形回指有前指和后指；从回指的数量和复杂程度看，有单项式、多项式，简单回指和复杂回指。

陈伟英（2009）分析了叙事语篇中主语省略的分布特征，为汉语主语省略寻找解释性理论，借助认知语用交际观，引入经济原则、省力原则及可及性理论作为主语省略实证研究的理论背景。研究者还自行设计了主语、话题、提及、干预、距离和推进六个参数，以五本现当代汉语经典小说作为封闭语料对指称语进行系统标注，分析了汉语主语省略的分布特征和规律。马博森（2007）以日常生活会话为语料，探讨了自然会话中人物回指的分布，提出了一个从典型分布模式到非典型分布模式的人物回指分布模式等级。该研究还发现，文盲和非文盲两类人的会话在人物回指的分布模式上无明显区别。

（三）汉语零形回指的层次性

陈平（1987）引入了话语结构的层次性这一概念，分析了汉语零形回指延续性的几种结构形式，解释了能够插入在先行词和回指对象之间的句子的结构特点。蒋平（2003）进一步将层次性用于解释前后位置出现交错的零形回指，例如：

（35）娃娃$_1$老爱跟着她$_2$，$\varnothing_2$走到哪，$\varnothing_1$跟到哪。（陈平，1987：375）

在以上例句中，后面小句主语位置上的零形式不回指前面的主语，而是回指前面的宾语，而后面小句宾语位置上的零形式却回指前面的主语。蒋平（2003）认为，这与前后小句结构层次发生的变化有关，她将该句与结构平行推进的句子进行了比较，认为以上回指位置的交错是因为零回指所在的小句起说明作用，处于次层次才会出现的。Jiang（2004）进而对139例先行语在宾语位置，而零回指在后续主语位置的语料进行了全面分析，发现这些语料中的先行语与回指语所在的小句多处于不同的语义结构层次。往往是先行语所在的小句处于更高的结构层次，零主语所在的小句处于更低的结构层次。因此，后续小句的次层次性是产生以上位置关系变化的条件。进一步研究还发现，层次性不仅对于回指的错位，而且对于反指和长距离零形回指都起作用。

（四）对可及性及其影响因素的研究

许余龙（2000）基于心理语言学关于大脑提取语言单位或记忆单位的便捷程度的观点，以语篇回指中的先行语和回指语之间的四种距离（同一句、前一句、同一段、前一段）为主要因素，研究了汉语指称词语表达的可及性以及英汉指称词语在表达可及性方面的异同。发现英汉语低可及性标示语均主要由专有名词和有定描述语充当，汉语高可及性标示语是零代词和用于无指称词语间隔的篇章环境中，并通常出现在主语/主题位置上的代词和指示词语，中可及标示语是用于有指称词语间隔的篇章环境中，并通常出现在宾语位置上的代词和指示词语。

陆振慧（2002：329）对比了英汉语篇中名词短语用于有生命的人/动物与用于无生命的事物/概念的指同现象。她发现，对于无生命的事物或抽象概念的指同，英语和汉语都偏爱使用名词短语手段，汉语的零回指主要用于指称有生命的人或动物。蒋平（2003）发现，汉语零形式和代词在语篇中的连续使用直接由先行语的主题地位决定。她还发现，就影响先行语可及性的因素来看，竞争因素与一致因素在汉语中的影响与 Ariel 所分析的情况大致相同。但就汉语语料来看，除了这些因素之外，位置（包括间隔指称语的位置、先行语与回指语的占位）、层次性和物称也影响先行语的可及性。

（五）回指的认知推理与确认模式

杨若东（1997）将语篇回指的生成和解析看作是一个动态的认知心理过程，认为这是形式主义的方案难以统一解决的问题。他提出采用认知推理模式解决代词指代的确认，认为该模式基于世界知识和各种认知信息，可以提供较好的解释。

许余龙（2004）从认知功能的角度提出了一个语篇回指的解释模式。该模式以先行语表达的主题性和回指语表达的可及性为基本概念，参照人工智能研究中自然语言计算机模拟处理的通常做法，将语篇处理过程中依次进入主题堆栈的主题与语篇处理某个特定时刻遇到的回指语进行回指确认和性、数等语义特征的匹配，以完成回指确认工作。

许余龙（2004）的原则和模式主要基于先行语表达的主题性和回指语表达的可及性两大概念。主题被定义为篇章中某个句子所谈论的实体。这一实体是读者在篇章理解过程中在头脑里建立起来的一个认知心理实体。视其状况的不同，在篇章理解的某一特定时刻，主题可以分为两大类：一类是目前谈论的主题（current topic），另一类是前面谈论过的被取代的主题（displaced topic）。可及性则是名词词语所表达的指称对象的可及程度。根据词语表达的指称对象的可及程度高低，许余龙将汉语的回指词语分为高、中、低可及性标示语，认为在篇章理解过程中，遇到不同的可及性标示语，就可以理解为标示着与不同状态中的主题的联系，基于这种联系可以形成初步的回指确认原则。(2004：40)

语篇回指确认模式包括以下原则：（许余龙，2002：35）

在其他条件相同的情况下，在语篇处理的某一刻，

a. 遇到的一个高可及性标示语表示：

i. 先行语是小句的主题，如果指称对象在小句的前半部分提及，或

ii. 先行语是期待主题或显著的期待副主题，如果指称对象在前一小句中提及；

b. 遇到的一个中可及性标示语表示：

i. 先行语是第二期待主题，或

ii. 先行语是期待副主题；

c. 遇到的一个低可及性标示语表示，说话者的意图是：

i. 为了指称清楚或主题转换而明确指出某个语篇实体，或

ii. 重新确认某个被取代已久的主题，或重新确认一个当前谈论的主题以表示场景、活动等的转换。

在进一步的研究中，许余龙（2004）将主题分为当前主题、期待主题、期待副主题等，并对每一类主题进行了界定和阐述。然后提出了针对不同的主题的识别原则，包括期待主题和期待副主题的识别原则。(2004：197，217)

参照 Sidner（1983）提出的篇章理解人工智能处理方式，许余龙（2004：217）假设在回指确认的过程中，读者的情节记忆系统建立

起一个期待主题堆栈（expected topic stack）。未实现的期待主题和被取代的主题都储存在内。在理解篇章中的某一个指称词语时，读者可以从中搜索并提取一个合适的主题作为所指对象。储存在堆栈中的期待主题根据其进入堆栈的先后排队，最新进入的排在最上面，先前进入的压在下面。在篇章的动态处理中，期待主题堆栈不断更新。在篇章处理的某一时刻，最后进入期待主题堆栈的主题总是具有优先权，被优先考虑为回指对象。结合语义相容性和语用相容性等方面的考虑，许余龙对先前的回指确认模式进行了修正。

修正的篇章回指确认规则（许余龙，2004：248）

在其他条件相同的情况下，在语篇处理的某一刻，

a. 遇到的一个高可及性标示语表示，其指称对象是：

i. 当前主题，如果是同一小句内指称，或

ii. 期待主题或显著期待副主题，如果是跨小句指称；

b. 遇到的一个中可及性标示语表示，其指称对象是：

i. 主题堆栈中的第一期待主题，或

ii. 期待副主题；

c. 遇到的一个低可及性标示语表示，作者的意图是：

i. 为了指称清楚或主题转换而明确指出某个篇章实体，或

ii. 重新确立某个被取代已久的主题，或（重新）确认一个当前谈论的主题以表示场景、活动等的转换。

三　回指的计算机解析

（一）Liang 等人基于规则的回指识别研究

Liang 等人（2004）对英语语篇和英语句内代词回指的自动识别进行了研究。他们首先通过对上下文中的名词和动词之间层次关系的分析获得指称对象的生命性，再通过对不表义的代词 it 用法的排除，提高回指确认的准确度。研究者使用了 WordNet ontology 系统确认指称实体的生命性以及阴阳性等信息，并采用生命一致性模式确认指称对象的生命性。另外，他们还利用与指称词语相关的动词的意义作为

线索以减少回指的不确定性。实验采用了均衡语料库，使用了七条规则。其中五条是关于回指选择的规则，两条是回指限制规则，多半是句法、语义、语用规则和来自于训练语料库的数据分析。研究用于训练和测试的语篇从 Brown 语料库中随机抽取。

研究者为英语代词先行语的回指确认建构了模型（Liang et al.，2004：24），对于先行语的确认采取了以下步骤：

1）将每一个文本析为句子，且附以词性（part - of - speech，POS）标记，形成一个具有基本信息的内在表征数据结构。

2）每个句子中的基本名词词语由 NP finder 模型进行识别并且储存在整个数据结构中。然后，使用单复数一致模型检测中心名词。在名称区域（gazetteer）中的大写名词也全部受到检测以帮助找出人称名词。表示名称的词语将由性一致模型标记出各自的阴阳性特征。在这一阶段中，WordNet 也用于找出可能的阴阳性线索以提高识别度。对于人称的阴阳性特性不明确的词语，则不加以标记。

3）回指词语按照顺序先后，从第一句的开头开始，进行核定。将它们储存在一个带有句子分类（offset）信息和词语分类信息的列表中。形式代词 it 也进行了核定，以排除对它们的先行语进行不必要的识别。

4）在预先定义好的窗口范围中，位于回指语前面的所有名词词语被收集起来作为候选的先行语。然后，候选的先行语集合被性、数、生命一致模型进一步筛选。

5）筛选之后余下的先行语候选成员由启发式（heuristic）规则进行评估。这些规则分为选择规则和限制规则。用一个打分公式评估一个候选语能够成为先行语的可能性程度。打分公式计算每一个候选语的积分。用参数 agreement_k 表示性、数、生命性一致模型的输出结果。如果其中的一个输出结果显示为不一致，分数将定为零分。候选项在启发式规则中获得的积分数量用参数值表示。

Liang 等（2004）使用的 7 条规则为：句法平行规则、语义平行规则、定指规则、使用频率规则、临近规则、非介词短语规则、连接限制规则。

（二）基于词性的回指解析扩展

王智强（2006）针对汉语指代消解的相关技术，包括汉语基本名词短语的识别、机器学习等进行了系统的分析和研究，提出了一种基于规则的汉语基本名词短语识别算法——基于扩展词性模板算法。该方法通过对基本名词短语上下文环境中词汇的统计和分析，用词性模板和上下文环境信息构成扩展词性模板，用扩展词性模板对标注结果进行修正。由于采用的扩展模板较为合理和准确，识别的正确率达到了94.48%。该研究还提出了一种基于规则和统计相结合的汉语基本名词短语识别算法。通过规则方法和统计方法的互补，先利用统计方法标注词性，再利用扩展词性模板进行纠正，取得了较为理想的效果。

（三）基于句法的回指解析研究

王海东等（2009）针对结构化信息在指代消解中的作用，使用了SVM提供的卷积树核函数以自动获取句法结构的信息，并将句法树作为一个特征，和其他基本特征相结合，通过训练得到一个分类器对代词进行消解。在基于卷积树核的英文代词消解研究中，研究者首先考察了句法树的裁剪和扩展，通过适当的裁剪策略选择一棵合适的子树，将裁剪策略分为静态裁剪和动态裁剪。研究者在 ACE 2004 NWIRE 语料上的实验表明，动态裁剪树要好于静态裁剪树，动态裁剪树的 F 值达到了79.3%。由于很多句法树的区分能力不足，研究者还考虑了句法树的语义扩展，将一些语义节点挂到句法树上。结果显示，句法树的语义扩展能显著提高系统的性能。

黄李伟（2010）手工标注了一个中文零形指代的基准语料库，对中文零形指代消解的两个阶段进行了分析。针对中文零形指代主要依赖上下文信息这一特点，研究者在零形指代项识别阶段，主要研究了结构化信息的作用。在零形指代项消解阶段，研究主要采用了基于树核函数的方法，探讨了三种不同的句法裁剪策略对消解性能的影响。实验表明，基于树核函数方法获得的零形指代项的识别率明显优于基于规则的原型系统。

王厚峰等（2001）主要结合句类基本知识，根据人称代词所在语义块中的语义角色和人称代词对应的先行语可能的语义角色，提出消解人称代词的基本规则，同时结合局部焦点给出优选性规则。

（四）中心理论的汉语零回指解析尝试

Yeh 等（2001）尝试了运用中心理论研究汉语零形回指的计算机解析。他们首先基于具有词性标注（POS tagger）的输出语料，运用简单树析图，对汉语语篇中的零代词进行识别；然后，运用中心理论及其限制规则确认零回指的先行语。Yeh 等主要研究了出现在主题/主语、宾语位置的零回指。他们的回指确认过程分为三个步骤：

1）运行具有词性标注的文本；

2）使用简单树析图获得确认规则以确认零形式出现的地方；

3）使用基于向心理论的规则进行先行语的确认。

（五）王德亮基于中心理论的汉语零回指解析研究

王德亮（2004）也以中心理论为框架提出对汉语零形回指进行解析。与 Yeh 等（2001）的做法相同，王德亮根据中心理论的模型，首先将语句作为处理单位输入电脑，然后核查该语句中是否存在表现为零形式的语义实体。找到零形式后，再根据中心理论找出该语句可能的 Cb – Cf 结构。根据该理论的规则（1），确立零形式为该句的 Cb，根据该理论的制约条件（3），$Cb（U_i）$ 是 $Cf（U_{i-1}）$ 中排列最靠前的成分，$Cb（U_i）$ 也就是 $Cp（U_{i-1}）$，作为本句 Cb 的零形式肯定与上句的 Cp 共指，如果找到了 $Cp（U_{i-1}）$，就可以解析 U_i 中的零形式。由于在中心理论的模型中，$Cp（U_{i-1}）$ 的确认与 Cf 中各个实体的排序有关，研究者参照 Li & Thompson（1981）的观点，根据汉语中的语法角色和主题突出性，使用了以下关于 Cf 的排序：

主题 > 主语 > 宾语 > 其他

问题是，以上识别系统只适用于处理邻近句子的零回指。为了解决句内零回指和长距离零回指，王德亮采用了 Kameyama（1998）的句内向心假设（Intrasentential Centering Hypothesis）对中心理论进行补充。由于汉语句内回指主要出现在主题句，研究者将汉语这类句子中的主题部分看作独立的中心更新单元，句子的其余部分看作另外一个单元，建立了主题句的向心数据结构，并提出相应的算法以解决汉语的句内零回指。

对于解析汉语的长距离零回指，王德亮采用了 Iida（1998）的宏观上指中心列表理论（Global Cb List Theory）。其算法是，把前面出现过的 Cb，按照与零形式的邻近性线性排列起来，然后逐一检验是否与零代词的语义相容，找到的第一个符合条件的 Cb 就是零代词的先行语。在运算过程中，上指中心寻回机制要与处理局部连贯性的中心理论算法相结合，当后者不起作用时才被激活。根据 Iida 的算法，王德亮（2004）提出以下关于汉语长距离零回指的算法：

1）把语句 U_i 作为处理单元输入电脑；

2）如果在 U_i 和 U_{i-1} 中都找不到 U_i 中零形式的先行语，那么就进入宏观核查；

3）把前文出现过的 Cb，按照与零形式的邻近性线性排列起来，作为宏观上指中心列表；

4）逐个检验列表中的 Cb，找到的第一个与本语句语言限制不矛盾的就是该零形式的先行语。

通过将句间、句内和长距离零回指算法合并，研究者得到了一个扩展的零回指解析算法，并以《人民日报》的新闻报道和当代小说片段进行实证。结果显示，在397例零回指中，367例得到了成功的解析，正确率为92.4%。

（六）中心理论的参数化研究

中心理论自提出以来，被广泛用于指代消解和语篇连贯性分析等领域。但是该理论并未对其中的核心概念，如语句（utterance）、前瞻中心（Cf）的排序（ranking）、实现（realization），以及规则（1）代词的定义等进行严格的限定。因而，在具体的操作中，常常需要对上述概念分别进行参数化分析，才能获得相对于具体指代消解任务的最佳参数设定（Duan，2006：v）。因此，中心理论在回指解析中的有效性，特别是应用到不同的语言中的有效性，必须看基于中心理论各个概念所确定的参数的有效性（许余龙，2008：225—226）。

对于参数的设定所产生的不同效果，Poesio 等人（2004，参见许余龙，2008：229）采取了建立标注语料库和自动分析系统的方法进行测试。他们的方法不仅有助于比较不同的参数设定产生的结果，以找到最佳的设定，而且有助于发现与中心理论互动的其他制约因素及其倾向性规律，从而促进该理论模式的补充和调整。

关于汉语指代消解中的参数设定，Duan（2006）进行了实证研究。她收集了来自三种语篇类型共三万多字的语料，其中名词短语5148 个。研究首先给这些名词短语标注了语法功能以及数和性等特征，然后编写程序将语料中的名词短语信息存入到一个 Access 语料库。根据研究的目的，研究者设计了六个基于向心理论的指代消解算法。这些算法在数据库提供的名词信息的基础上对语料中的代词和零形式进行消解。结果发现，在缺乏可靠的句法分析工具的情况下，按照语篇实体的出现顺序进行的排序是一个可行的选择。但是，在排序中如果考虑语法角色的平行性会有助于指代消解，另外，如果能够可靠地识别从句，在指代消解中引入语法层次考虑能够显著地提高消解的准确率。

许余龙等（2008）研究了"语句"与"代词"两种参数的设定对指代消解的影响。他们通过对标注语料的分析，发现语句的设定对代词指代消解的影响比零代词小，将语句设定为小句所得到的零代词消解结果要普遍优于将语句设定为自然句。段嫚娟等（2009）通过对标注语料的分析，探讨了向心理论前瞻中心排序的设定对汉语指代消解的影响。该实验证明，语法角色相对于语篇实体出现的线性顺序是更为可靠精确的显著度标志；出现在不同语法层次上的语篇实体具有不同的显著度，考虑这些显著度的差异可以显著改进零代词和代词的消解结果。

（七）对中心理论等模式的扩展与修正

余泽超（2011）基于自建的英汉平行语料库，探讨了叙事语篇中第三人称代词下指的问题，揭示了以 van Hoek 为代表的回指理论的局限性，提出将原有的代词下指（P＋N）扩展为两式（新增零代词下指式）。研究认为，除了顾及名、代之间的主题关系之外，回指解析还需要重视小句之间的语义关联。要兼顾主题与事件两个方面，以时间语义与认知理据为基础对下指功能进行解析。

李丛禾（2007）探讨了向心理论的中心制约条件和中心过渡状态对代词使用的影响，分析了汉语叙事语篇的中心分布，指出了向心理论的不足之处。刘礼进（2005）对中心理论的回指解析计算法进行了探讨。熊学亮（2005）针对中心优选论（COT）关于回指的先行语在前一句以及句子只有一个主题等观点，提出句子中可以出现凸显程度仅次于主题的副主题，进而对 COT 的限制序列进行了局部调整。

孔芳等（2009）研究了中心理论框架下语义角色在指代消解中的应用，使用性能良好的语义角色标注工具自动进行语义角色识别，然后将识别出的语义角色信息与代词类别特征相结合进行指代消解。研究将中心理论从语法层扩展到语义层，并提取了与之相关的三组特征：语义角色特征、代词阶特征和代词子类别特征。研究者在 ACE 2003 语料上进行的实验表明，这三组特征能有效地提升指代消解。

（八）基于机器学习的回指解析研究

基于机器学习的回指解析算法是从国外引进的一种新的解析尝试。近年来，随着大型语料库的出现，不少回指研究转向了这种方法，且取得了不错的性能。最具有代表性的是基于决策树的机器学习回指解析方法。国内出现了不少相应的试验与应用。李国臣（2005）针对中文人称代词的指代，提出运用决策树机器学习算法并结合优选策略进行指代消解。史树敏（2008）提出了一套基于领域本体结合机器学习模型的方法。他首先提出一种构建领域本体的 TPSU 方法。该方法将本体构建分成两个阶段和六个处理层次。在生成本体的过程中，他提出和采用了 TMR 三模型化准则，有效地解决了单一树型上下位结构向多元网状关系结构的过渡。研究还通过创建实例，丰富和完善了领域本体的知识结构。该研究构建了一个包含 12 类核心概念、

78 种属性特征、13 种概念属性关系、4392 条实例的移动电话领域本体 MPO。

最大熵模型也是基于机器学习的指代消解中运用较多的方法。钱伟等（2003）在基于语料库的英语名词短语指代消解算法中，在国内最早使用最大熵模型，并综合了各种不同的特征，以提高解析的效果。庞宁（2007）在分析突发事件中共指现象的指代特点的基础上，采用了最大熵模型探索性地对中文突发事件新闻报道中的共指现象进行消解。杨勇等（2008）也实现了一个基于机器学习的英语名词短语的指代消解平台。研究者通过对原始语料进行命名、实体识别和名词短语识别等一系列预处理，选取了多个有效特征及其组合，分别采用最大熵和 SVM 两种分类算法对名词短语分类。实验还着重考察了距离特征对指代消解的影响。通过把候选词和先行语的距离作为一个特征加入机器学习算法和作为限制条件用于指代关系候选实例的产生，并在 MUC－6 基准语料库上评测，研究者发现，距离特性能够大大地提高系统的性能。胡乃全等（2009）实现了一个基于最大熵的中文指代消解系统。该系统通过预处理获得相关信息，抽取出 12 个特征，采用最大熵算法训练生成分类器，取得了较好的实验效果。

四　机器翻译中的回指处理尝试

侯敏等（2005）对汉语零形回指在汉英机器翻译中的处理对策进行了研究。他们首先分析了汉语零形回指的确认、类型、产生的原因及使用条件，指出其对汉英机器翻译造成的主要障碍是生成的英语句子在结构上不符合语法，并提出在句组层面上解决该问题。研究者使用的语料是从《读者》杂志上选取的十篇文章，对其中的 618 个零形回指的类型进行了分析，发现零形回指的使用受到位置、距离、文体、语言类型等条件的制约。位置的制约有两个，一个是零形回指的位置，另一个是先行词的位置。距离的制约主要是零形回指所在句与先行词所在句之间的间隔。

研究者认为，要处理汉英机器翻译中的零形回指，系统首先要以句组为处理单位找到零形回指的先行词。为了对零形回指进行确认与标记，首先需要动词的价位信息，其次是语句的基本框架及各成分的占位信息。有了这两个信息，就可以确定。由于零形回指有四种情况占绝大多数：1）在主语位置；2）有生命；3）先行词为主语；4）与先行词处于相邻句中。研究者认为，处理好了做主语的零形回指，就等于解决了80%的问题。

以上研究者（2003）还进行了基于汉英机器翻译的名词回指分析。在详细分析各类名词回指的基础上，指出三类对机器翻译造成障碍或产生影响的名词回指类：局部同形中的简省类、上义或下义、部分或整体。据研究者估算，对翻译有影响的名词回指在所有名词回指中不会超过15%。研究者提出了在句组层面上解决这些问题。以句组作为系统处理的单位，在系统处理某一个句子时，它必须要同时看到前后句子的信息，以前后句子，尤其是前面的句子作为语境。然后，在句组的环境下，使用在词条下制定规则的办法，对简省类和上下义类进行处理。

第三节　现状与发展趋势

综观国内外回指研究，西方学者，因为其所使用的母语的特点，主要关注代词回指，国内学者除了研究英语代词回指之外，由于汉语以零形回指的使用为主要特色且先行语最难以确认，不少学者研究了这个问题，对汉语零回指的生成、识别和计算机解析进行了多方面的探索和实验。总体来看，汉语零形回指的研究在句法层面的不多，功能语篇层面的研究较多。句法层面的研究主要是参照英语关于代词句内回指或空语类研究的做法。例如，C. T. – J. Huang（1989）关于汉语PRO的讨论和Y. Huang（1994：26）关于在汉语中不存在乔姆斯基所讲的PRO和 *pro* 的观点。这些都是围绕乔姆斯基的约束条件A）和B）及其管辖范围进行的讨论。汉语零形回指在功能语篇层面的研究呈现出多方面借鉴国外的理论与方法，进行应用、扩展和独立创新的局面。在回指研究的理论和方法上，国外始终处于领先地位，国内的回指研究多根据具体的研究对象对理论与方法进行拓展、修正和应用。

经过几十年的发展，国内外的回指研究虽然各有侧重，方法不尽相同，但也有不少共同的地方。首先，无论是句法回指研究还是语篇回指分析，都注意到动词的语义项造成的先行语选择上的差别，并且都设置了限制条件以区分主语控制和宾语控制型动词的选择。乔姆斯基（1980）就将"许诺"类动词设为"主语控制"类动词，将"劝说"类动词设为"补语控制"类动词。Růžička（1983）则采取主题同一条件和主题有别条件进行了动词的区别。其次，国内外很多学者都将指称实体的生命性（例如 Kuno，1987；陆振慧，2002）、主题性、提到次数、层次性（例如 Fox，1987；Chen，1986；蒋平，2003）、框架因素（Ariel，1988）、距离因素（Clancy，1980；黄正德，1984；Ariel，1988 等）、句法平行、可及性（Ariel，1988；许余龙，2000；等）作为回指生成和确认的重要因素。再次，指称词语的位置与分布，包括先行语和回指语的位置及其位置关系也在回指研究中得到较多的重视，尤其是主语位置和宾语位置（van Hoek，1997；蒋平，2003；Jiang，2004；马博森，2007；等）。另外，在国内外回指研究中，距离、生命性、提到次数、句法平行、句法位置等因素均已被应用于回指的计算机解析尝试。例如，Ge 等（1998）的回指解析中使用了距离、生命性、重复出现次数；Liang 等（2004）的研究不仅分析了上下文中的名词和动词之间的层次关系，还考虑了指称对象的生命性；Mitkov（1994 a & b）考虑了句法平行、中心、生命性等因素；Nasukawa（1994）考虑了主语位置、句首位置和指称语的出现频率；侯敏等（2005）的研究考虑了位置、距离、文体、语言类型等条件制约；Duan（2006）的实证研究考虑了语法角色的平行性、从句的识别、语法层次的确定；杨勇等（2008）把候选词和先行语的距离作为一个特征加入机器学习算法和作为限制条件用于指代关系候选实例的产生，以提高系统的性能。

在目前的国内外回指研究中，有两个重要的发展领域值得关注。一个是以中心理论为基础的各种回指研究拓展与应用。这已经成为回指研究的热门板块，其规则的细化与参数的设定等方面都在不断地翻新。中心成分这一概念以及中心理论的基本模式都已被国内外学者用于回指的计算机解析。例如，Wada（1990）的回指确认机制中将"凸显成分储备"作为其系统中的三个功能单位之一；Mitkov 等（1995）将中心成分跟踪系统（center tracking engine）组合到 CAT2 机器翻译的回指确认模式中。中心理论在语篇层面以及在其他语言的回指解析中的运用则带来了更多的理论拓展和应用。例如，Yeh 等（2001）尝试将中心理论用于汉语零形回指的解析。王德亮（2004）为了解决汉语的句内零回指和长距离零回指解析问题而对中心理论的运算过程进行了补充和拓展。许余龙等（2008）基于汉语语篇回指的情况，对中心理论的"语句"与"代词"两种参数的设定进行了研究。段嫚娟等（2009）通过探讨前瞻中心排序的设定对汉语指代消解的影响，提出将汉语的主语的属格语提升到与主语凸显度相近的位置。孔芳等（2009）在中心理论框架下将语义角色纳入到指代消解中，将中心理论从语法层扩展到语义层。

另一个值得注意的是以计算机专家为主进行的基于机器学习的指代消解实现研究。这可能是回指解析的新动向，预示着回指解析进入到对计算机科学新的成果的利用和回指解析的科学化发展方向。除了这两个领域之外，还有几个举措虽然不够起眼，但也值得关注。例如，Wada（1990）关于语篇表征结构构块的使用，侯敏等（2005）以句组为处理单位，考虑语句的基本框架的做法，Ariel（1988）所讨论的框架因素等。

在国内外的回指研究中，一个大的趋势是，回指的研究更多地关注回指的解析问题，尤其是与计算机科学和机器翻译相关的回指解析问题。因此，各国对于回指的计算机解析进行理论探索、方法修正和实验尝试是当前回指研究的主要趋势。

第四节　问题与不足

可以说，回指研究在理论发展上出现了一个由以形式主义的句法学理论为主的时期转向被功能语言学及认知语言学理论框架替代的理论更迭。研究对象也出现了单一以句内回指为主转为以自然语言中的回指问题为研究对象。国外的回指研究，虽然理论更迭较丰富，但也不乏笼统主观之嫌。例如，回指的"关涉"原则的不可操作性；前提—判断原则、交际主题原则等的模糊性和主观性；基于新格莱斯原则产生的回指语用模式在运作方式上的难以实现；LRC 回指解析模式中寻找先行语的步骤在实际上的不可操作性；等等。国外回指研究在理论上和操作上还存在一些相互模仿或相似性，例如，Grosz 等（1983）的中心理论基本设想与 Hobb's 算法（1978）很像，至少有模仿之嫌。国内的回指研究中也有仅提出理论框架或设想，而难以解决实际问题的现象。另外，由于西方语言学不太关注零形回指，而英语的代词和汉语零形回指的用法存在较大的差别，两种语言的体系也不同，对西方理论的运用难免有机械照搬而难以适合汉语的语言事实的情况，另一方面，面对汉语的回指现象，国内在理论与方法上也没有取得多少创新和突破。

在机器翻译及计算机自然语言处理的回指解析研究中，也有一些问题。一些语言规则的描写和对语言现象的认识不充分。有的规则仅涉及句内回指，对于语篇回指并不适合。在语料掌握的深度和广度方面，相对于英语的代词来说，汉语零回指的语料掌握程度不够，尚未全面探清汉语零回指的面目。例如，由于对汉语零回指的位置等因素考察不够充分，在回指解析的试验中往往只关注了主题/主语、宾语位置的零回指。也由于汉语零回指现象的复杂性，现有的人工语料调查及调查数量尚不能满足试验的要求，导致在计算机的解析试验中常常由于新出现的影响因素而需要对试验系统中的模型、参数、程序等进行修改或重新设定，并一定程度地影响试验和方法的推广性。因此，就汉语的回指研究而言，无论在理论方法的掌握和运用上，还是语料分析的充分性和实验的设计都存在一定的不足。随着在各种理论背景下的计算机回指解析实验越来越多，为了保证汉语零回指解析的充分性和科学性，对于汉语零回指这一比英语代词更为复杂的回指现象进行深入而全面的语料调查十分重要且亟待加强，其在研究手段和数据提取方法上亟待改良，以保证研究的科学性和客观性。

第三章

本研究的框架

　　本研究以认知功能语言学和心理语言学的理论为框架，对汉语语篇中的零形回指的使用情况及其先行语的识别方式进行研究和试验。所涉及的理论与概念包括 van Dijk（1980）的语篇处理心理机制、Ariel（1988，1990）的可及性理论体系、Keenan & Comrie（1977）的句法位置可及性等级体系、Fox（1987）的语篇结构层次性、语块理论、指称参照点理论的核心概念和中心理论。van Dijk 的语篇处理心理机制用于确立语篇回指的心理认知过程；Ariel 的可及性理论体系用于确定零形回指的距离、零形回指先行语的地位、零形回指与先行语之间的距离间隔等因素对先行语确认的影响；Keenan & Comrie 的句法位置可及性等级用于对零形回指和先行语的位置以及所在环境中的其他指称成分的位置的考察；Fox 的语篇结构层次性用于确定和考察零形回指所在的结构、先行语所在的结构以及回指环境中的其他语篇结构的层次，也用于对反指、回指位置变更和长距离零回指等问题的讨论；语块理论用于指导和确定本研究的语料标注基本单位，选择语块作为语料标注的基本单位符合自然语言表达的实际情况和语篇组织的心理过程，也与语篇回指的实际情况相吻合；指称参照点理论的核心概念用于解释先行语的凸显性或主题性、回指的延续性和回指的延伸范围，也用于解释反指、反指范围的设定和跨句回指等问题；中心理论的基本概念用于指导零形回指的先行语解析试验。

第一节　van Dijk 的语篇处理心理机制

语言是认知的体现。这是心理语言学和认知语言学共同的观点。语言中的顺序、距离、焦点、主题性、生命性、延续性、断续性等都是人类的认知在语言中的反映，因而，人类对于语言的解码也应该是一个认知心理过程。van Dijk（1980，引自 Xu，1995：5）认为，在语篇处理过程中，语篇的理解是一个复杂的心理过程，包括了对于语篇表层语言结构的分析与合成。在这个过程中，有两个记忆系统共同工作。一个是短期记忆系统，用于处理所接收的表层结构的信息，对于语言的词汇、语法和语篇语义进行解析；另一个是长期记忆系统，用于储存已经加工过的信息及其上下文语境资料，也用于储存更为抽象的、长久保存的世界知识。在语篇处理模式运行的时候，所要处理的每一个指称词语都会提供某种语言线索，以供短期记忆系统搜寻记忆中是否刚有过这一指称对象，也供长期记忆系统提取任何有关的信息以助于对这个指称词语作出解析。因此，在语篇处理过程中，语言本身所提供的信息具有非常重要的作用。

以上观点得到众多学者的支持。不仅如此，一些研究者从语言作为交际工具的功能语言学角度出发，也提出了类似的看法。Westergaard（1986：59）基于布拉格学派的理论框架，认为语言成分在句子中的先后顺序是根据它们所传递的交际动态的量来安排的，一般从最低量逐渐排列到最高量。句子中的常规语序以及最常见的交际动态分布是一个持续的"主题—传递—述题"序列。在交际动态的框架中，线性顺序、主题/述题、无标/有标、已知信息/未知信息、焦点、语法特征/非语法特征等都是成分分布的参考条件。

基于语篇处理的基本观点，回指确认由于是语篇处理过程中的一部分，也遵循上述心理加工过程。那么，在处理语篇回指的时候，所遇到的每一个指称词语的各方面信息、它所在的语境以及与之有关的其他信息都可以成为对于这一词语进行回指处理所提供的语言线索。

因而，寻找语言所提供的线索以帮助回指确认成为认知功能视角下回指的句法语义研究的热点。研究范围包括：1）语言如何提供种种方式帮助听者识别所指对象；2）语言如何提供种种方式标记某些语言片段的重要性或特殊性；3）语言如何提供种种方式进行高效地复指同一对象；4）句法地位和语用因素如何参与和影响以上种种表达方式；等等。在实际研究中，许多语法手段和方式，例如人称、性、数等，都被证明对指称对象的识别有帮助，尤其是在曲折语中。信息结构、主题性、图形—背景对比关系等有助于对指称对象进行凸显，语序、位置、句法身份也有助于凸显性。层次结构也被认为是指称确认的一个重要线索。指称的不同表现形式及其所传达的信息也是研究的焦点。随着有关研究的深入，指称成分之间的距离等其他因素也成为考察的对象，带来了回指研究领域更为深入的围绕语篇处理所进行的语言研究。本研究即遵循 van Dijk 的语篇处理心理机制，将汉语语篇中零形回指的使用看成是认知心理的反映，认为其具有很强的规律性和可析性，并对于它的使用所涉及的各种重要语言线索进行研究。

第二节　Ariel 的可及性理论体系

在探索回指处理所涉及的语言线索的研究中，Ariel（1988，1990）的可及性研究是一项重要的成果。可及性这一概念首先由 Clark & Marshall（1981）用于讨论指称问题。两位学者认为，指称词语的使用与三种语境的可及性有关——百科知识语境、物理语境和语言语境。他们认为，在无标记情况下，作为"百科知识"保存起来的信息是难以自动获取的信息；物理环境中的信息，如果是说话者正在关注的内容，则在心理表征上具有较高的可及度；上下文刚提到的内容则是最容易获取的信息。反映在指称词语上，则是分别使用有定描述语和名称、指示词语、代词与以上三种语境对应。

以上三种语境信息的可及性差异，正好可以用长期记忆、短期记忆和当前记忆三种认知上的差异进行解释。长期记忆中的实体较短期记忆中的实体更加难以提取，当前记忆中的对象又比短期记忆中的对象更容易提取，这种提取的便捷度差异反映在语篇层面就是以不同的指称方式表示信息提取的不同难度或可及性。在这一意义上，可及性就是一个可以反映在语言表征层面的心理认知概念。

Ariel（1988，1990）认为，以上只是指称词语可及性的一般情况。不能仅仅按照三种不同的语境简单地给指称词语分类，将某一种指称词语与某一种语境对应。她认为，语境差异虽然是大脑记忆差异的一种反映，大脑记忆的差异也可以反映在其他方面。语言中的不同指称形式，在被用作"连接成分"以建立语篇衔接的同时，也用于指称给定的语篇中出现过的各种实体。那么，不同形式的指称词语也就可以标示它们的指称实体从语篇的心理表征中被提取的相对可及性。不仅如此，Ariel 认为，在指称所采取的形式和它所表示的实体的可及性之间也具有一种"形式—功能"相关关系。编码所采取的形式越精确，则它所表示的可及性越低，所指对象被提取的难度就越大，相反，编码所采取的形式越单薄，则它所表示的可及性就越高，所指对象被提取的难度就越低。为此，Ariel 把指称词语看作可及性标示语——标示着所指实体在记忆结构中的心理表征的可及程度，并通过对英语实际语篇中的不同的指称词语的分布和指称同一对象的最靠近的词语之间的语篇距离的统计证明了这一点。

Ariel 用于衡量可及性的最重要标准是语篇距离。她认为，所指对象被提取的难易程度，反映在语篇的上下文中，主要是指称同一对象的两个表达成分之间的距离远近。Ariel 称之为影响先行语可及性的因素。关于影响先行语可及性的因素，已有研究者（如 Caramazza et al.，1977；cf. Ariel，1990；Clark & Sengul，1979；Sanford & Garrod，1981；Garrod & Sanford，1982；等）进行过探讨。

Ariel 把语篇距离因素作为她进行语料统计的基本标尺，并将距离分为先行语是否在同一句、前一句、同一段和前一段四种类型。通过对四篇英语语料（各约 2200 词）中的先行语与回指语之间距离远近的统计及分类，Ariel 发现，在英语中，从先行语与回指语之间的距离看，代词的先行语主要出现在同一句和前一句，因此，代词是英语中的高可及性标示语；指示词语的先行语主要出现在前一句和同一段，是中可及性标示语；有定描述语的先行语主要出现在同一段和前一段，是低可及性标示语。以下是她的统计结果（见表3-1）。

表3-1 基于语篇距离的回指词语分布情况

指称词语	语　篇　位　置				
	同一句	前一句	同一段	前一段	合计
代词	110 = 20.8%	320 = 60.5%	75 = 14.2%	24 = 4.5%	529 = 100%
指示词	4 = 4.8%	50 = 59.5%	17 = 20.2%	13 = 15.5%	84 = 100%
定指描述词	4 = 2.8%	20 = 14.1%	65 = 45.8%	53 = 37.3%	142 = 100%

Ariel（1990：18）

在解释一些例外的语料时，例如，关于有不少代词用于回指同一段和前一段的情况，Ariel（1988）引入了凸显因素，即考察代词所指称的对象是否是语篇进展中的主题。通过将回指主题的代词全部排除之后，Ariel 发现，代词用于回指同一段和前一段的数量减少了很多。这说明，代词异常地在长距离回指中的出现大多数是由于所指对象的主题性引起的。主题地位凸显了指称对象的重要性，提高了它的可及度，所以，出现了代词回指。

Ariel 分析的第三种影响先行语可及性的因素是一致/框架因素。她采用了框架因素解释某些语篇中应该使用零回指，却使用了更低可及的标示语（例如代词）进行回指的现象。她认为，这与表达的一致性被破坏或表达的框架发生改变有关。在表达过程中，一旦表达框架发生改变或一致性被破坏，先行语的可及度就会大大降低，回指就会使用更低可及的标示语。她引用了 Li & Thompson（1979）的例子对此加以说明。

最后，Ariel 还采用了竞争因素，即一个语篇实体与另外一个语篇实体竞争先行语角色的情况。她根据 Clancy（1980）的观点，在使用回指词语时，如果先行语没有遇到其他干扰的指称成分，则回指主要采用高可及标示语；如果有一个干扰的指称成分，回指可能使用低可及性标示语；如果有两至五个干扰的指称成分，则回指主要或完全使用低可及性标示语。除了竞争者数量外，竞争者的竞争强度也有作用。一般来说，表示非人称的指称词语的竞争强度低于表示人称的指称词语，当出现前一种干扰时，回指仍可继续使用高可及性标示语（例如反身代词）；当出现后一种干扰成分时，回指会改用代词或可及度更低的标示语。例如：

(1) a. John$_i$ turned the argument against ＊ him /himself$_i$.

　　 b. John $_i$ turned his friends against him /himself$_i$.

　　 c. John$_i$ turned his friend$_j$ against him$_i$/himself$_j$.

(Ariel, 1994: 36)

句 a）先行语的干扰成分"argument"为非人称指称成分，竞争力弱，先行语"John"的可及度仍很高，因而回指仍使用高可及标示语——反身代词。句 c）先行语的干扰成分"friend"是人，竞争力强，先行语（主语）的可及度被削弱，对主语"John"的回指只能采用代词"him"。b）的干扰成分虽然也是人，但有复数形式作为区别特征，干扰程度居中，因此，对主语的回指可以使用代词或反身代词。

本研究基于 Ariel（1988）的可及性理论，以语篇距离作为主要标尺，在以往研究（如许余龙，2000；Jiang，2004；Duan，2006）的基础上，对汉语语篇中零形回指的分布情况进行再调查，同时，以凸显性为指导，对零形回指先行语和回指语所出现的位置进行记录和分析，并结合框架因素和竞争因素对零形回指的使用情况、基本规律、先行语的特点、干扰成分的数量和强弱等进行分析。

第三节　Keenan & Comrie 的句法位置
可及性等级体系

Keenan & Comrie（1977）指出，分析语言现象的句法位置能够有效地揭示语言使用的一些基本规律。他们基于对众多语言的分析，就句法位置与可及性的关系，提出了一个名词短语可及性等级体系（NP accessibility hierarchy）。这是一个与 Ariel 的可及性标示语等级体系不同的角度，是从表达成分所处的不同句法位置来考察其所具有的不同可及性。基本内容是，在一个句子的主语（S）、直接宾语（DO）、间接宾语（IO）和旁语（Obl.）等成分中，主语比直接宾语具有更高的可及性，直接宾语比间接宾语具有更高的可及性，依次类推，构成一个 S > DO > IO > Obl. 可及度等级体系。这个体系原用于说明在定语从句化过程中提取以上各成分做中心词的适应度。一般来说，提取等级左边的成分相对于提取等级右边的成分更加不受限制。但两位学者认为，在运用其他句法规则时，位于左边的名词性成分也总是要比右边的名词性成分具有更大的适宜性，并认为这是世界语言的一条普遍规则。

以上等级体系也被运用到分析先行语的可及度上。在这方面，该等级体系可以表明作为不同的句法成分的先行语在大脑记忆系统中的不同可及性：主语位置的先行语的可及性高于直接宾语位置的先行语，直接宾语位置的高于间接宾语位置的先行语，依次类推。这种句法位置与先行语可及性的关系已经受到一些研究者的关注（Givón，1984；Chen，1986；Ariel，1990；许余龙，2000；蒋平，2003；Jiang，2004；等）。

句法位置在回指中的重要性受到不同学者的关注。乔姆斯基（1980，1981）认为，在自然语言中，论元位置上的名词性成分就像一个个变量，可以通过他们之间的结构关系解释其中的共指特性。位置参数也在一些学者的赋值研究中得到运用。Westergaard（1986）就依据词语的句法位置、主题性、焦点等要素建立了一个名词赋值体系以确定先行语。Kuno（1987）也将句法位置作为他的赋值系统所考虑的若干因素之一。"位置说"还得到很多跨语言事实的支持。例如，研究发现，在语言中表示主人公内在视角变化的代词需要有引发词，即引起在下文中使用内在视角代词的先行词。而根据众多非洲语言的情况看，引发词基本上出现在主语位置，虽然在少数特殊情况下，宾语或旁语位置的名词词语也有可能。原因是，主人公视角引发词或视角先行词的作用是形成语言表达的视域和控制范围，显示主人公内在视角变化的词语或句法形式通常出现在这个视域和控制范围中。

本研究在以往研究的基础上，进一步借鉴 Keenan & Comrie (1977) 的名词短语可及性等级体系，对汉语语篇中零形回指先行语的句法位置进行分析，认为汉语零形回指先行语的句法位置体现出不同的可及程度。不仅如此，我们认为，零回指的句法位置也同样具有可及性标示作用，也要进行统计和分析。先行语与回指语均在主语位置的可及性显然要高于先行语和回指语都在宾语位置或旁语位置的情况。将可及性程度在距离因素的基础上，进一步落实到不同的句法位置并进行排列，是一种比 Ariel 的距离可及性分类更为具体而微观的做法。本研究将在重新考察句法位置的基础上，把上述等级体系进一步扩展运用到对零形回指句法位置的研究，以建立零形回指的句法位置可及性等级体系以及先行语与回指语的占位与可及性的关系。

第四节　Fox 的语篇结构层次性

Fox（1987）基于对英语语篇中代词回指的研究，提出了层次性模式（hierarchy model）。层次性指的是语篇中前后相连的小句之间的语义结构层次关系。该模式的基本假设是，话语的组织不仅按照线性顺序前后排列，而且按照层次性展开。语篇不是表面所显示的小句链的线性连接，而是互相具有各种信息和互动关系的小句分层次组织起来的结构群。Fox 认为，任何对回指的研究都必须考虑语篇的层次结构。例如：

（2）① Like most hedonists, *he* preferred to look neither backward nor forward. ② The here and now, the picture in front of him, the woman he was with, the bird in flight—

this was life; ③ the rest was history. ④ The future could assuredly take care of itself. ⑤ *He* found himself at one with Proust in the thought that "the only certainty in life is change."　　　　　　　　　　Fox (1987: 106 – 107)

结构关系：

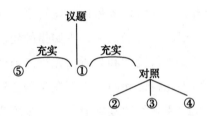

在以上句子中，根据结构层次关系，小句②③④是并列关系的三个结构，处于更低的层次，小句⑤和①是更高层次的结构，并且两者之间具有结构层次关系。由于这样，两者之间在回指上也产生了联系，句⑤的代词"he"便可以回指句①中的"he"。

Fox 认为，语篇最基本的单位是命题，语篇实际上是命题多层次组合的结果。命题的组合形成修辞结构（R – structure）。大多数修辞结构具有核心成分（nucleus）和附属成分（adjunct）。核心成分表示主要目的，附属成分提供补充信息。当然，在有的修辞结构中，只有关系并列的核心成分，没有附属成分。

为了揭示结构层次对回指选择的影响，Fox（1987：79）讨论了以下几种修辞结构：1）议论；2）条件；3）环境；4）列表；5）叙述；6）因果；7）转折；8）正反；9）目的；10）回应；11）对照。其中，表示列表、叙述、对照的修辞结构中主要包含的是并列关系的核心成分，虽然在表示对照关系的修辞结构中，有时也可以有核心和附属关系。其余修辞结构中均有核心和附属成分关系。

Chen（1986）从同样的角度讨论了汉语的零形回指。他将修辞结构理解为小句、句子等语言单位之间的认知关系的体现，认为语言单位之间的关系是通过各种关系述谓建立的（1986：89）。沿用 Grimes

(1975)、Longacre（1979，1983）的观点，Chen 将关系述谓看作是语篇中的高次述谓，它与小句的联系就像动词述谓与句内论元的关系一样。高次述谓以命题作为基本论元，即语言中的小句，可以在更大的语言单位层面，例如，复杂句之间建立相互联系，形成多层次复杂的修辞结构关系。Chen 还讨论了顺连、罗列、对比、交替、背景、因果、让步、条件、说明等关系述谓。认为前四种所带的论元之间是等立关系，后五种是主从关系。

　　基于以上概念，Chen 讨论了汉语中的零形反指（参见第二章）和受干扰的零形回指。例如，在以下句子中，零代词不直接回指前面所提到的"支书"，而是越过中间的一个结构，指更前面的"丽丽"：

（3）a. *丽丽*叫了支书，
　　　b. 支书并不拿刀；
　　　c. ø 叫了队长，
　　　d. 队长也不拿刀。
　　　e. 大家一起上山。

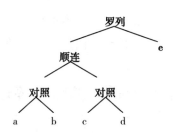

　　原因在于 a）b）和 c）d）分别构成两组并列结构。而且，Chen 还引入句法平行性概念以加强解释力，指的是成分在句法形式上的相似和一致（同时也带来词汇、语义或修辞的相似和一致）产生的顺连关系。认为这可以为错位的零回指找到正确的先行语。由于在两组并列结构中，a）与 c）具有平行关系，b）与 d）具有平行关系，因此，c）的主语位置上的零代词可以回指 a）的主语位置上提到的实体。

　　平行性甚至还可以用于解释双零形式与前面的先行语之间分别形成的回指关系。例如：

> （4）a. *他*₁一口气跑到北口，
> 　　　b. *自行车*₂还跟着呢！
> 　　　c. *他*₁进了小胡同，
> 　　　d. Ø₂还跟着。
> 　　　e. Ø₁出了胡同，
> 　　　f. Ø₂还跟着。

　　例句中的两个零代词分别指前面不同的先行语，形成交叉。Chen认为，这仍然是因为 a）b）与 c）d）与 e）f）共构成了三个平行结构，其中，a）c）e）构成了平行关系，b）d）f）也构成平行关系。因此，例句中的零代词是按照平行结构关系进行回指的，表面上交叉出现，而实际上很整齐。

　　本研究将进一步运用语篇结构的层次性和平行性讨论汉语零形回指和先行语所在的结构层次及其相互关系。不仅如此，我们还要将有关概念拓展到讨论回指环境中的其他语篇结构的层次，也用于对回指位置发生变更和不同形式的长距离回指等问题的讨论。

第五节　中心理论和指称参照点等理论的核心概念

　　中心理论（Centering Theory），也称向心理论，是近年来在回指的计算机研究中运用较广的理论（参见第二章）。它是关于语篇处理和语篇局部结构的理论。该理论来自 Grosz 等（GJW，1983）最早提出的设想：话语中的某些实体比其他实体拥有更为中心的地位，这制约着不同的指称语的使用，特别是代词的使用。随即，Brennan 等（BFP，1987）提出基于中心理论的代词回指算法（pronoun interpretation algorithm）。20 世纪 80 年代末至 90 年代，中心理论得到更多学者的重视，研究成果纷纷在《计算机语言学学报》等刊物上发表，并在1998年形成和出版了专集《语篇中的中心理论》（Walker et al.，1998），集中探讨了中心理论对于语篇连贯性的解释和在回指解释中的运用。

中心理论的核心概念是中心，大致对应于语篇中的焦点。它是维持语篇片段中当前话语与其他话语关系的实体，是重要的语篇建构材料，也是语篇中重要的语义成分。中心理论的基本概念是语篇，语篇是由许多语篇片段构成的，每个语篇片段都是语篇的一部分。中心是语篇片段中作为语篇模型一部分的语义实体。

与以上相似的是 van Hoek（1997）的指称参照点理论。但是，指称参照点主要考察的是单向指称，没有考虑前后不同方向的指称。其确定主要是靠语义凸显，其所覆盖的领地范围主要是靠语义联系性来确定。参照点和领地的设立还基于这样一个心理概念：观察者或观察点将会形成一个心理空间。这个心理空间中的成分就是观点持有者的思想或概念的集合。观察点就是中心成分，语境是其背景，名词词语的指称对象在这个背景中得到解释。该理论的主要观点是，基于观察点建立起来的心理空间中的每一个成分的解释都需要参照这个观察点。

指称参照点理论来自 Langacker 的参照点/领地概念。Langacker（1991，1993）将这一对概念用于解释语篇的主题和与其相联系的小句之间的关系。主题在它的语篇范围内是参照点，与之相联系的小句在它的语境/领地范围内得到解释。主题一般采用精确的话语建立起来，对后续小句的解释可以用主题来定位，因为，与它相关的小句构成它概念下的领域范围。

根据参照点/领地关系，在小句内，主语是主要的参照点，其他的名词词语均处于它的领地之内。直接宾语是小句的次要焦点，即次要的参照点，对它的解释要在主语所建立的领地内进行。其他名词也可以采用同样的方式进行解释。另外，参照点—领地关系不是单一的，而是层层叠加的，构成含有不同层次关系的更大的语言概念结构。在这种结构中，主语始终是概念路径的起点，因此，始终是它所建立的领地内的参照点，直接宾语始终是位于除了主语之外的其他成分之前，因此也建立领地，并对其领地范围内其他名词成分进行解释。依次类推。

对于参照点的确定，van Hoek（1997：58）还进一步提出了三点补充，一是突出性，二是线性顺序，三是概念延续性。此外，音调，包括重音、停顿等也是确定参照点所需考虑的因素。补语链也是一个重要的决定因素，van Hoek（1997：63）认为，在小句内，中心结构与补语结构以及这两种结构之间的图形—背景关系中凸显程度的非对称性，有助于确定句中可能具有的一系列"参照点—领域"概念结构，van Hoek 称之为补语链。补语链结构中的突出性和内部成分之间相对紧密的联系性共同决定内部的参照点与领地范围，有助于判断其中的同指关系。

中心理论、"参照点—领域"概念以及其他一些理论体系与研究方法都运用了主题性的观点。Givón（1983）和他的同行通过对众多语言的研究证明，在很多语言中，不论在叙述语篇还是会话中，主题性与回指编码之间有强烈的相关性。这一发现还得到了不少研究者来自东亚语言的分析的进一步支持。例如，Li & Thompson（1979）发现，在汉语语篇中，零形式在"主题链"中出现的频率最高。往往在第一小句建立主题之后，该主题便成为后续小句的主题参照点，后续小句的主题均无须采用有形的指称形式进行表达。其他研究者也注意到汉语的这一现象。有关研究还注意到，处于主题地位的指称对象往往是叙事语篇或对话中的主体人物或主要对象。它们有共同特点：1）通常是施事或完全参与构成故事的行为或事件的引起者；2）它的生命程度高于其他成分；3）它在达到目的方面起主要作用；4）如果该事件中的人物需要具体名称的话，一般总是该实体；5）它反复被提到的次数，比任何其他实体多；6）它出现在多个场面而且在不同的背景中出现，而且它往往在叙述的开头就介绍给读者。Xu（1995：30）注意到，回指的很多情况都可以用主题性解释。

他认为主题性也是一个心理概念，实体如果在心理表征以及在听者对语篇的处理中具有相对重要的地位，在语言表达中就会以词语在语篇的小句中所处的重要位置予以体现。他借鉴 Gundel（1988：210）关于主题的定义，提出了关于汉语主题的定义、分类和识别方式（1995：36—55）。

本研究采用中心理论和指称参照点等理论的核心概念解释零形回指先行语的凸显性或主题性、回指的延续性、前指和后指、跨句回指等问题，并在中心理论的框架指导下，在已有研究与试验的基础上，基于本研究的数据分析，对有关参数与特性进行进一步的调整和修改，对零形回指解析进行试验。

首先，本研究将中心理论关于"中心是语篇片段中作为语篇模型一部分的语义实体"概念进行扩展，认为中心可以是双向的，不仅可以按照语言的线性顺序向右延伸，也可以左向扩展和控制其领域范围内的其他成员。这也是指称参照点的基本观点。同时，作为语篇模型中的一部分语义实体，中心的延伸性在其所在的语篇片段中应该是延续的，不因为次中心或局域中心的出现而中断，以保持对主题的延续性和回指的延续性的有效解释。本研究还采用指称参照点理论中关于主语是主要的参照点，其他的名词词语均处于它的领地之内。直接宾语是小句的次要参照点，对它的解释要在主语所建立的领地内进行等观点，认为零形回指的指称参照点也应该有不同的层次和各自的范围，但是，对于汉语的零形回指，需要增加一个主语之上的参照点，那就是主题。当然还有主语之下和宾语之下的若干参照点。另外，本研究认为参照点不仅形成领地，更重要的是它形成不同层次的领地，这对于解释包括长距离回指和内包回指在内的零形回指现象具有积极作用。

其次，本研究将在中心理论基本框架的指导下，借鉴 Duan（2006）、许余龙等（2008）和段嫚娟等（2009，2012）所试验的六种关于汉语回指解析的算法中最有效的做法，对零形回指的先行语进行解析试验。段嫚娟等（2009，2012）的回指解析算法已经将语法功能排序、平行性和层次性等因素作为有效的特征对汉语的代词和零形回指进行了较成功的解析。其中最有效的算法（Alg 6）采用了层次性，但是，研究者只是将句法层次的差异作为一种影响 Cf 排序的因素加以考虑，并认为，如果语句的划分能直接反映出这种句法层次，或许能够更为合理地体现语篇中心的保持和转换。此外，研究者通过对 Alg 6 仍不能消解的句子进行分析发现，如果在语料标注时添加一些零形主题，会有助于某些指代词的正确消解（段嫚娟等，2012：231）。中心理论对于零形回指解析的有效性已经得到一些研究实验（如王德亮，2004；段嫚娟等，2009，2012）的肯定，是目前零形回指解析中较成功的做法。本研究在这些基础上，对语句的划分采取直接反映句法层次的做法，在语料标注时添加一些零形主题，基于更为丰富的语料数据，对零形回指解析参数调整和修改，以期获得更好的解析结果。

第六节　语块理论

语块理论在本研究中用于支持语料标注单位的选择与确立。语块理论是 20 世纪 90 年代出现的以语言心理学为基础、以应用为目的的新理论，以"语块"观点的提出与应用为核心内容。1950 年，美国心理学家 Miller 和 Elfridge 提出"组块"概念，表示记忆在对信息的加工过程中，将单个信息组成更大的信息单位。Becher（1975，引自陈红，2009）最早将这一概念运用到语言研究中，并称之为"词块"。Nattinger & de Carrico（1992，引自钱旭菁，2008）在此基础上提出"语块"理论。该理论的基本观点是，人们在实际交际中，并非是一个词一个词地进行交流，而是大量地使用储存在记忆系统中的语块进行表达。语块是一个记忆组织单位，它由记忆中已经形成的组块组成，并链接成更大的单位。而且，作为整体的语块比根据语法规则生成的自由组合更适合交际。在交际中，如果某个语言形式是听话人以前听过的，那么，他不需要借助太多的分析解码就能够理解，理解的成功率也更高。Wray（2002）将语块定义为，"一个预知的连贯或不连贯的词或其他意义单位，它整体存取在记忆中，使用时直接提取，无须语法生成或分析"。不少学者认为，语块是认知在语言句法层面的体现，反映了人类信息处理能力的实际运用单位（Langacker，1995：170；Croft，2001：189；陆丙甫，2008 等）。Alenberg（1998）研究了总数为 50 万词的 London–Lund 语料库中的英语口语部分，发现共有 68000 条不同长度和频度的词语组合，而且，该语料库中大约80％的词是以各种不同形式的词语组合出现的。心理语言学研究表明，语块是确实存在的语言单位。根据心理实验所提供的数据，大脑运用语言进行组码（编码或解码）能够容纳的离散块的最大限度为7 ± 2。一般来说，处理者会把需要记住的离散块数量尽量控制在"4"以下（陆丙甫、蔡振光 2009）。这些实验不仅揭示出大脑对语言信息的处理是"组块"处理，同时也说明，对于语言信息的处理不宜采用句法分析那样零碎的做法。

　　语块理论，由于它所揭示出的语言使用和理解的内在规律，迅速运用到两大领域。除了大量地用于指导母语和外语教学之外，已有不少计算机自然语言处理和机器翻译实验尝试以语块为基本单位。Wada（1990）在进行英—日机器翻译的实验中，他的回指确认机制中的三个功能单位就是语篇表征结构构块、凸显成分储备和先行语搜索。在国内语言学领域，钱旭菁（2008：139）认为，语块是语言习用性的一个重要表现，有减轻加工压力和社会交际功能，因此，语块研究对于母语和外语习得、语言的生成和理解以及计算机信息处理都具有重要意义。陈红（2009：153）认为，语块与语言使用的方式一致，并把汉语的语块分为虚词语块、固定短语语块、实词语块三大类，其中，"把"、"比"、"被"、"在"、"的"、"了"、"对"等都被列为语块构成词。在计算机自然语言处理研究领域，孟静（2005）参照 Abney（1991）的组块分析体系，尝试构建汉语的名词语块体系。雷霖等（2013）尝试通过构建词的语法功能空间，建立中文语块分析的聚类模型。近几年，由于词性标注语料库和句法树析库的复杂性、加工负荷和处理难度，国外对处于词与句之间的中间层次的语块标注语料库的开发也越来越受到重视，出现了一些较大规模的语块标注语料库，如 CONLL – 2000。我国学者也开始投入这方面的研究。周强等（2001）尝试构建 200 万字的汉语语块库，参照英语的常用语块描述法，结合汉语的实际情况，确定出汉语语块标记集。

本研究顺应上述发展趋势，在确定语料标注的基本单位时，选择语块作为基本单位，以符合自然语言表达的实际情况和语篇组织的心理过程，也与计算机模拟自然语言处理的新做法取得一致。

第七节　机器自学习回指解析模式

从目前为止的研究来看，机器自学习回指解析模式尚未获得有说服力的解析结果，成功率尚不理想，而且这些研究显示，需要有更多的语言研究为实验提供可靠的语言数据支持，因此，这一部分虽然不是本研究直接采用的做法，却是本研究设计和数据分析的指导方针和服务目标，以期本研究的一些数据今后能够为机器自学习回指解析的研究提供有效的参考或者被采纳到该类解析模式中去。

（一）计算机回指解析做法的发展

计算机回指解析发展至今，已有多方面的尝试。在早期的研究中，Ge，Hale & Charniak（1998）采用 Hobb's 算法作为分析基础，提出了一个关于英语代词回指确认的计算模式。该模式将多种回指确认因素纳入统计框架内，特别是回指代词与可能的先行语之间的距离、可能的先行语的性数标记与生命性、管辖范围、中心词的信息、名词词语的复现等。研究者把这些因素全部作为帮助确认指称对象的概率因素。Nasukawa（1994）尝试从原文本中提取句间信息，以提高代词确认的准确性。该方式基于"根据语篇中存在同样的搭配形式进行选择"、"根据前面句子中重复的频率进行选择"，以及"根据句法位置进行选择"等方法提取句间信息，同时辅以少量的背景信息（如形态、句法或语义知识）。研究者还借助同义词词典，以确定与可以被

接受的候选语具有同义词性质的词语也可以成为先行语。Preuß 等
（1994）在英—德机器翻译系统中也进行了回指识别研究，使用的是
两个语篇表征层面（结构的和指称的）、临近性、约束性、主题地位
和概念一致性性作为考虑因素。Mitkov 等（1995）在 CAT2 机器翻译系
统中对语篇层面的代词回指确认进行了实验，所采用的方法中考虑了
句法、语义、优选等方面的限制条件。实验主要是针对"第二句"
中的代词与前一句中的先行语之间的确认。具体采用的是英—德机器
翻译系统。在进一步的完善过程中，Mitkov 等还将中心成分跟踪系统
（center tracking engine）组合到 CAT2 机器翻译的回指确认模式中。中
心跟踪系统在回指确认中的重要性在于，当句法和语义限制不足以在
潜在的先行语中分出上下时，就可以认定在结构中具有中心地位的名
词短语为指称的对象。

　　在近期的研究中，最引起关注的要数中心理论的运用。上面讲到
的 Mitkov 等人运用的中心成分跟踪系统就属于这方面的尝试。GJW
（1986，cf. BFP；1987）则建立了一个中心模型，该模型的假设是：
语篇片段包含一连串话语 U_1，…，U_m，每个话语 U_n 与一系列下指中
心［forward – looking center，Cf（U_n）］相联系，包含着那些直接用
语言表达体现的语篇实体。这些实体的排列大致与它在后面的语篇中
作为主要焦点一致；下指中心系列中的成员可以根据各自在语篇中的
突出程度进行排列，排在最前的成员即是优先中心，往往是下一句关
注的焦点。例如，在英语中，下指中心的凸显程度按照语法功能呈现
以下等级排列：

　　主语 > 直接宾语 > 间接宾语 > 介词宾语

　　以上等级说明，出现在主语位置的表达成分最有可能成为下指中
心的最重要成员或优选中心，其次是出现在直接宾语位置的表达成
分。出现在介词宾语位置的表达成分最不可能成为下指中心的重要
成员。

　　（二）机器自学习回指解析模式的尝试

　　在近期以计算机自动识别为目标的回指研究中，尽管语言学专家

和计算机专家做了不少努力，但是，还没有找到理想的理论和方法。有关研究不仅大多数局限在代词回指方面，而且，多从纯粹的句法分析到高度的语义和语用分析，仅仅解决了问题的一部分。真正从自动翻译的角度进行回指确认问题的研究并不多。近年来，统计学方法被运用到计算机回指识别的研究之中（如 Ge，Hale & Charniak，1998等），主要特点是通过建立概率统计模型，并依靠大量的训练语料库（training corpus）的语料来确定词语之间的相关关系，目的在于，在不依靠高层次的语言专业知识的情况下，测算回指语与先行语之间的关系。然而，这些做法或者代价很大、程序复杂，或者缺乏可操作性。例如，Mitkov 尝试过的三种回指确认方法：整合式、不确定推理式、双擎模式。整合式（Mitkov，1994 a & b）属于"传统式"研究模式，一定程度地结合了传统语言学方法与统计学的中心确定法（center tracking）。该模式整合了不同知识——句法、语义、领域、语篇等标尺（module）。例如，它将句法标尺用于规定先行语与回指语必须在性、数、人称上一致。该标尺还用于核定成分限制关系和查出不相关的指称。遇到句法平行的时候，该标尺还将选取具有相同句法身份的词语作为回指的先行语的最佳选择项。它的语义标尺用于核定回指与候选的先行语之间语义一致性，根据当前动词语义或者候选成分的生命性，过滤掉语义不兼容的候选成分，推选出与回指的语义身份相符的名词成分作为首选的先行语。它的领域知识标尺用于确定回指的领域关系。语篇知识标尺用于找出当前语篇片段的中心成分。不确定推理式是 Mitkov（1995）基于以上各种标尺建立的一个人工智能式的推理模式。Mitkov（1996）的双引擎模式是基于两个引擎之间的互动构成的回指模式。实际上就是将以上两个模式结合起来。这三种方式均需要语言知识和领域知识，表征这些知识的代价大，且实用性不够。

　　鉴于以上诸问题，随着大型计算机语料库的出现，一些学者尝试机器学习回指解析模式。这是一种新的解析方式，是在 90 年代以来，随着语料库语言学的发展和大型语料库的出现而产生的基于语料库的指代消解方法。其主要做法是首先在封闭语料库中对语料进行规则训练，称为训练语料库，然后推演到大型的开放语料库中，由计算机自主学习算法和进行指代解析的公开测试。其最大的优点在于它的可扩展性。1995 年，McCarthy 等（参见王智强，2006）碍于诸多规则方法的缺点，提出了新的思路，采用决策树方法消解指代关系，为机器学习回指解析研究开辟了新路子。之后，Soon 等（2001）也采用基于决策树的机器学习法，抽取了 12 个基本特征，在 MUC – 6 语料实验中 F 值达到了 62. 6，该方法随即成为国内外利用机器学习方法解析指代消解的基础。Ng 等（2002，转引自王智强，2006）对 Soon 等的研究进行了扩展，抽取了 53 个特征，并对指代消解平台的性能进行了改进，获得了更好的消解效果。Yang 等（2003，转引自孔芳等，2009）提出了双候选模型，在 MUC – 6 语料上，选择了 23 个特征，F 值达到了 71. 3。除了决策树方法之外，机器学习方法的另外两类是最大熵统计模型（Maximum Entropy Models）和聚类。聚类是一种无督导的机器学习方法，是把一堆文本片段划分成不同的小组，得到的小组称为簇或类。这三种都是指代消解实验中采用得较多的方法。

我国学者也对指代消解机器学习方法进行了尝试。例如，胡乃全等（2009）基于最大熵模型的中文指代消解平台，李国臣等（2005）运用决策树机器学习算法并结合优先选择策略进行的指代消解，杨勇等（2008）的英语名词短语指代消解平台，等等。这些研究多针对汉语或英语的名词短语或代词，尚未对汉语的零形回指进行尝试。零形回指作为汉语语篇中的典型回指形式是任何解析方式不可回避的。而且，任何先进的指代消解模式如果不能解决汉语的零形回指问题，不能算是完美的模式。

因此，本研究鉴于机器学习系统的发展前景以及该系统的实验中尚未对汉语的零回指进行解析实验的现状，在研究设计和数据分析方面以机器学习回指解析为指导方针和服务目标，以期本研究的一些语料数据今后能够为机器自学习的零形回指解析提供有效的参考。基于这一目的，本研究将根据语料分析抽取汉语零形回指的基本特征，包括先行语和零形回指所出现的位置、先行语和回指语之间的距离、主题性、生命性、层次性、平行性等，以语块为话语的基本组织单位，希望通过这些数据支持，为机器学习的零形回指解析提供帮助并进行初步尝试。

第四章

研究设计与数据库建设

为了掌握充分的语料，以获得零形回指的各种重要数据，支持本项目的研究与分析，本研究的第一阶段工作包括语料的选取与准备、语料的标注、语料标注规则的确定、数据库设计与建设、数据的检查与核对等。

第一节　语料准备

一　语料的选取

关于语料的选取，本研究的初步设想是使用国内现有的现代汉语语料库中的语料。国内已开发的现代汉语语料库有两类：生语料库和标注语料库。为了便于分析，我们首先尝试了标注语料库，发现其缺点一是标注过于细碎；缺点二是标注存在一定的误差；缺点三是这一类语料库均不可能对零形回指进行标注。作为无具体语言表现形式的零形回指，必须依靠手工标注，故放弃采用现有的标注语料库。生语料库的语料不易下载及插入零形回指标注符号，使用不方便，体裁及年代的跨度也不能够符合本研究的要求，故放弃使用。

第二步，考虑自选语料，以符合本研究的需要。初步设想是，只选取叙事语篇，因其在书面语中最具有代表性，且使用面广，表达内容丰富。为了涵盖不同的年代及时间跨度，我们计划使用近100年间不同作者的作品。由于希望获得具有电子文本的语料以节省文字录入的时间，我们上网查找近百年间的中国小说，获得《百年百篇优秀短篇小说》集，共四部，其中包含了 20 世纪初至 2002 年及近几年的作品。经过浏览这些作品的内容、题材、长度、语言风格等，我们选取了无对话或对话极少的作品（因为对话中可能出现较多的零形回指的外指现象，恐影响统计数据，故予以避免），兼顾了不同的年代。此外，我们还希望选取近年来一些青年作者的作品以丰富语料的采集，故上网查找，结果很意外地发现当代青年的作品多表达简单，而零回指的使用也非常简单，少见错综用法，不如那些优秀获奖之作的思想内涵丰富，表达复杂多变，而零回指也复杂多变。根据预计的语料数量要求，我们选取了约 30 万字的叙事语篇语料。将电子文本发送给浙江大学何博士进行词性自动标注。标注工作迅速完成，但是，从获得的标注结果看，一方面词性切分太细碎，难以在此基础上标示零代词及讨论其在语篇中的使用规律；另一方面，自动标注的准确率低，故又放弃。考虑手工标注本研究的语料，以保障数据的准确性。

第三步，在进行手工标注之前，反复浏览上述语料并结合对近年来国内零形回指研究现状的调研，我们发现叙事语篇语料的分析仍然具有极大的挑战性，其复杂性仍未得到充分的揭示，仍然需要深入的探究。又考虑到国内的回指研究对于其他体裁较少关注，而叙事语篇虽然有其代表性，毕竟不能等同于其他语篇。如能更广泛地分析零形回指，并获得对不同体裁的语篇中的零形回指用法的描写，所揭示的共同规律和所做出的结论将更具有说服力和普遍意义。同时，也能够通过不同体裁的比较，更有利于描写其他文体中的零形回指的呈现与分布。故考虑在原有计划的基础上，增加新闻与学术语篇语料。

新闻语篇已有学者采用，但是语料数量较小（如王德亮，2004；Duan，2006），学术语篇，因其指称的抽象性，尚未得到采用。选择增加这两种体裁的语篇，是因为它们在使用上也具有广泛性，且各自使用语言的方式又不相同。将这两类加入之后，本研究的语料的代表性和覆盖面增大。这是我们在语料选取上的一个新的考虑和调整。

关于如何确立新增的两类语料的获取方式。近期语料的获取难度不大。早期的语料，例如，新中国成立前的新闻语篇实难获得。而且，由于年代的跨度，以哪个时间划分早期和近期语料，也需要考虑并做出合理的决定，以便语料采集中减少时间的浪费和无关语料的过多采集。在时间分段上，我们先试想以 1950 年为界，分前后各 50 年进行语料采集。但麻烦之一是，1950 年前的新闻与学术类语料难以获得，因那时新中国刚刚成立，而且，以这个时间给语料分界的意义不大。麻烦之二是，以 1950 年为界，近几年（2001—2009）的语料未得到应有的考虑（自然语言的解析与翻译是为时代发展的迫切需要服务的，多面临着时下的文本的处理，忽略了近几年的语料显然不合理）。思考再三，考虑以 1977 年为界，因 1978 年以后的思想解放与改革开放也带来了语言表达上的开放、自由、丰富、多样化，可能使语言中的零形回指的使用受到影响并产生变化。在这方面如果真的有所不同的话，也正好通过这样的时段划界和比较得以揭示，从而增加本研究的收获。

基于以上时间考虑，叙事、新闻、学术类语料均以 1977 年为界。其前的语料称为早期语料，从 20 世纪 30 年代至 1976 年；其后的语料称为近期语料，从 1978 年至 2009 年。在语料数量上，开始只打算约略取数，后发现难以进行不同时段之间的平行比较。由于体裁由原来的一种增加为三种，因此，我们将语料的数量调整为每一种体裁选取 9 万字的语料。在语料的年代分布上，选取早期的语料各 3 万字，近期的语料各 6 万字以进行成比例的对比（早期的语料初选也是每一种体裁 6 万字，在实际操作中由于语料分析和数据录入的工作量巨大，而改为每一种体裁 3 万字）。考虑近期的语料各采集 6 万字，是因为近期的语料相对更为重要，研究意义也更大。

叙事类语篇仍然选取《百年百篇优秀短篇小说》中的作品，由于其中的近期作品多有对话，且语言风格较单一，故增加王安忆《小饭店》一篇一万余字。

关于新闻类语料的获取，我们先尝试从网上搜集电子版新闻，但只获得了近几年的报道。对于早期新闻，首先尝试在网上查找，获得了有关新中国成立以来新闻汇编的书讯，然后向本单位新闻中心的黄教授咨询，又找新闻系的两位研究生帮助借得一本新闻汇集。该汇集由于多有剪辑，不能使用。又试查网上是否有百年百篇新闻汇编的书讯，获得名为《1949—1999 新闻》的书名，即电话联系了新闻专业的研究生周翔，以帮助借阅或代购此书。因仍然未放弃寻找此书的电子文本，以免打字而耗时，故又上 webvpn 调查，找到了所需的书目，但下载不成。查找之间，接触到本校资源信息网提供的文献传递业务窗口，故将该书的前 50 页委托，两三日后文献即传递至邮箱。接着，再将书的 51—100 页委托传递。由于此书的早期新闻数量不足，且有些报道过短，又上 webvpn 搜索《人民日报》（1949—1976）报纸上的文章，再交给本校资源信息网的文献传递服务窗口——传来，获得了丰富的早期新闻语篇电子文本。近期前几十年（70—80 年代）的新闻语篇也通过同样的方式获得。新闻语篇以 1978 年以后为新阶段，希望了解改革开放及思想解放与零回指使用的关系，想作为一个重要的观察点，初步的假设是，在新闻语篇中，随着改革开放和思想解放，零形回指的使用应该有一些变化。思想开放带来语言的活跃，则零回指的用法也应该更多，且更复杂。

学术类早期的论文也以文献传递的方式获得。其语篇的选取以文史哲、思政、教育、经济为主，较少涉及其他学科的论文。原因是，研究者本人对这些语篇相对较熟悉，有较好的认知，有利于语料标注的准确性。内容生疏的语篇难免造成标注时分析和判断上的误差。学术类近期除了采用网上查找的论文之外，兼采用了研究者所认识的几位学者发表的论文，以增加语料的多样性。

叙事语篇的语料多从电子书上选下来，转换为 word 文档，只有《小饭店》需要进行文字输入。新闻与学术体裁的早期资料均为水印底影像，无法转换为 word 文档进行标注，均进行了重新打字。文字输入工作均由当时攻读语言学专业的一位研究生完成。

二　语料的内容

本研究使用的叙事类语篇语料共有 13 篇（含一篇节选，以达到

9 万字数），包括第一人称和第三人称叙事角度的语篇，以便考察不同的叙事角度可能带来的零回指使用的差异。叙事类语篇语料的目录如下表：

序号	题名	年代	作者	叙事角度	段落数量
1	《报复》	1930s	杨振声	第三人称	29 段（对话除外）
2	《春蚕》	1932	茅盾	第三人称	73 段（对话除外）
3	《竹山房》	1932	吴组缃	第一人称	19 段（对话除外）
4	《卖酒女》	1958	徐怀中	第三人称	20 段（对话除外）
5	《十八岁出门远行》	1986	余华	第一人称	6 段（节选）
6	《夜的眼》	1979	王蒙	第三人称	16 段
7	《陈奂生上城》	1980	高晓声	第三人称	15 段（对话除外）
8	《高女人和她的矮丈夫》	1982	冯骥才	第三人称	14 段
9	《索债者》	1993	残雪	第一人称	15 段
10	《美丽奴羊》	1996	红柯	第三人称	12 段
11	《一天》	1990s	陈村	第三人称	18 段
12	《小饭店》	1999	王安忆	第三人称	27 段
13	《地球上的王家庄》	2002	毕飞宇	第一人称	12 段

新闻类语料去掉了字数太少的语篇及含有对话的语篇，共采集了 51 篇。采用了不同的作者写的报道（少数报道未署名作者，故以"未名"进行标示）。其中，关于领导视察的报道也选取了数篇，以增加多样性。新闻类语篇语料的目录如下表：

序号	题名	时间	作者	来源
1	《"解放"牌汽车试制出来》	1956 年 7 月 13 日	陈苡珠	新华社长春
2	《1957 年的第一小时》	1957 年 1 月 1 日	集体采写	新华社
3	《首都 20 万人欢迎凯旋英雄》	1958 年 10 月 28 日	未名	新华社
4	《第一艘万吨巨轮下水》	1958 年 11 月 27 日	未名	新华社旅大
5	《我们能呼风唤雨——记吉林省试验人工造雨经过》	1958 年 12 月 31 日	李德天	《人民日报》

续表

序号	题名	时间	作者	来源
6	《大丰收的一年》	1958 年 12 月 31 日	刘思慕	《人民日报》
7	《江西一年间》	1958 年 12 月 31 日	李连斌	《人民日报》
8	《先进的苏联科学是我们永远学习的光辉典范》	1958 年 12 月 31 日	周培源	《人民日报》
9	《向秀丽舍身救工厂》	1959 年 1 月 25 日	未名	新华社广州
10	《敬老会上尽开怀》	1959 年 4 月 29 日	未名	新华社北京
11	《西藏少年儿童开始了自由欢乐的新生活》	1959 年 5 月 31 日	郭超人	新华社拉萨
12	《天安门广场扩建工程竣工》	1959 年 9 月 26 日	未名	新华社北京
13	《登上珠穆朗玛峰》	1960 年 5 月 30 日	郭超人	新华社珠穆朗玛
14	《我边防部队撤出军事要塞西山口情形》	1962 年 12 月 31 日	阎吾、郭超人	新华社达旺
15	《两个蒙古族小姑娘同暴风雪搏斗一昼夜保护了羊群》	1964 年 3 月 11 日	赵琦	新华社呼和浩特
16	《南京好菜场》	1964 年 3 月 13 日	陈日	新华社南京
17	《厂长当徒工》	1964 年 5 月 11 日	鲁晨	新华社北京
18	《我国治理沙漠工作取得重大成绩》	1971 年 10 月 21 日	未名	新华社北京
19	《一座两千一百多年以前的汉墓在长沙市郊出土》	1972 年 7 月 30 日	未名	新华社
20	《昔日战辽西 遵纪爱民传佳话；今日驻辽西 艰苦奋斗续新篇》	1972 年 8 月 10 日	未名	新华社沈阳
21	《75% 大学毕业生有创业热情，2% 有行动》	2009 年 8 月 12 日	姜泓冰	《人民日报》
22	《怎么看中西部地区的"快"》	2009 年 8 月 11 日	侯露露、钱伟、刘先云	《人民日报》
23	《广东倡议领导干部"以书为师"》	2009 年 8 月 11 日	贺林平	《人民日报》
24	《让经济发展更具有可持续性和竞争力》	2009 年 8 月 10 日	赵承、郭奔胜	《人民日报》
25	《西藏经济社会健康快速发展》	2009 年 8 月 9 日	张帆、吴齐强	《人民日报》
26	《桂林保护山水之魂》	2009 年 8 月 9 日	庞革平、谢建伟	《人民日报》
27	《奥运绿荫长留北京》	2009 年 8 月 8 日	阎晓明等	《人民日报》
28	《关键时期不能松劲》	2009 年 6 月 30 日	李斌	《人民日报》

续表

序号	题名	时间	作者	来源
29	《历史事实 铁证如山》	1998 年 12 月 31 日	未名	《人民日报》
30	《大力推动新能源汽车跨越式发展　为保持经济平稳较快发展贡献力量》	2009 年 6 月 23 日	顾瑞珍	《人民日报》
31	《青山春色 气象万千》	2009 年 6 月 22 日	李 舫	《人民日报》
32	《产业承接布新局》	2009 年 6 月 14 日	贺广华	《人民日报》
33	《深入学习实践科学发展观　开创少数民族文化事业新局面》	2009 年 6 月 13 日	李亚杰	《人民日报》
34	《听，云南的响声》	2009 年 6 月 13 日	采访组	《人民日报》
35	《中国和平发展和世界共同繁荣》	2006 年 3 月 31 日	国纪平	《人民日报》
36	《上海城市创新的突破口》	2006 年 3 月 31 日	曹玲娟	《人民日报》
37	《"长影"突围，不走寻常路》	2009 年 8 月 21 日	李增辉	《人民日报》
38	《国产动漫，为了什么"奔跑"》	2009 年 8 月 21 日	刘 阳	《人民日报》
39	《小学生网络成瘾者竟达7.1%》	2009 年 8 月 21 日	张健	《人民日报》
40	《中国儿童想象力太差》	2009 年 8 月 17 日	赵永新、王昊魁	《人民日报》
41	《干部沉下去　作风提上来》	2009 年 8 月 16 日	阎晓明	《人民日报》
42	《翔宇教育集团转制》	2003 年 9 月 29 日	未名	《中国改革报》
43	《我们是谁》	2006 年 10 月 25 日	秋风	《中国新闻周刊》
44	《首都国庆首场专项演练三十日凌晨顺利结束》	2009 年 8 月 30 日	未名	中新网
45	《快乐女声全国三强出炉 唱将郁可唯爆冷出局》	2009 年 8 月 29 日	邓霞	中新网
46	《中国渔民被马来西亚强扣 屡遭暴打被逼认罪》	2009 年 4 月 15 日	琼文	《海南经济报》
47	《台当局负债高达 14.5 兆元》	2009 年 8 月 29 日	未名	中国新闻网
48	《南京官员反对中山陵免费开放引发大陆网友热议》	2009 年 8 月 29 日	陈光明	中国新闻网
49	《女排成绩差都怪网瘾大?》	2009 年 8 月 30 日	未名	《成都商报》
50	《看创业如何促就业》	2009 年 8 月 30 日	未名	《人民日报》
51	《党委书记专程去上海背回废品》	1978 年 7 月 8 日	未名	新华社沈阳

　　学术类语篇共 15 篇（含一篇节选，以达到 9 万字数），采自不同领域或不同专业的研究者，选取针对不同的研究对象的论文。学术类语篇语料的目录如下表：

序号	题名	年代	作者	来源	段落数量
1	《原始佛教的历史起源问题》	1965 年第 3 期	季羡林	《历史研究》	48 段
2	《文字演进的一般规律》	1957 年 7 月	周有光	《中国语文》	38 段
3	《关于词义和概念的几个问题》	1962 年 6 月	朱林清	《中国语文》	51 段
4	《长沙马王堆三号汉墓出土帛书简介》	1974 年	洪楼	《历史研究》	19 段
5	《试论成词的客观法则》	1959 年 9 月	郑林曦	《中国语文》	6 段（节选）
6	《探析思想政治教育学科发展的新趋势》	2008 年	未名	http：//bd. hbrc. com/ rczx/news - 412312. html	17 段
7	《浅谈网络学习中学生的学习动机》	2005 年	未名	http：//www. studa. net/2005/ 12 - 14/ 20051214617. html	16 段
8	《浅析人力资源会计的基本假设》	2009 年第 1 期	代桂仙	《经济师》	7 段
9	《浅谈母语对英语学习的影响》	1996 年	未名	http：//news. 21cnjy. com/A/100/ 9/V30103. shtml	12 段
10	《论高校教职工思想政治教育场的构成与作用方式》	2007 年第 5 期	罗仲尤	《湖南社会科学》	27 段
11	《是无动把字句还是一种行事句》	2003 年第 5 期	蒋平	《中国语文》	17 段
12	《孟子道德学说的美德伦理特征及其现代省思》	2008 年第 2 期	詹世友	《道德与文明》	36 段
13	《承传与融通：古典词学批评中的正变论》	2007 年第 3 期	胡建次	《社会科学研究》（节选）	7 段
14	《中国中部地区城市供水水价问题及其改革》	2009 年	傅春	http：//yuedu. baidu. com/ebook/ 9fb22c3f5727a5 e9856a61fb. html	21 段
15	《试论赣文化的研究对象》	1995 年第 3 期	郑克强	《江西社会科学》	17 段

三　语料的数量

以下是本研究所选取的语料的数量，包括字数和语篇数量。根据三种不同的体裁，分为早期和近期两个时段进行了统计：

序号	类型	年代	字数	时段	语篇数量
1	新闻语篇	早期	30006	1976 年以前	20 篇
2	新闻语篇	近期	60008	1978 年之后	31 篇
3	叙事语篇	早期	30068	1976 年以前	4 篇
4	叙事语篇	近期	60091	1978 年之后	9 篇
5	学术语篇	早期	30013	1976 年以前	5 篇
6	学术语篇	近期	60050	1978 年之后	10 篇

＊注：1. 以上字数统计指中文字数。

2. 由于叙事语篇中含有少量的对话而含有未分析的部分，故叙事类略多一点字数。

3. 选取以上数量的依据是，因做零回指标注的过程中，到达以上数量时，未再显示新的零回指类型，而多为已有类型的重复出现，故而，各以 9 万字为数已经基本能够反映零回指的使用面貌，也因为进行上述语料的手工标注工作量已经非常大。

第二节　语料的标注

上文提到词性自动标注的初步尝试和不足之处，以及考虑手工标注语料的打算。由于目前国内还找不到现成的标注了零形回指的语料库，也没有统一的标注规则可参照，我们决定手工标注所选语料中的零形回指及有关信息，并参照已有的做法设定本研究的标注规则。

一　零形回指的确定与标注

零回指的确定与标注是一项较为复杂的工作。但是，这方面的专门讨论很少，只有王厚峰（2004）关于照应语的辨识的讨论中明确提出辨识零形式的复杂性，并结合计算机领域的应用进行了讨论。由于零代词没有形式标记，语言学界对它的界定一般限于两种情况：

（1）谓语动词的支配成分；（2）主谓谓语句、名词谓语句、形容词谓语句的主语。也有提到第三种情况的，如"张三的哥哥"中如果只有"哥哥"，就表明出现了零形式。即便如此，王厚峰（2004）认为，当给定一个词序列时，在如何判断零形式，或者一个句子所需要的主语、宾语和定语是否都在该句子中出现，以及与计算机解析相联系的如何描述"完型句子"等问题仍然很复杂。不仅如此，该研究者发现，在汉语中，对零形式的判断造成影响的还有标点符号。当一个句子较长时，标点符号经常将其分隔成多个不独立成句的部分，使得表层上表现为多个零形式，但连接起来不一定是零形式。例如：

> （1）他认为（？），（？）接触和遏制（？），（？）表面上是对立的，（　）实际上是一致的。（王厚峰，2004：115）

以上句子的信息连起来看，带问号的括弧所在的位置均是"假"零形式，只有最后一个括弧是"真"零形式。这种问题在汉语语篇中较为常见。王厚峰（2004）认为，这些与动词相关的问题以及动词的支配成分之说中的动词本身的确定问题（因为在汉语中，动词与名词同形的情况也很多）都使零形式的辨识变得复杂，给计算机处理带来不少的麻烦和困难。

综观已有的零回指辨识方式，大致有三种做法。一是以动词的支配成分有无为准；这种方法辨识出来的零代词只有主语和宾语。二是谓语动词的支配成分和主谓谓语句、名词谓语句、形容词谓语句的主语；这主要是参照陈平（1987）的做法。陈平依据全句的语义和语法格局确定零代词的有无。他认为，如果从意义上讲句子中有一个与上文中出现的某个事物指称相同的所指对象，但从语法格局上看，该对象没有实在的词语表现形式，便认定此处使用了零形回指，一般限于两种情况。这种方法辨识出来的零代词中有主语、宾语和主题。但是，在实际操作中，除了主谓谓语句的主语引起了注意之外，名词谓语句和形容词谓语句的主语仍然很少关注。三是在已有的基础上增加了对主语的所有格修饰语、宾语的所有格修饰语和旁语位置上的指称成分的考察；这主要有石定栩（1998）、Jiang（2004）、段嫚娟等（2009）、许余龙等（2013）一些学者。石定栩在讨论同指名词词组的删除时，涉及了主语的所有格修饰语成分。他参照 Li & Thompson（1981）的观点，提出：1）如果第一个小句有一个处于句首位置的主题，那么主题链中所有同指名词词组的删除，一定是由这个名词词组控制；2）如果第一个小句没有明显的主题，那么该句的主语、直接宾语（包括"把"的宾语）、主语的所有格修饰语都可以控制主题链中的同指名词词组删除。（1998：55）Jiang（2004）的零形回指句法位置分析不仅包括了主语属格语，还有宾语属格语和旁语。段嫚娟等（2009）采纳了 Jiang（2004）的主语属格语位置在先行语排序中比较靠前的观点，建立了新的前瞻中心排序体系，并在中心理论框架下的指代消解实验中证明主语属格语具有与主语相近的主题地位。许余龙等（2013）对主语属格语位置上的指称对象的主题性和回指确认中的高可及性进行了专门探讨。

　　本研究根据语料中遇到的各种情况，在以上第三种做法的基础上对零形回指的确定和标注进行进一步的完善和修改，包括以下内容：

　　1. 首先，我们基于语料的实际情况发现，光以动词前后有无名词短语以确定零回指的标注，不够全面。汉语中多出现形容词性的谓语，在汉语语法书中被称为加词性谓语，其前如果出现所指对象的省略形式，也视为使用了零形回指。另外，名词性结构在汉语中也经常做谓语。因此，现代汉语语法书中所讨论的三种谓语——谓词性谓语（动词性的）、体词性谓语（形容词性的）、加词性谓语（名词性的）前出现的省略都必须加以考虑。体词性和加词性谓语前面的指称对象的存在在很多主题链结构中突出地反映出来。在主题链结构中，当遇到加词性或体词性小句出现在当中而后续还有谓词性小句时，如果不考虑出现在当中的加词性或体词性小句主语位置上的指称实体，主题链的后续部分就被阻断，可是，从前后语义关系看，后续的谓词性小句明显地延续着前面的主题。而且，从语义上看，出现在当中的加词性或体词性小句也是延续着前面的主题的。为此，根据汉语具有三种谓语形式这一语法特点，本研究以一项动作、一桩事件、一件描述为计算单位确定零代词，即，除了 VP（动词短语）之外，还考虑对 AP（形容词短语）、NP（名词性短语）和 S + V（主谓谓语）谓语前的省略添加零形式标记。例如：

> （2）在海边的小酒店里，刘五有时闯进去，Ø 要四两白干，
> Ø 坐在墙角上 Ø 独酌。Ø 一个短短的身子，Ø 紫红脸，
> Ø 像只矮虎蹲在那里。（《报复》第 4 段）

在这个例子中，如果不考虑中间的两个小句"一个短短的身子，紫红脸"中的零形回指"Ø"，主题链就难以延续到最后一个小句的主语。这既不符合汉语流水句的表达习惯，也造成最后一个小句的主语得不到合理的解释。将 AP、NP 和 S + V 这三类谓语都纳入标注范围，更有利于研究零回指的使用规律和解析零回指。段嫚娟等（2012：231）在运用中心理论的不同算法进行零形回指消解时，所遇到的难以正确解析的句子中就有类似于以上由于没有在非动词类结构的前面添加零代词造成的，并建议今后的研究如果在语料标注时添加一些零形主题，会有助于某些指代词的正确消解。

对于及物动词和趋向动词，我们还考虑了其后的零回指的标注。对趋向动词后面的零回指进行标注是以往研究中没有考虑过的。

2. 其次，汉语中经常出现以动词开头的"的"字修饰语结构，其前未带名词词组（其语法功能相当于英语的定语从句）。在本研究中，其动词前均计算为有一个零代词，定位为次层次结构（从句结构）中的零回指。被该结构修饰的 NP 为其先行语，先行语所在的结构定为主层次（主句结构）。例如，"Ø 受到表扬的老师们进一步加强了工作责任心"。其中，"Ø 受到表扬的"为次层次，其动词前标记为有一个零形回指，"老师们进一步加强了工作责任心"为主层次。这种关系的零回指在以往研究中未见讨论。

3. 在语料中，"NP_1，$Ø_1$ 近日圆满完成 NP_2"类型的结构被定为"T，SØ···O"关系的回指。T 表示为该类结构的主题，SØ 表示为该结构的主语，用了零形回指，O 表示为该结构的宾语。其中的主语位置被确定为有一个零指代成分，哪怕该零指代成分就是回指就近的主题位置上出现的成分。其次，"NP_1，$Ø_1$ 身体都很健康，$Ø_1$ 感谢党和祖国人民对我们无微不至的关怀"。类型的结构被定为"T，TØ S···SØ···"关系的回指。其中的第二个主题位置被确定为有一个零指代成分，哪怕该零指代成分就是回指就近的主题位置上出现的成分。此类结构还分为 T 为 PP（介词短语）、NP 或小句三种情况。对于"T S V"结构，如果 V 为及物动词，其后未见 NP，V 后面也算作有一个零回指。这里的后两种考虑方式与王德亮（2004）相同。王德亮根据陈平（1987）的观点，认为以下前一个例句主语前的位置上使用了零形回指，同时根据 Li & Thompson（1981）的观点，认为以下第二个例句的宾语位置上使用了零形回指：

（3）这个新调来的书记$_i$，$Ø_i$ 面孔白净，$Ø_i$ 温文尔雅，……

（4）这几个人$_i$ 咱们今天就不见 $Ø_i$ 了吧。

（王德亮，2004：351）

又如，对于"T，SØ···V···OØ"结构，一般认为，如果前面主语位置上填补了零代词，后面宾语位置上不必标注零代词，作为一条规定。但是，这种规定在句法分析和语篇连贯上都过不去，特别是遇到后续还有小句并且还有出现在宾语位置上的续指成分的时候（因为这时的续指往往是指前面宾语位置上的成分），故本研究在两处均进行零代词标注。例如：

（5）但是，在这里，我们$_1$ 必须有阶级观点和民族观点。在不同的民族居住的地区内，在不同的阶级里，生活情况就决不会一样。这种观点$_2$，$O_2Ø_1$ 其他时候也要有 $Ø_2$，

Ø₁在论述公元前第五六世纪印度情况时，Ø₁更是绝对不能离开的Ø₂。

（《原始佛教的历史起源问题》第16段）

4. 如果前面的小句/句子有一个与主语隔开的主题，后一小句/句子的主语位置上有NP，则理解为其主语前当有一个未明示的主题，且其后一个小句的主语位置上如果无明示成分，则以前面的主语或主题为先行语以确定回指。此类语料多显示为物体或身体部位为后句的主语。例如：

（6）他们吃起酒来，小翠上菜，Ø手脚都不听调动。（《报复》第26段）

另外，如果前面的明示成分是在主语的属格语位置（SM）上，则理解为后面的主语位置前缺的是SM而不是T，以便与主题延续之观点吻合，也有助于将SM与T分开（因为两者在后续零回指的标注中，都出现在主语前面时，位置和形式都是一样的）。

5. 动词"有"之后的NP如果再接VP，则标记为"有 NP₁ Ø₁ VP"，其中，Ø₁回指NP₁，其中的"Ø₁ VP"作为补语结构，定为次层次结构的小句。其他存现动词之后的类似情况也做同样处理。

6. "得"之后紧接着出现的VP，其前计作有一个零回指，与"得"之前的动词的主语同指。如果"得"后跟有NP再接VP时，其VP前仍计作有一个零回指，NP为其先行语。

7. 介词结构中如果出现了VP，在该VP前的主语位置上如果没有明示的主语，标记为有零回指。

8. 强调句的VP后面不再添加Ø，例如："他什么都懂。"（《春蚕》第5段）"懂"之后不考虑零回指。倒装句前的主语位置上也不认为有零回指。

9. 如果零形回指的先行语是小句或句子，则定为小句回指

（clause anaphora）。

10. 如果零形式在上下文中无所指代，或外指或指读者，则标记为Øw。如果指作者，则标记为Øs。如果是泛指，标为Øf。对于这些零形式，本研究只选择与所分析的零回指成分及语境有关的进行标注。

二　基本标注单位的确定

根据第三章所述的语块理论和对实际语料中零回指关系的反复考察，本研究规定语料的基本标注单位为词块。即以词块或句法结构的基本功能单位为本研究的基本标注单位，如PP、VP、NP、AP在句子中构成的词块。因此，动名词短语前如果没有明示的动作执行者，不计算其S位置的零形式，整个短语被作为一个NP语块看待，且可以成为后续零回指的先行语。"的"字结构，即"的"后无其他NP被修饰，视为NP块，可做先行语。"所"字结构亦然。另外，语料中的"总体上看"、"从长远看"、"发生这样的事"、"就拿"、"只见"、"说到"、"就算"、"赶"、"只听得"等一些开头语，定为不分析类的语篇开头语固定词块。本研究对于固定词块均进行了分类记录。

由顿号间隔的成分，视为同一语块，内部不复计算零回指。例如："Ø复制、接受、转移NP"，其第二、第三个VP前均不添加Ø。即，顿号相连的成分视为同一单元或同一构块。由"和"、"与"相连或并列出现的成分，也同样处理。

将介词类固定下来，凡由介词构成的单位，其前均不加Ø。此规定尤为重要，且实际处理有难度，因为汉语的很多介词与动词同形。本处采用的区分方式是，如果后接动转名类或动名词，且不可数，则为介词。"在"后还要以是否接方位词而定。其余仅做介词用的词较好处理，无须区分（例如"按照"）。在语料中，"给"、"通过"、"像"、"用"的词性最难定，如后接"了"等，视为动词。"给"字介词非常特殊，例如："拿NP_1给NP_2看"，显然，介词"给"后的

NP₂做了"看"的主语，其间需要标记一个零形指代，但是，如果这里认定有零形指代，那么，就同时认为"给"所引出的 NP 是先行语，被零代词回指。这样一来，通常认为的介词结构中的 NP 不被零代词回指之观点即破。又如，在语料《长沙马王堆三号汉墓出土帛书简介》中发现，"用（介词）NP"中的 NP 也被零代词回指，零回指出现在其后的主语位置上，也是一例介词中的 NP 被零代词回指的例子。

"像"出现在结构的开头，多为关联副词，出现在句子结构中，定为谓语。例如，"刀刃像哨子，Ø 在屠夫手里响着"。（《美丽奴羊》第 3 段）

"有人"出现在句子开头时，作为名词性成分看待，不做分析。

"的"后的被修饰成分均作为 NP 看待，不论其形式上是否为 NP 或 VP。

在"喂羊吃"之类的结构中，"吃"视为缀词，不再分析。（例如："他₁活了六十岁，反乱年头 Ø₁ 也经过好几个，Ø₁ 从没见过绿油油的桑叶₂ Ø₂ 白养在树上 Ø₂ 等到 Ø₂ 成了'枯叶'Ø₂ 去喂羊吃。"《春蚕》第 4 段）同样的有"找架打"（例如："他吃了酒后，Ø 四处找架打。"《报复》第 6 段）、"省下钱来"等。

凡是引述成分在句子中出现（以引号为记），均以一个整体单位看待，内部不做切分。

三 句子、小句单位的确定

根据语料的实际情况以及以往研究的类似做法（如 Jiang，2004；Duan，2006；Hu，2008；等），本研究将句号、问号、感叹号、分号计为隔句符号，前后编号为不同的句。其中，将分号计为隔句符号是本研究根据实际情况所采取的做法。逗号、冒号、破折号计作小句分隔符，前后编号为不同的小句。标点符号作为一个重要的依据用于区分句与小句，但是，这还存在两个问题。第一个问题是王厚峰（2004）所讨论的在汉语中，当一个句子较长，标点符号经常将其分隔成多个不独立成句的部分，使得表层上表现为"真""假"零形式问题。第二个问题是：在汉语语篇中，句内含有小句且不带标点符号的比比皆是。考虑今后计算机操作的方便和对零回指规律的客观描写，本研究决定在多个标点符号的情况下，将一些动词标记为带宾语从句的动词，无论这些动词与其后的从句之间有无标点符号间隔，并以语篇的延续性和标点符号所分隔的成分的语法功能确定是否为小句。而在无标点符号的情况下，则以动词词块为基础确定小句单元，这也是韩礼德的功能语法关于小句的定义所表达的概念：小句就是包含在一个大的句子中的具有主语和谓语的结构，可分为限定性和非限定性两种，后者包括传统中所说的不定式、分词和动名词结构（Thompson，2000：16）。考虑到动名词结构也有动词，但是在语篇中多充当主语或宾语，本研究规定，凡是动词构成的并在功能上表示动作的构块即为小句，不包括动名词结构。这样的处理使得传统上的动补结构和动趋结构均可视为小句，取得了小句确定标准的统一，有利于今后的计算机解析。采用功能语法的这一方式确定小句单位，虽然与现有的语法书上的一些做法不一致，但是，功能语言学的这一小句定义方式与本研究的理论框架和语言交际的实际组块方式更为一致，利于我们进行合理的语料标注和揭示零回指的规律性。

因此，根据以上规定，如果 VP 后有停顿符号，再接一个小句，一律另作分句看待。如果其主语位置出现零形指代，则判为前指。此类情况在语料中较为常见。

四　结构关系的确定

首先需要进行确定的是零代词的反指关系。如果从句读上看，前一句已经结束，后一个或多个小句以 VP 开头，又跟之以 NP 开头的句子，且 VP 开头的小句的零主语与后面 NP 开头的句子主语同指，则定为反指关系。后续的那个 NP 即为先行语。而且，由于反指的零代词多出现在低一个层次的小句或句子中，我们也可以根据主题链的平延性或先行语的向心性规定，出现在其前的句子中的主题链不能延续至其后续的次层次结构，而确定后续次层次中的零代词为反指，即在一个复合结构中，出现在前面的低层次小句或句子中的零代词被定为零形反指，反指位于其后的主句主语或其他位置上的指称对象。例如：

(7) 最后<u>大夫</u>$_1$才答应Ø$_1$试试看。Ø$_2$为了随时应付意外，<u>她</u>$_2$把<u>大夫</u>$_1$请到自己家里Ø$_1$住。（《卖酒女》第 8 段）

(8) <u>助理医生</u>$_1$尽了自己所能，Ø$_1$来救治这个卖酒女。Ø$_2$为了防备不测，<u>他</u>$_2$夜晚就住在老妇人念经的小间里。

（《卖酒女》第 8 段）

在第一个例子中，我们确定 Ø$_2$ 是反指后面主句主语位置上的"她"，而不是前面出现的"大夫"，在第二个例子中，Ø$_2$ 是反指后面出现的"他"，而不是前面出现的"助理医生"。反指分为长距离和近距离两种情况。

另外，根据语料中的情况以及以上反指关系，我们还规定，零回指不跌入中间插入的从句，即不跌入位于句子中间的次层次结构，以保持零回指的平延性，也就是说，零回指高不往低，哪怕层次低的结构在语义上可以构成同指关系。例如，在"他$_1$不……因为他……Ø$_1$也不……因为他……"结构中，我们认为 Ø$_1$ 指第一个小句中的"他$_1$"，而非次层次"因为"结构中的"他"。依此类推。以符合零回指的平延性。

在语料中，某些 VP 后接"NP + VP"时，零形指称得以延续，称为顺指，有些出现指称变换，称为换指。本研究将这些不同的 VP 固定分析为两类，并分类记录。例如，"使 NP$_1$ Ø$_1$ VP"固定分析为换指类，即，Ø$_1$ 回指最近的宾语，而不是前面的主语，其中的"Ø$_1$ VP"为补语结构。至于"认为 NP VP"中的"NP VP"，本研究确定其为内嵌式小句，不添加 Ø，NP 直接为 VP 之主语。此类情况在语料中非常多。

关于"比"后面的从句，如果其后又接了主句，"比"所引导的小句算作次层次小句。

动词"给"后面的双宾结构带上补语成分时，可出现两种判法。判法1："给它$_1$东西$_2$ Ø$_1$吃 Ø$_2$"（《索债者》第4段），判法2："给它$_1$东西 Ø$_1$ V。"本研究采用第一种判法。

被动意义主动结构的句子（包括中动句在内），按照主动结构考虑，但其VP后的宾语位置上均不补充零回指。同理，被动句VP后也不补充零回指。

在汉语中，"拿"等动词并非总是施事成分做主语，可以是被"拿"之物为主语，因此，该类动词如果以非施事成分做主语，不作为被动句。例如："蚕事的动员令也在各方面发动了，Ø藏在柴房里一年之久的养蚕用具都拿出来Ø洗刷修补。"（《春蚕》第17段）类似的动词还有："称为、揸、踩、怕、放、看、走、瞧、使用、试、吃、盖、租给、不知、买"等。例如："他们便将预算定得很高，Ø等东西$_1$ Ø$_1$买进来以后，他们再去退 Ø$_1$。"（《小饭店》第3段）

根据语料的大多数情况，数字结尾的小句，其后续小句的主语如果未明示，视为回指前面的数字，以显示补充说明之作用，除非语义不通，则根据实际情况考虑。

根据语料的大多数情况，在"本体—喻体"句中，由于喻体结构或句子多为插入结构，该结构定为次层次结构。该结构之后的句子如果有零回指，不考虑与插入结构相联系，且无论其语义多么合理。这里的零回指只考虑与本体所在的小句相联系。此类情况在语料中多见，只有个别例外。

类似于"高二$_1$约了好汉$_2$ Ø来抢亲"（《报复》第2段）这样的结构，Ø不仅指"高二"，还包括"好汉"。依此类推。

结构关系层次的确定。层次标注分为主次两种层次。插入算作次层次，前置定语从句、状语从句算作次层次，后补小句、内嵌句算作次层次，宾语从句算作次层次，定语从句中包含的定语或状语从句以及其他从句中包含的从句算作二级次层次。次层次的小句，未必仅指语法上的从句，而是语义上的，而且，也可以是整句作为次层次的结构。例如：

(9) <u>姐妹俩</u>$_1$踏着深雪 Ø$_1$ 跟着羊群 Ø$_1$ 艰难地走着。<u>妹妹玉荣</u>$_2$的小脸已经冻肿了，但<u>她</u>$_2$依然倔强地跟着羊群 Ø$_2$ 奔跑。Ø$_1$ 约莫走了三四个钟头，天色渐渐黑下来，……。

（《两个蒙古小姑娘……保护羊群》第 4 段）

以上例子中的第 2 句是整句作为说明成分，构成语篇片段中的次层次结构。会话如果是语篇叙述中的一个片段，作为插入的成分看待，如果是接在谓语动词之后作为语篇片段的一个部分，则作为宾语看待。

五　其他规定

表示时间的无主句前的主语多计为无指（Øw）。"有" 作为引入词时，其前多计为无指。"把" 字结构后面直接接 VP 的，视为无指。"把"、"将"、"连" 这些介词因为具有强调作用，而不同于寻常的介词，所引导的 NP 经常被零代词回指，本研究对其中的 NP 进行专门的标注。由于其回指的频率接近宾语，本研究采用标注符号 O6。"连" 作为强调词用于开头时，其结构不再视为 PP 结构，其中的 NP 视为被强调的主要句法成分。例如：

(10) 因为到现在连<u>他</u>$_1$喊着"记着呀，你们记着呀"那一个缅甸人叫鸡蛋的<u>名字</u>$_2$，Ø$_1$ 都还弄不清楚 Ø$_2$ 哩。

（《我诅咒你那么一笑》第 15 段）

本研究对于存现动词 "有" "在" 之外的其他 "存现" 动词均进行专门记录。"是" "乃" 类也做专门统计，因发现其后的零回指有特殊的规律。"有" "没有" "有的" 做关联成分使用时，均不记录零回指。根据汉语语法，"有"等存现动词可以以介词短语为主语，因此，如果其前有介词短语，则视为主语，不再考虑在主语位置添加零回指。

如果从句中的主语位置为零形式，其后面主句的主语位置也是零形式，则考虑为泛指，而非前指。

一些固定的光杆动词作为汉语的话语标记词语时，不进行分析，其前也不添加零代词。

六　语料标注的成分

为了在考察零形回指的语篇距离的同时，进一步考察语料中的各个句法位置与零形回指使用的关系，语料标注所涉及的成分包括：T（主题）、S（主语）、SM（主语的属格语）、O（宾语）、OM（宾语的属格语）、OBL（旁语）。这是根据研究的需要和语料中的实际情况，参照目前国内外对汉语句法成分划分的一些已有做法确定的。其中，SM 与T 的区分为，前者带"的"，后者不带，因两者的回指反映有所不同而做此分类，OM 也以带"的"为标记。T 根据实际情况，分为带"，"的和不带"，"的；不带"，"的又分为与主语有种属关系的和无种属关系的两种类型。带"，"的又分为 NP 类型的 T、PP 类型的 T 和小句类型的 T 三种情况。S 分为普通的、"有"之前的、"是""乃"之前的、其他存现 VP 之前的、"连"之后的。O 分为普通的、"有"之后的、"是"之后的、其他存现 VP 之后的、"把、将、连"之后的，以及直接宾语和间接宾语。OBL 包括 PP（介词词组）、AP（形容词词组）、OA（宾语的并列补充成分）、COMP（补语）。

第三节　数据库设计与建设

一　数据库的设计

2009 年 12 月 29 日，本研究完成语料的收集、选定、标注、修改与核对之后，次日即开始尝试数据库建设。首先尝试使用 word 系统建设数据库，以学术类 1950—1976 年的语料进行尝试。word 程序能够较直观地排列出语料中的关系，利于总结规律，但是，不利于数据的提取与计算。在经过为期一周的纸上排列和试机后，放弃使用 word 程序。

又考虑试用 excel 程序建设数据库，也由于不熟悉程序及试用不便而放弃。之所以希望尝试各种系统，是因为在现代计算机技术的迅速发展之下，希望能够找到比 fox pro 更为方便而简易的数据建设方式；也因为采用 fox pro 不仅费时，而且，在数据合并后，那些不被零代词回指的成分及相关信息便会被删除，而这些正是零回指的语境信息，是分析零回指关系的重要参考依据，所以才尝试其他办法。

2010 年 1 月 10 日，重新考虑 fox pro 数据库建设，重新学习许余龙著《篇章回指的功能语用探索》（2004）中的第五章"数据库建设"。对其数据库建设的内容与结构进行思考，并根据零回指的情况进行了相应的设计调整：

1. 去掉原结构中的 3，R – chapter，即 NP 在章中的序号，因为本研究不打算记录章的序号，也因为对于零回指，"章"不起作用。

2. 去掉原结构中的 9，R – sent – con，即，NP 在句子的连接词，将其与小句的连接词（原结构中的 10）合并。对于零回指，这是一样的。

3. 去掉原结构中的 14 和 16，R – number 和 R – seman，即 NP 的数和语义功能，因为零回指在这两方面不显著。

4. 修改原结构中的 1，T – type，将其宽度改为 2，以分别标记三种语篇体裁并区分时段。

5. 将原结构中的 11，R – clau – fun 改为 R – clau – lev，以记录零回指及其先行语所在的小句的结构层次及出现的先后等信息。

6. 将原结构中的 15，R – syn 改为 R – syn – pos，以记录句法位置及强调作用引起的句法位置位移对于后续使用零回指与否的情况。

7. 将原结构中的 17，R – type 改为记录各种不同的零回指及各种形式的 NP。

经过以上修改之后，根据许余龙（2004：123）的数据结构，在原 1—17 中去掉 3、9、14、16，将 8 暂时搁下，加上原设计中的 19、22，共得到 14 项，构成本研究所要建设的数据库的字段和所要逐项输入的内容。

（注意：以上 14 项用于记录零回指及其回指环境中的所有 NP 的信息及相关信息，希望在数据输入完成之后进行合并时，系统能够保留所有的回指环境中的其他指称成分的记录，以便检查零回指能够穿过哪些类 NP 以及与那种情况下的 NP 进行回指。）

根据研究和分析的需要，以上 14 项字段的类型及宽度的设立如下，加上为数据输入完成之后的合并而设立的 5 项字段，共形成以下 19 项字段：

编号	字段名	类型	宽度	编号	字段名	类型	宽度
1	T_ type	字符型	2	11	R_ syn_ pos	字符型	3
2	T_ title	字符型	10	12	R_ type	字符型	1
3	R_ para	数值型	2	13	A_ para	数值型	2
4	R_ sent	数值型	2	14	A_ np_ no	数值型	3
5	R_ clause	数值型	2	15	R_ np_ noh	数值型	4
6	R_ np_ no	数值型	3	16	Dp	数值型	2
7	R_ clau_ lev	字符型	5	17	Ds	数值型	3
8	R_ con	字符型	10	18	Dc	数值型	3
9	R_ np_ type	字符型	2	19	Dnp	数值型	3
10	R_ gender	字符型	1				

以上 19 项字段所输入的内容及符号使用说明如下：

1. T_type：篇章类型。采用 JE、JR 分别表示新闻类早期、近期语篇；AE、AR 分别表示学术类早期、近期语篇；NE、NR 表示叙事类早期、近期语篇。

2. T_title：篇名。以输入小于或等于 5 个字的篇名或篇名的关键词表示。

3. R_para：NP 所在段落的编号。

4. R_sent：NP 所在段中的句的编号。

5. R_clause：NP 所在句中的小句的序号。

6. R_np_no：NP 在段中的出现顺序编号。

7. R_clau_lev：NP 所在的小句在全句或语篇片段中的结构层次。使用的标注符号为：FAD1 表示出现在主句结构前面的从属状语；FAD2 表示出现在主句结构前面的从属定语；FAD3 表示出现在主句结构前面的从属定语包含着状语或包含着另外一个定语；FAD11 表示出现在次层次的主句结构前面的更低次层次的状语；FAD21 表示出现在次层次主句结构前面的更低次层次的定语。BAD 表示出现在主句结构后面的从属状语；BAD1 表示出现在次层次主句结构后的从属状语；BADC 表示出现在主句结构后面的从属补语；BADC1 表示出现在次层次主句结构后面的从属补语；BADC2 表示出现在二级次层次主句结构后面的从属补语。NUC 表示主句结构或核心结构；NUC1 表示次层次的主句结构或核心结构。EBAD 表示出现在主句结构后面的内嵌结构；EBAD1 表示出现在次层次主句结构后面的内嵌结构。AP 表示同位或并列结构。IAD 表示插入的状语结构；IAD1 表示在次层次的语句中插入的状语结构。INS 表示插入句。

8. R_con：NP 在句或小句中的连接（副）词或标记成分，包括"的"字句标记（以 DE 表示）。

9. R_np_type：NP 的类型。以 NP 表示名词词语；DM 指示词语；PP 人称代词；IP 不定代词；RP 反身代词；ZA 零代词；ZT 有两个先行语的零代词；ZF 模糊零回指；ZC 反指零代词；ZCT 有两个先行语的反指零代词；ZE 外指、无指或泛指的零形式；DS 小句充当的先行语。

10. R_gender：NP 的性。符号标示为：F 女性；M 男性；A 生命性；I 无生命性；C 抽象；L 场所；T 时间；W 天气。

11. R_syn_pos：NP 的句法位置。主题位置的符号标示：T 和 T1 为与主语之间没有隔离符的主题，其中，T1 与主语之间具有整体—

部分关系［part – whole］；T2 为带逗号的 NP 充当的主题；T3 为带逗号的介词短语（PP）充当的主题；T4 为句子型主题；主语属格语位置：SM 表示主语的属格语；主语位置：S、S1［"有"之前的主语］、S2［"是"之前的主语］、S3［其他存现动词之前的主语］、S4［兼语动词前的主语］、S5［连动动词前的主语］、SP 介词或方位词充当的主语、SP1 介词或方位词在"有"之前充当的主语；同位语位置：AP 表示同位语；宾语属格语位置：OM 表示宾语的属格语；宾语位置：O、O1［"有"之后的宾语］、O2［"是"之后的宾语］、O3［其他存现动词之后的宾语］、O6［"把"、"将"、"连"引出的 NP］、OI 间接宾语、OD 直接宾语；旁语位置：OBL 表示除 T 位置以外的其他 PP、比较类、列举类、状语类的 NP；OA 为宾语的并列成分。

12. R_ type：NP 的指称类型。符号标示为：A 回指；C 反指；N 新出现的 NP；W 无指；S 自指；F 泛指。

13. A_ para：先行语所在段的编号，等同于以上字段 3。

14. A_ np_ no：先行语所在段中的顺序号，等同于以上字段 6。

15. R_ np_ noh：NP 在篇中的出现顺序编号。

16. Dp：回指语与先行语之间的段落间距。

17. Ds：回指语与先行语之间的句子间距。

18. Dc：回指语与先行语之间的小句间距。

19. Dnp：回指语与先行语之间的名词短语间隔数量。

二　数据库的建设

在完成以上设计之后，本研究进入数据库建设阶段。在建设过程中，根据遇到其他需要和事先未预见的情况，我们进行了数据结构和字段的追加和修改。例如：R_ clau_ lev 中的 FAD2，FAD3，FAD11，FAD21，BADC1，BADC2，EBAD1，IAD，IAD1，BAD1 均是数据库建设过程中根据实际情况增补的。R_ np_ type 中的 DS 也是应实际需要增加的。R_ gender 已超出 gender 的一般范围。在本数据库的建设中，NP 的类型增加了 C、L、T、W，这些对于零回指及其所指成分的确定有作用。R_syn_pos 中的 T3、T4、SP、SP1、AP、OI、OD 也是数据库建设过程中因为实际需要而增加的。在数据库建设过程中发现的其他问题或零回指规律将另行记录。此外，我们对于 R_con 等关联性或标记性的语言信息进行了详细的记录，以有助于数据完成后的分析。

数据库只用于记录零回指、零回指的先行语、零回指使用环境中的其他指称词语及相关信息，与零回指无关的信息不统计，为了简便及省时，也为了有利于集中考察有效数据。

在实施过程中，我们发现 R_type 冗余，将之与 R_np_type 合并，并取消该字段。

2010 年 2 月 4 日，本研究完成了新闻类早期语篇中的零回指信息的数据库建设，开始进行新闻类近期语篇中的零回指信息的数据库建设。因耗时巨大，新闻类近期语篇改为只建设其中 3 万字语篇的数据。2010 年 4 月，利用在外学习的一个月，完成了学术类共 6 万字语篇中的零回指信息的数据库建设。2010 年 5 月，开始进行叙事类共 6 万字语篇中的零回指信息的数据库建设。2010 年 8 月 29 日，完成全部数据的手工录入及复核工作。共输入 18 万字语篇中的 15254 条记录，其中新闻类 4841 条，学术类 3595 条，叙事类 6818 条记录。2010 年 9 月 20 日，将已由统计局计算站熊先生添加了 R_np_noh 的名为 zero - ana1 的 fox pro 表复制出 zero - ana2，并按照许余龙（2004：138 - 139）的操作合并出 zero - ana3，但是，由于合并后的表中，有关回指语（R）的数据均出现在先行语（A）的数据前面而使得回指的前后顺序未得到直观的反映，故又重做一次合并，将顺序调换，此时，先行语的数据均出现在回指语数据的前面。修改 A_np_noh，使之与 R_np_noh 及合并后增加的 Dnp，Dc，Ds，Dp 均出现在数据表的右边。合并后的 zero - ana3 仅留下了具有先行语的零形回指及其指称关系，共 6401 条记录，而上下文语境中的其他指称词语均在合并中被删除。零回指的上下文信息只能在原表 zero - ana1 中获得。

三　数据记录整理

2010 年 9 月 24 日，本研究进入对数据及语篇标注过程中所做的记录进行整理。

首先，我们发现，在语篇标注的时候，各类 VP 后的 NP 如果又接了另外一个 VP 的时候，该 NP 是确定为下一个小句的主语还是前一句的宾语，没有完全统一，甚至同一个动词在不同的地方出现时，用了不同的标法。这需要统一。根据汉语语法及有关动词的语义与功能，我们做了大致的规定，将其中的一类动词规定为其后的 NP + VP 结构是一个内嵌的小句，该小句充当该类动词的宾语，在数据库中将该小句记录为 EBAD，小句中的 NP 仅为内嵌小句的主语，其间不添加零回指。另外一类动词规定为其后的 NP + VP 为兼语结构，NP 为前一个 VP 的宾语，同时，在功能上兼为后一个动词的主语，该 NP 与后一个动词之间需要添加零回指，以显示其充当后一结构中的主语，该结构在功能上定为对前 NP 的补充成分，在数据库中记录为 BADC。语料中的这两类 VP 均一一记录如下。在此之外，还有第三类"VP$_1$ + NP + VP$_2$"结构，这一类是连动结构，其中的动词也作了记录：

1. EBAD 出现在以下语境或 VP 之后：（字母代表各组动词的开头语音）

B：表示，标志着，保证，不顾，表明，不管，不知，不在乎，避免

C：查明，出现

D：担心，打算，答应，得知，得到，祷告

F：发现，反映

G：告诉，改变，感到，观察，高兴

H：忽略了，怀疑，后悔

J：决定，坚持，坚信，（只）见，见过，觉得，记得，记起，寄望，（不）忌讳

K：看（到），看（不）出，看见，看清，看（起）来，看上去，肯定

L：力争，履行，理解为，（没）料到

M：冒号（：），满意于，明白，谋算

P：怕，碰见，碰到

Q：强调，确保，确认，确定，奇怪，期待

R：认为，认得，认定

S：说（过），商量（好），说明，是，声称

T：提出，听说，听清，谈到，体会到，体现在

W：诬蔑，忘记，忘不了，问（注：出现过一个例外）

X：（没）想到，想不到，想着，想起，（只）想，希望，喜欢，显得，晓得

Y：以为，预计，意识（到），意味着，意思是，有赖于，有利于，一口咬定

Z：知（道），在于，证明，注意（到），主张，指出，指望，指责

2. BADC 出现在以下语境或 VP 之后：（字母代表各组动词的开头语音）

A：安排，爱

B：不等，逼（着），驳斥，抱怨，拔（了），帮助（注：该动词后面出现兼语、连动双重情况）

C：称赞，促使，催促，伺候，承，出动，促进

D：锻炼，带动，等（待），待，等候，得益于，调（动），逗，打发，带出

F：发动，扶持，赋予，反对，妨碍，吩咐，放，发现

G：鼓励，感谢，给，赶

H：号召，欢迎，呼吁，唤

J：截止，建立，集中，加快，揭露，教，叫，接，急需（用），继承

K：看（着），看见，夸（奖），开展

L：领（着），令，拉，留（下）

M：骂，麻烦，没等

N：弄得

P：迫使，培养，培训，评断，派遣，派（出），批驳

Q：劝，请（求），求

R：容（纳），让（给），任

S：使（得），使用，送别，送（给），怂恿，伸，实现

T：听（见），听到，听得，推动，推进，提出，提倡，提醒，托（付）

W：望着，诬蔑，问

X：新装，吸引，宣判，吸纳，吸收，需要，学（习），响起

Y：有，有待于，邀请，邀集，要（求），允许，用，引（导），引得，引领，依靠，严禁，诱惑，压得

Z：组织，支援，支持，支撑，值得，阻止，嘱（咐），整合，撞，找（"找"的一个例外，"找他商量"——新闻早期语篇7，第11段）

另外，我们在数据录入过程中也对语料中的介词和不定代词进行了梳理，以统一操作，避免在不同的语篇中出现标注上的不一致。

3. 介词：（以下有一些与它们的动词形式相同的，在语料中，我们基于这些词在句子中的功能而确定是否为介词）

A：按，按照

B：被，比，比作

C：从，朝，出于，除，除了……（外），除去，处于，成为

D：到，带着，对，对于，当（作）

G：跟，给，根据，贯穿，隔着

H：和

J：经，进，经过，就，叫（表示被动）

K：靠（着）

L：来，来自，离，里

P：陪（同），凭着

R：入，如同……（一样），如（同）

S：受（表示被动），随（着），似，上，顺着

T：通过，替，同，透过

W：往，为（了），无论

X：向，像，下

Y：用，用着，由（于），于，与，沿（着），以，依（靠）

Z：在，在……中/上/下，作，作为，照（着），至于，直到，至少

　　其次，模糊零回指在数据库中的标记也是在完成数据合并之后，在 2010 年 10 月 1 日晚开始书写数据库建设报告时才考虑增加的一个分类，因为这些难以确定先行语的零回指光记录在纸上，而没有在数据库中显示，仍不够理想，也不利于计算语料中的零回指数量。在数据整理中，我们对模糊零回指进行了标示，但是，对于其所联系的先行语，则依据语义关系及主题性、连贯性、延续性等，在语篇中确定一个主要的先行语，虽然有时很难判断。之所以这样做，是因为对于一个零代词，数据库只能标示出一个先行语，而不能是两个。所以，我们只能一边将这种模糊零回指信息标注出来，一边给它安排一个主要的先行语。我们采用符号 ZF（fuzziness）标示模糊零回指。如遇到反指中有模糊零回指，则以 ZCF 标示。由于这个标示符出现了三个字段，我们将原定的 R－np－type 的宽度升为 3。又，我们发现语篇中的分裂式回指也未在数据库中得到标示。分裂式零回指的先行语有两个位置上的成分共同充当。我们在数据库中对此进行了补充，符号为 ZT（two），如果遇到分裂式反指，则记录为 ZCT。2010 年 10 月 8 日，本研究完成了库中的模糊零回指及分裂式零回指的标示。

　　在数据整理中我们还发现，当 VP 前带有 OBL 时，其前出现的零回指难定位置，可以是：（1） Ø＋OBL＋VP，或（2） OBL ＋Ø＋VP。如果以意群或语块论，（1）更为合理；如果以回指词语必须靠近谓

语论，则（2）更合理。本研究对于无标点符号分隔 OBL 与 VP 的结构，采用前一种标示顺序，对于有标点符号分隔 OBL 与 VP 的，采用后一种标示顺序。

在判断 NP 的类型时，I、C（非人称、抽象概念）之间有时难定难分，只能做粗略分类，但是，影响不大。

在核对数据的过程中，发现一例重复，删除之，从而总的零回指记录为 6401 条。

2010 年 10 月 29 日晚核对数据库中 Dnp、Dc、Ds、Dp 的计算，因怀疑 Replace 公式逐项计算的结果在跨句的各小句内的数目上机械加减可造成差错，即当 ds > 0 时，如果先行语在前一句的小句 2，零回指在后一句的小句 2，那么，2－2 结果为 0，这不能反映实际情况。因而，对 ds > 0 的 415 条数据均手工复核，发现绝大多数错误。因此，当 ds > 0 时，dc 的数据不宜使用。这也是许余龙（2004）的观点。

还有一个错误是，因为当初对 dp 和 ds 所设的字段宽度为 1，使数据负数号不显，并丢失了超出该宽度的所有数据，因此，鉴于反指可导致负数的出现及跨句可能出现较大的数字，本研究将这两个字段的宽度分别改为 2 和 3。又，为了防止 dnp 和 dc 遇到 10 以上的数字，且为负数，本研究将这两个字段宽度也升为 3。

另外还发现，当出现零形反指时，dc 并没有总是出现负数。这主要出现在 FAD2 结构中的零代词，而其先行语在主句结构的 O、OM 或 OBL 位置的情况下，这时，dc 可以出现正数。因此，计算 ZC 的数量时，不以 dc < 0，而以 dnp < 0 为准。

又，在跨段的零回指中，句数量及小句数量的算数结果也有错误，乃机械加减所致，修正以上问题之后，本研究又对各种距离的零回指进行了重新计算。

第五章

零形回指的分布状态与特征

第一节　零形回指的距离分布情况

在 Ariel（1988，1990）的回指可及性研究体系中，先行语和回指语之间的距离是衡量先行语的可及性的第一因素。我们分析汉语书面语的语料，发现汉语零形回指的情况也一样。距离是最重要的因素。在 Ariel（1988，1990）和许余龙（2000）的前一段、同一段、前一句、同一句四个距离标准的基础上，我们根据分析的需要，对零形回指距离的统计做了一定的调整，分为隔段（先行语和回指语所在的段落之间还有别的段落）、前后段（先行语和回指语在相连的前后段落）、隔句（先行语和回指语所在的句子之间还有别的句子）、前后句（先行语和回指语在相连的前后句子）、隔小句（先行语和回指语在同一句子，但是之间还有别的小句）、前后小句（先行语和回指语在同一句子，并且在相连的前后小句）、小句内（先行语和回指语在同一小句内）。通过对这些距离的分析与统计，我们获得了以下关于零形回指距离分布的数据（见表 5 – 1）。

表 5 – 1　　　　　　　汉语语篇零形回指的距离分布

先行语的距离	数量	备注
隔段	1	dp > 1（段落间隔大于 1）
前后段	6	dp = 1（段落间隔等于 1）
隔句	24	ds > 1（句子间隔大于 1）

续表

先行语的距离	数量	备注
前后句	380	dp = 0，ds = 1（段落间隔等于0，句子间隔等于1）
	3	dp = 0，ds = - 1（段落间隔等于0，句子间隔等于-1，为反指）
隔小句	308	dp = 0，ds = 0，dc > 1（段落间隔等于0，句子间隔等于0，小句间隔大于1）
	25	dp = 0，ds = 0，dc < - 1（段落间隔等于0，句子间隔等于0，小句间隔小于-1，为反指）
前后小句	4854	dp = 0，ds = 0，dc = 1（段落间隔等于0，句子间隔等于0，小句间隔等于1）
	267	dp = 0，ds = 0，dc = - 1反指（段落间隔等于0，句子间隔等于0，小句间隔等于-1，为反指）
小句内	533	dp = 0，ds = 0，dc = 0（段落间隔等于0，句子间隔等于0，小句间隔等于0）
合计	6401	

　　由表5-1可见，在我们的数据中，汉语篇章中的零形回指绝大多数出现在先行语为前后小句的语言环境中。共有5121（4854 + 267）例零形回指的先行语出现在前后相连的小句，其中，出现在前一小句的有4854，出现在后一小句的有267例。约占总数量的80%。可见，前后小句是零形回指最典型的距离。其次是同一小句内，即，先行语和零回指出现在同一小句内，共有533例，这也是零形回指的一个典型的距离。另外一个典型的距离是前后句，即先行语和回指语出现在前后相连的句子中，其间没有其他句子或者小句。这种情况的零形回指在我们的数据中共有383，出现在前一句的有380，出现在后一句的只有3例。把这些加起来看，零形回指在这三种相邻语句单位中使用的总数量达到了6037例，占了总数的94%。这三种典型的距离关系和如此高的使用率提示我们，零形回指先行语的识别主体上可以到相连的前后句或者前后小句中获得，或者在回指语所在的同一小句内寻找。这为零形回指先行语的解析提供了极为重要的信息，虽然在这种近距离中也还需要判断先行语是哪一个成分。另外，我们还看到，在前后段距离的6例零形回指中，从相邻语句关系看，其中的

5 例也是先行语在前一句，回指出现在紧接着的后一句，只是句子不在同一段落而已。如果按照句子的相邻性来看，还是可以认为其先行语和回指语是前后句距离。这样一来，在我们的零形回指距离数据中，只有上表所列的"隔段、隔句、隔小句"三种距离的先行语没有出现在相邻的语句中。其中，有段落间隔的零形回指只有 1 例，指称对象具有很强的主题性。有句子间隔的只有 24 例，有小句间隔的 333 例。这些有距离间隔的零形回指有的情况十分复杂，虽然它们在总数据中是很小的一部分。以上各种距离依次示例如下：

(1)（第 2 段）［二姑姑家我只于年小时去过 Ø 一次］c，Øc 至今十多年了。……

（第 5 段）母亲₁自然怂恿我们₂，Ø₂ 去 Ø。Ø₁ 说我们₂ 是新结婚，Ø₂ 也难得回家一次。……　　（《竹山房》）

(2)（第 13 段）屋子里生起火来。几个人用干布在尸身上搓擦。

（第 14 段）Ø 擦过几个时辰以后，高二先苏醒过来，他₁ 睁开眼 Ø₁ 向屋子里看了一眼，Ø₁ 明白这是他的家。……

（《报复》）

(3) 姐妹俩₁ 踏着深雪 Ø₁ 跟着羊群 Ø₁ 艰难地走着。妹妹玉荣₂ 的小脸已经冻肿了，但她₂ 依然倔强地跟着羊群 Ø₂ 奔跑。Ø₁ 约莫走了三四个钟头，天色渐渐黑下来，……。

（《两个蒙古小姑娘……保护羊群》）

(4) 黄炎培说，他要把 80 年来看到的东西交给后人。Ø 希望大家都来作"留传后人"的工作。

（《敬老会上尽开怀》）

(5) 十来个不同的设计专业，通过综合设计的组织工作，使地上的树干、停车场、道路、地下的复杂管线₁，Ø₁ 得到精确的位置和高程，Ø 迅速地编制了各个单项的蓝图。　　　　（《天安门广场扩建工程竣工》）

（6）今天下午八时半，<u>装配工人们</u>就怀着兴奋的心情 Ø 走
　　　上了总装配线两旁各自的岗位。

　　　　　　　　　　　　　　（《"解放"牌汽车试制出来》）

（7）<u>祖国人民的隆重欢迎</u>，Ø 大大鼓舞了志愿军的英雄们。

　　　　　　　　　　　　　（《首都 20 万人欢迎凯旋英雄》）

以上第（1）例的先行语和零代词（用深色标示）之间隔了两个
段落，先行语在第二段，回指语在第五段。第（2）例的先行语和回
指语在前后段。第（3）例的先行语和零回指之间隔了一句。第（4）
例的先行语和回指语在前后句。第（5）例的先行语和回指语在同一
句，但是，之间隔了一个小句。第（6）例的先行语和回指语在前后
小句。第（7）例的先行语和零回指在同一小句内。

　　归纳起来，汉语语篇零形回指距离的最重要特点是，其先行语绝
大多数出现在相邻的语句中。这对于零形回指的解析是一个极为重要
的信息。当然，我们还没有分析这些相邻的语句之间其他间隔指称语
的情况。Jiang（2004）也做了一个汉语零形回指的距离情况统计，
数据与本研究的统计有相近之处，但是，她只考虑了四种距离，而且
只统计了叙事文体，只采用了 6 万字的汉语语料，没有统计新闻语体
和学术语体中的情况。本研究的数据包括了三种体裁，共 18 万余字
数。统计的涵盖面和代表性都更大。此次数据的统计结果进一步说明
前后相邻的语句（句或小句）是汉语零形回指的基本距离。

第二节　零形回指的位置分布情况

　　Ariel（1988，1990）的回指可及性研究没有讨论位置因素，但是
所讨论的凸显因素与位置有关。从本研究的数据看，如果说距离可以
体现汉语零形回指使用的基本面貌，位置规律在汉语零形回指的使用
中则显得更为突出。以下是本研究对汉语零形回指及其先行语位置进
行的统计。

表 5 - 2 　　　　　　　　　汉语语篇零形回指的先行语位置

先行语位置	数量	先行语位置	数量
T	828	O	837
SM	64	OM	6
S	4643	OBL	23

表 5 - 2 显示，汉语零形回指的先行语最集中地出现在主语位置。在我们的语料中，有 4643 例零形回指的先行语出现在这个位置，占全部先行语数量的 72.5%。其次是宾语位置和主题位置的先行语，分别为 837 例（13.07%）和 828 例（12.9%），数量非常接近。主语的属格语位置有一些先行语，但是数量不多，共 64 例。旁语和宾语属格语位置有少量先行语，分别为 23 例和 6 例。语料中没有发现其他位置的先行语。

表 5 - 3 　　　　　　　　　　汉语语篇中零代词的位置

零代词的位置	数量	零代词的位置	数量
T	198	O	274
SM	10	OBL	3
S	5916		

从表 5 - 3 我们看出，汉语零代词的位置更是集中地出现在主语位置。我们的语料中共有 5916 例零代词出现在这个位置，占了全部零代词数量的 92.4%。这个数字高得惊人。虽然经验早就告诉我们，汉语的零代词主要出现在主语位置，但是语料中获得的这么个高数字也是始所未料的。还有一个没有料到的情况是，零代词在其他位置出现的机会特别少，而且，除了主语之外，也就是宾语位置和主题位置有一些零代词，分别为 274 例和 198 例，分别仅占 4% 和 3%。剩下的两个位置虽然也有零形回指的可能，但是，几乎可以忽略不计，因为只有 10 例零代词出现在主语的修饰语位置，3 例出现在旁语位置。

其余位置没有发现零代词的使用。因此，如果说零形回指先行语的位置比较集中在主语、宾语和主题的话，那么，零代词本身则是更加集中地出现在主语位置。

第三节 零形回指的位置关系分布

零形回指的位置关系是指它与它的先行语之间的位置关系和分布规律。汉语零形回指的位置不仅在先行语和零指代的占位上有很强的规律性，在先行语和回指语之间的位置关系上也有明显的规律性。我们的数据显示，从位置关系上看，汉语语篇零形回指绝大多数发生在主题—主语和主语—主语位置。表5-4是具体分布情况。

表5-4　　　　　　　汉语语篇零形回指的位置关系分布

先行语位置	零回指位置	有中间干扰成分		合计
		数量	数量	
T	T	43	11	54
	S	217	505	722
	O	51		51
	OBL	1		1
SM	T	2		2
	SM	10		10
	S	50	2	52
S	T	86	44	130
	S	3325	1151	4476
	O	36		36
	OBL	1		1
O	T		11	11
	S	61	584	645
	O	180		180
	OBL	1		1

续表

先行语位置	零回指位置	有中间干扰成分		合计
		数量	数量	
OM	S	5		5
	O	1		1
OBL	T		1	1
	S	9	7	16
	O	6		6
总计		4085	2316	6401

　　本研究关于位置关系的统计不仅包括先行语和零代词的位置，还将先行语和零形回指之间的干扰成分的情况也纳入了统计的范围，分为有干扰成分和无干扰成分。表5－4显示，在我们的数据中，零形回指先行语所出现的位置有主题、主语的属格语、主语、宾语的属格语、宾语和旁语六种位置。零代词出现的位置也有主题、主语的属格语、主语、宾语和旁语五种位置。就数量来看，先行语和回指语出现在主语—主语位置的汉语零形回指最多，共有4476例。其次是出现在主题—主语位置的汉语零形回指，共有722例。在我们的语料中，这两种位置关系的零形回指合计有5198例，占了零形回指总数量的81%以上。因此，主语—主语和主题—主语位置是汉语零形回指中最突出的位置关系。

　　其次，我们从表5－4还看到，除了主题—主语和主语—主语位置之外，类似的位置关系也很常见，包括主题—主题关系，共有54例，主语—主题关系，共有130例。这两种情况的零形回指在我们的数据中共有184例。与前面两种最突出的位置关系加起来，共有5382例，占了总数的84%。这几种位置关系的零形回指使用率如此之高提示我们，零形回指的先行语主体上可以到主语或者主题位置进行确认。如果和前面所讨论的典型距离联系起来，零形回指先行语主体上是到相连的前后句/小句的主语或者主题位置寻找。这一规律为零形回指先行语的确认提供了极为重要的信息和极大的便利。

我们也还看到在位置上的一些复杂情况。除了以上四种位置关系之外，零形回指的位置还有主题—宾语（51 例）、主题—旁语（1 例），这些位置出现的零形回指数量很少。在主语为先行语的回指中，也还有主语—宾语（36 例）和主语—旁语（1 例）。此外的位置关系还有主语的属格语—主题（2 例）、主语的属格语—主语的属格语（10 例）、主语的属格语—主语（52 例）。语料中还有不少宾语为先行语的零形回指。宾语为先行语的时候，有宾语—主题（11 例）、宾语—主语（645 例）、宾语—宾语（180 例）和宾语—旁语（1 例）位置关系的零形回指。此外，还有宾语的属格语为先行语的情况，包括宾语的属格语—主语（5 例）和宾语的属格语—宾语（1 例）。最特殊的是先行语在旁语位置的零形回指，有旁语—主题（1 例）、旁语—主语（16 例）和旁语—宾语（6 例）三种位置关系。这些位置关系的总体数量不大，约占总数的 16%。但是，其中的宾语—主语（645 例）和宾语—宾语（180 例）数量相对较多。

以上数据所显示的位置及位置关系与 Jiang（2004）有相同之处，也有区别。Jiang（2004）也发现，主语—主语、主语—主题位置的零形回指最多，其次是宾语—宾语，但是，没有主题—旁语的零形回指。主语的属格语—主题位置关系的零形回指也是以往研究没有讨论过的。Jiang（2004）有 1 例主语的属格语—宾语位置关系的零形回指，本研究中没有发现这种位置关系的零形回指。另外，本研究数据中的主语—旁语位置关系的零形回指也是以往研究没有讨论过的。在宾语的属格语为先行语的语料中，宾语的属格语—宾语位置的零形回指也是以往的零形回指研究不曾讨论过的。关于先行语在旁语位置的零形回指，Jiang（2004）只有 3 例旁语—宾语的语料，没有旁语—主题/主语的数据。本研究数据中获得了 1 例旁语—主题位置关系和 16 例旁语—主语位置关系的零形回指。这些位置关系的零形回指有时错综复杂，有的使用原因难以分析，加上主语—主题、主语—主语、主语—宾语、宾语—宾语等关系中的长距离错综回指等，都造成了零形回指关系的复杂性，涉及平行性、错位、层次关系等因素，需要进行专门的讨论。本研究还发现，零形回指位置的使用还存在个人语言文化风格差异和思维方式差异。另外，零形回指的使用数量和位置也显示出一定的体裁差异，有简有繁，有各自的特点。

第四节　零形回指在不同体裁中的使用数量与位置关系

从本研究的三种不同体裁的语料来看，零形回指的使用数量和位置都有一定的差异。有简单的，也有繁杂的，存在各自的特点。

一　零形回指使用数量的分体裁考察

在我们的数据中，新闻、学术、叙事三种体裁的语篇语料均为 6万字，在所获得的 6401 条零回指记录中，各类语篇的零回指数量如表 5 – 5：

表 5 – 5　　　　　　零形回指在不同体裁中使用数量比较

语篇类型	零回指数量	语篇类型	零回指数量	语篇类型	零回指数量
新闻早期	1036	学术早期	708	叙事早期	1551
新闻近期	950	学术近期	690	叙事近期	1466
小计	1986		1398		3017

表 5 – 5 显示，在总共 6401 例零形回指中，学术语篇中的零形回指最少，只有 1398 例，其次是新闻语篇，共出现 1986 例。叙事语篇中的零形回指最多，共有 3017 例。因此，从总体数量来看，新闻语篇和学术语篇中的零形回指数量偏少，叙事语篇偏多，叙事语篇中的零形回指接近前两种体裁零形回指数量之和。本研究还对各体裁的零形回指数量进行了分时段统计，结果发现，无论是早期文本，还是近期文本，零回指在学术语篇中的使用数量均为最少，新闻语篇次之，在叙事语篇中的使用数量均为最多。这说明，无论是改革开放前的语篇还是改革开放后的语篇，三种体裁在零形回指的使用数量上没有显著变化，也就说明，

零代词的使用数量差异主要与语篇的体裁有关，没有时段上的差异。

二 零形回指位置关系的分体裁考察

以往研究对于叙事语篇中的零形回指的分布有过一些分析（如Jiang 2004；Hu 2008 等）但对于其他语篇缺乏分析和比较。本研究首先对新闻语篇中的零形回指的位置及位置关系进行了统计和分析。新闻语篇的零形回指位置关系分布情况如表5－6：

表 5－6   **新闻语篇的零形回指位置关系分布**

先行语位置	零回指位置	有中间干扰成分		合计
		数量	数量	
T	T	10	8	18
	S	85	200	285
	O	4		4
SM	T	1		1
	S	8		8
S	T	21	6	27
	S	1065	280	1345
	O	8		8
O	T		4	4
	S	18	206	224
	O	49		49
OM	S	1		1
	O	1		1
OBL	T		1	1
	S	2	5	7
	O	3		3
总计		1276	710	1986

表5－6 显示，在新闻语篇中，零形回指出现在三种位置，而且主要集中在主语位置，共有1870 例，其次是宾语位置（65 例）和主题位置（51 例）。在位置关系上，又以先行语和零代词都出现在主语

位置（即：主语—主语）为最多（1345 例），其次是主题—主语
（285 例）、宾语—主语（224 例）、宾语—宾语（49 例）位置关系，
其他位置的零形回指很少。新闻语篇中没有主题—旁语、主语的属格
语—主语的属格语、主语—旁语、宾语—旁语等位置的零形回指。

　　学术语篇中的零形回指，上文已经提到，其使用数量在三种体裁中
最少。从位置上看，其零形回指更为典型地集中在主语位置，共有1332
例，其次是宾语位置（41 例）和主题位置（23 例），还有 2 例主语的属
格语位置上的零形回指。从先行语与零代词的位置关系看，主要集中在
主语—主语（共 1003 例）、主题—主语（186 例）、宾语—主语（122 例）
位置关系，其他位置关系的零形回指数量很少。没有主题—旁语、主语
的属格语—主题、主语—旁语、宾语—旁语、宾语的属格语—宾语、旁
语—主题、旁语—宾语等位置关系的零形回指（见表 5 - 7）：

表 5 - 7　　　　　　学术语篇的零形回指位置关系分布

先行语位置	零回指位置	有中间干扰成分		合计
		数量	数量	
T	T	3	1	4
	S	44	142	186
	O	13		13
SM	SM	2		2
	S	14		14
S	T	14	3	17
	S	854	149	1003
	O	4		4
O	T		2	2
	S	16	106	122
	O	24		24
OM	S	1		1
OBL	S	5	1	6
总计		994	404	1398

叙事语篇的零形回指，前文已经提到，其使用数量在三种体裁中最多，占了本次统计近一半的数量。本研究的统计与分析发现，与前两种体裁相比，叙事语篇的零形回指关系更为复杂多样，且具有个性差异。有几位小说家的零回指使用方式特别丰富而出格。从位置的总体情况看，叙事语篇的零形回指位置更为丰富，虽然主要数量也多集中在主语—主语、主题—主语和宾语—主语位置关系（见表 5 - 8）：

表 5 - 8　　　　　　叙事语篇的零形回指位置关系分布

先行语位置	零回指位置	有中间干扰成分		合计
		数量	数量	
T	T	30	2	32
	S	88	163	251
	O	34		34
	OBL	1		1
SM	T	1		1
	SM	8		8
	S	29	1	30
S	T	51	35	86
	S	1410	718	2128
	O	24		24
	OBL	1		1
O	T		5	5
	S	27	272	299
	O	107		107
	OBL	1		1
OM	S	3		3
OBL	S	2	1	3
	O	3		3
总计		1820	1197	3017

表 5 - 8 显示，在叙事语篇中，零形回指出现在主语、主题、主语的属格语、宾语、旁语五种位置。出现在主语位置最多，共有

2714 例，其次是宾语位置（168 例）、主题位置（124 例）、主语的属格语位置（8 例）和旁语位置（3 例）。在位置关系上，也是先行语出现在主语，零形回指出现在主语的位置关系数量最多（2128 例），其次是宾语—主语（299 例）、主题—主语（251 例）、宾语—宾语（107 例）、主语—主题（86 例）、主题—宾语（34 例）、主题—主题（32 例）、主语的属格语—主语（30 例）位置关系，其他位置关系的零形回指很少。叙事语篇的零形回指位置关系已明显较前两类语篇的零形回指更为复杂。

　　根据以上数据，从三种体裁中的零形回指数量看，叙事语篇的零形回指最多，学术语篇的零形回指最少。从零形回指的位置看，新闻语篇最简单，只有三种位置，其次是学术语篇，有四种位置，叙事语篇的零形回指最复杂，有五种位置。从位置关系上看也是如此。

　　在个性特征方面，新闻语篇以 T—S 和 O—S 位置关系的零形回指为其特色，因为，与回指总数高出很多的叙事语篇相比，新闻语篇 T—S 位置关系的零形回指数量（285 例）甚至高出了叙事语篇（251 例），其 O—S 位置关系的零形回指数量（224 例）也较为接近叙事语篇（299 例），而与回指总数差不多的学术语篇相比，其 O—S 位置关系的零形回指又比学术语篇的（122 例）高出很多。另外，虽然 S—S 位置关系的零形回指是三种语篇的共性，但是，内部也有一些区别。在新闻和学术语篇中，带中间干扰成分的 S—S 位置关系的零形回指数量（分别为 1064 例和 854 例）远远高于不带中间干扰成分的 S—S 回指数量（分别为 281 和 149 例）。而在叙事语篇中，则没有那么大的差距，不带中间干扰成分的 S—S 位置关系的零形回指（718 例）超过了带干扰成分的 S—S 回指数量（1410 例）的二分之一，虽然总数仍然是后者更多。

　　还有一些特殊情况，在新闻语篇中，动名词短语做先行语的情况较多见，如："中西部快速增长。"另外，新闻语篇中的无指和泛指较多。领导指示、规章、政策、昭告等报道中多出现无指或泛指。还有一个特点是，与其余两种体裁相比，新闻语篇中的零回指句子结构最简单。其中略有时段上的区别，在时段上，改革开放前的新闻语篇中的零回指表达极为规整，改革开放后的语篇中的零形回指使用，在结构及位置关系上更为丰富，显示出零回指的活跃性与思想开放和社会开放有一定的关系。这可以作为一个重要的观察点考察新闻语篇乃至其他语篇中的零形回指变化，虽然零形回指的使用数量在时段上并没有产生变化。

学术语篇的一个特点是，在空洞的探讨中多出现无指。另外，小句或者从句作为先行语的回指较多，"使动"结构关系的零形回指多，抽象回指多，排比式的零形回指多，介词短语和动词短语做先行语的也多。另外，语料分析还发现，在50年代的学术语篇中，有类似于教师札记类的文章刊登在杂志上，其中尽是零代词的无指用法，多出现在主语位置。学术语篇的语料分析还发现，回指使用的方式与个人的思维方式与思想复杂度有关。个别学者的学术语篇中出现数例极为特殊的零回指用法，含动词短语做先行语、"把+NP"做先行语等，以及常常将VP转类为NP并使用零形回指。再次显示，零回指使用的复杂度似与思想活跃、思维的严谨性和开放度有关。例如，季羡林的零回指使用极少。

叙事语篇中，主语属格语位置上的先行语大于前两类语篇主语属格语之和。与体裁风格有关系，因为叙事语篇总以人物的思想活动与行动为主述对象，人物除了在主语位置之外，也常常在主语的属格语位置出现，因而获得更多的零形回指。分析还发现，语言使用灵活性大和表达的随意性强的叙事作品中多出现特殊回指，且与作者的文化高低及个人风格有关。

在先行语的位置方面，主题位置的先行语在学术语篇中最少，新闻语篇的主题位置先行语与叙事语篇的很接近，虽然新闻语篇零形回指总数比叙事语篇的少很多。这可能与新闻语篇表达要求突出主题性这一特点有关。学术语篇中主题位置的先行语较少，也应与学术语篇强调客观性有一定的关系。

在共性方面，三种体裁的零形回指位置都以主语为主。新闻语篇的零形回指总数为 1986 例，其中，主语位置的零形回指占了94.2%。学术语篇中主语位置的零代词比例更高，达到 95% 以上。叙事语篇虽然在主题位置和宾语位置上还有一定数量的零形回指，但是，在主语位置的零形回指仍然遥遥领先，在总数 3017 例中，约占90%。其他位置上的零形回指在三种体裁中，总数不超过 500 例。其中，主题位置上共有 198 例。宾语位置上略多一些，共有 274 例。主语的属格语位置上很少，总共只有 10 例，多出现在叙事语篇。宾语的属格语位置上没有零形回指。旁语位置上有 3 例零形回指用法，都在叙事语篇中。

在先行语的位置方面，三种体裁也都是主语占据绝对数量，共有4643 例。其次是宾语位置的先行语，共有 837 例，再次是主题位置，共 828 例。其他三个位置上的先行语都不多，主语属格语位置上的先行语共有 64 例，旁语 23 例，多出现在新闻语篇，宾语属格语位置上的先行语最少，只有 6 例。

如果说零形回指的先行语除了最主要的主语位置之外，还有一定数量的主题、主语属格语和宾语，约占总数的 28%，那么，零代词的位置则更为单一地集中在主语，其余位置所占的比例总共不到8%。这是一个很重要的现象。

最后，在回指的位置关系上，三种体裁都以 S—S 位置关系的零形回指最多，而且，排在前三位的都是 S—S、T—S、O—S，排在第四位的都是 O—O 位置关系的零形回指。其他三个位置关系的零形回指很少，总共 378 例，约为 6%。

第五节　零形回指的结构层次分布

根据研究设计，我们对语料中的语句结构层次进行了统计并建立了相应的数据库。语句的结构层次与回指的关系已经受到一些研究者的关注，但是，没有专门的分析和研究。我们在统计过程中发现，零形回指的语句结构层次关系非常有趣，但也很复杂。我们的统计包括零形回指的先行语、中间成分和零指代所在的结构。在研究设计中，我们已对各种结构进行了归类和命名，并采用符号表示。为了便于分析，现将这些结构的名词及符号重复说明。

首先，FAD 类的符号系列表示出现在主句之前的次层次结构。其中，FAD1 表示出现在前的从属状语；FAD2 表示出现在前的从属定语；FAD3 表示出现在前的从属定语包含着状语或包含着另外一个定语；FAD11 表示出现在次层次结构中的主句之前的更低层次的状语；FAD21 表示出现次层次主句前的更低层次的定语。BAD 类的符号系列表示出现在主句之后的次层次结构。其中 BAD 表示在后的从属状语；BAD1 表示在后的更低层次从属状语；BADC 表示在后的从属补语；BADC1 表示在后的更低层次的从属补语；BADC2 表示在后的二级次层次的从属补语。NUC 表示主句结构或核心结构；NUC1 表示次层次的主句结构或核心结构。EBAD 类的符号系列也表示出现在主句之后的次层次。其中，EBAD 为在后的内嵌结构；EBAD1 表示在后的更低层次的内嵌结构。AP 表示同位或并列结构。IAD 表示插入的状语结构，也是次层次的；IAD1 表示更低次层次插入的状语结构。INS 表示插入句，也是次层次的。以下是先行语所在的结构层次和零代词所在的结构层次的统计数据（见表 5-9）：

表 5-9　　　　　　　　　零形回指结构层次关系分布

先行语所在的结构层次	零代词所在的结构层次	数量	先行语所在的结构层次	零代词所在的结构层次	数量
NUC		3630	AP		1427
NUC	NUC	2452	AP	AP	1369
NUC	AP	19	AP	NUC	26
NUC	BAD/BADC	711	AP	BAD/BADC	21
NUC	BADC1	1	AP	EBAD	6
NUC	FAD1	209	AP	FAD1/FAD2	4/1
NUC	FAD11	3	EBAD		473
NUC	FAD2	107	EBAD	EBAD/EBAD1	356

续表

先行语所在的结构层次	零代词所在的结构层次	数量	先行语所在的结构层次	零代词所在的结构层次	数量
NUC	FAD21	1	EBAD1	EBAD1	13
NUC	FAD3	6	EBAD	FAD1	1
NUC	EBAD/EBAD1	117/1	EBAD	FAD11	9
NUC	INS/IAD	3	EBAD	FAD2	2
FAD		380	EBAD	FAD21	3
FAD1/FAD11	FAD1/FAD11	104	EBAD	NUC	18
FAD1/FAD11	NUC	226/1	EBAD	AP	3
FAD1	BADC	10	EBAD	BAD/BADC	13
FAD1	BADC1	8	EBAD	BAD1	10
FAD1	EBAD	2	EBAD	BADC1	43
FAD11	EBAD	8	EBAD	INS/IAD	2
FAD2	FAD2/BAD	15/3	BAD		467
FAD21	BADC1	2	BAD/BADC	BAD/BADC	358
FAD3	FAD3	1	BAD/BADC	BADC1	7/26
INS		16	BAD1	BAD1	6
INS	INS	14	BADC1	BADC1/BADC2	31/2
INS	BADC1/FAD2	1/1	BADC	BAD1	3
IAD		8	BADC1	FAD1	4
IAD	IAD/EBAD	6/1	BADC	FAD1/FAD11	3
IAD	NUC	1	BAD	EBAD	7
			BAD/BADC	NUC	18
			BADC	AP	2
合计					6401

表5-9显示，零形回指的语句结构层次关系非常丰富。不仅结构类型较多，层次也多。但是，从数量上看，也有很集中的地方。首先，在这些结构关系中，先行语出现在核心结构的零形回指数量最多，共有3630例，超过了零形回指总数的一半，达到了56.7%。其次是先行语出现在同位结构的零形回指，共有1427例，约占零形回

指总数的 22.3% 。这两种结构中的零形回指共有 5057 例，占零形回指总数的 79% 。这是零形回指使用非常集中的结构。此外，先行语出现在内嵌结构的零形回指有 473 例，出现在主句之后的从属状语中的有 467 例，出现在主句之前的次层次结构的有 380 例，出现在各种中间插入结构的共有 24 例。

从总体上看，汉语零形回指的结构关系仍然有很强的规律。这不仅体现在先行语所出现的语句结构的层次，而且还体现在它与零回指所在的语句结构之间的关系。从表 5 - 9 中的数据看，先行语和零代词都出现在核心结构和都出现在同位结构的零形回指数量非常多。都出现在核心结构的有 2452 例，都出现在同位结构的有 1369 例。由于核心结构和同位/并列结构是本数据中的主层次结构，只是同位结构中均为地位相同的小句，没有次层次结构的小句与之对应才如此命名。所以，我们可以把先行语在核心结构而零代词在同位结构（19 例），以及先行语在同位结构而零代词在核心结构（26 例）也算作主结构层面的零形回指，那么，我们就可以从这些结构关系中获得共 3866 例零形回指，占零形回指总数的 60.4% 。这说明，零形回指主要出现在主结构层面。

但是，我们也看到其他的情况。例如，先行语出现在核心结构而零代词出现在其后的从属状语或从属补语（BAD/BADC）的零形回指，这里也有 711 例，如果加上先行语出现在同位结构而零代词出现在其后的从属状语或从属补语（BAD/BADC）的零形回指（21 例），则这种层次关系的数量更多。还有先行语在核心结构，而零代词在其前的从属状语或从属定语（FAD1/FAD2）的零形回指（209 + 107），共有 316 例；先行语在核心结构，而零代词出现在其后的内嵌结构（EBAD）的零形回指，共有 118 例。这些都是发生在先行语位于主层次结构，而零代词出现在次层次结构的零形回指。也还有反过来的情况，即先行语出现在次层次结构，而零指代出现在主层次结构的。例如，在上表中，先行语出现在 FAD1/FAD11，回指语出现在 NUC 结构的 227 例；先行语出现在 EBAD，回指语出现在 NUC 和 AP 的 21 例；先行语出现在 BAD/BADC，回指语出现在 NUC 和 AP 的，共 20

例。这些都是发生先行语出现在主结构而零代词出现在次结构之间的零形回指。

　　第三种情况是，我们的语料中也有不少先行语和回指语都出现在次层次结构的。例如，先行语和零代词都在 EBAD/EBAD1 结构中的零形回指（356＋13），共 369 例；先行语和零代词都在 BAD/BADC 以及 BAD/BADC1 结构的（358＋33），共 391 例；都在 BADC1 结构的 31 例；先行语和回指语都在 FAD1/FAD11 结构的 104 例。这些都是先行语和回指语都在次层次结构的零形回指。这还要包括表格中一些较分散的、数量较小的一些类型。

　　因此，就先行语和回指语所在的语句结构层次来看，零形回指有四大类结构层次关系。一是先行语和回指语都在主结构；二是先行语在主结构，零代词在次结构；三是先行语在次结构，零代词在主结构；四是先行语和零代词都在次结构。当然，还有第五类，数量很少，那就是先行语在次结构，零代词在更低层次的次结构中。例如，先行语出现在次层次的 FAD1 结构，零代词出现在更低层次的 BADC1 结构，共 8 例。上表中还可以发现第六类，先行语和回指语都出现在二级次层次结构中，如先行语在 FAD21 结构，回指语在 BADC1 结构，以及先行语和回指语都在 FAD3 结构，等等。

　　表 5－9 只能反映先行语和回指语所在的结构层次，不能反映先行语和回指之间的其他小句或句子的结构层次。这将在后面的章节中结合具体的例子专门讨论。

第六节　其他情况记录

　　除了以上关于零形回指的距离、位置、结构层次分布的规律之外，零形回指还有一些其他规律和特点，其中还包括一些复杂的情况。

一　其他规律

1. 与主题相关的零回指有一些固定的格式。例如，在"ＴＳＶ"

结构中，如果 V 为及物动词，其后未见 NP，V 后面宾语位置的零代词一般与动词前面的 T 同指。此外，还有出现 "TS V【SØ V】" 情况的，SØ 一般也与 T 同指。例如，《文字演进的一般规律》第 31 段："'严''产'这些简体字有人认为 Ø 不好看，这就是匀称化上还有些问题。" 这里的 Ø 是出现在次层次结构中的主语位置上的零代词，与其前的主题位置上的 "'严''产'这些简体字" 同指。另外，在 "T，S V O，S V OØ" 结构中，Ø 一般也与 T 同指。

与主题有关的另一条规律是，汉语中有不少 PP 或者 NP 构成的主题位置的先行语，常常与后面的谓语成分之间有逗号分隔。这些主题位置的先行语常常在后续的 S 位置使用零回指。这种情况在反指中也有。因此，在汉语中，"T，SØ" 式的零回指较为常见，而且，T 与 S 之间的这种零回指可以在主层次和次层次出现。

2. 我们在语料中发现，OBL 位置上的指称成分总是能够被零回指穿过，基本不构成障碍，无论出现在什么位置。还有一个常见的现象是，内嵌句也总是能够被零回指穿过。

3. "着"、"得"、"的" 后面的零代词往往顺指，即零代词在什么位置，它的先行语就在其前的同类句法位置。

4. 存现动词 "有" 以及其他存现动词后面的宾语（标注符号为 O1 和 O3）往往在下一句或小句的主语位置被回指。由于这些宾语后面的动词结构为宾补结构，我们认定该结构为次层次结构的句子或小句，即这些宾语是在次层次结构的主语位置被回指。另外，汉语 "存现" 类动词前，介词词组做主语较多。

5. 当 SM 和 S 都是生命性的指称对象的时候，SM 往往优先成为先行语，因为它具有一定的主题性。例如，《西藏少年儿童开始了自由欢乐的新生活》第 3 段："孩子的父母要被迫交纳 '出生税' 和 '人头税'；Ø 年龄稍长，Ø 就得随父母一道 Ø 去为主人 Ø 背水、打柴、拾粪、放牧和负担其他繁重劳动，Ø 为主人支差。" 其中的零代词指代前面 SM 位置上的指称对象。

6. 在 EBAD 结构中，如果其主语位置上是零代词，则一般会回指其前的主句结构中的主语位置上的对象。

7. 在汉语中，"SØ VP 的 NP"结构中的零形回指位置关系也比较固定，零代词一般回指"的"后面的 NP。另外，"NP_1……，NP_2……，$\varnothing_1$……，$\varnothing_2$……"交差平行结构的零形回指也很常见，其指称成分多在前后结构的主语位置。

8. 反指多以平行推进的方式进行，且多在主语位置平行推进。

二 一些特例和复杂情况

1. 语料分析发现，动词"阻止"、"帮助"、"找"之后有两种零回指关系。例如，一般来说，动词"阻止"之后的动作是由被阻止人执行的，但在语篇表达中，也会出现例外的情况：

（8）<u>老板</u>见我要点燃风雨灯，Ø 就阻止我 Ø 说：……。

（《我诅咒你那么一笑》第 16 段）。

在这里，"阻止"后面的动作执行者不是"我"，却是"老板"。在我们对动词进行主语控制还是宾语控制的分类时，大多数动词可以进行清楚的分类，唯有"帮助"等几个动词，其后的零回指关系具有多样性。

2. 比喻句后面的零回指也有两种情况。一种是喻体被零代词回指，另一种是本体被零代词回指。出现前一种的情况是，喻体被作为一个指称成分出现在本体所在的句子中；出现后一种情况是，喻体单独构成一个小句，夹在表示本体的句子和表示结果的句子之间起说明作用，成为次层次的小句，故能够被零回指穿过，而零代词可以回指到前面表示本体的指称成分。例如，以下第一个例句属于第一种情况，第二个例句属于第二种情况：

（9）<u>他</u>像个鸭子，Ø 整天呱呀呱呀地叫。

（10）<u>他</u>就是这样，铁板钉钉子，Ø 说了就算数。

3. 在"Ø 如果 VP……，Ø……，那该……"结构中，由于主句的主语"那"的出现，语义关系发生了变化，使得前面的"如果"结构中的零代词无法反指到主句，而必须去指前一句提到的对象。

4. 在语料中，介词"给"（《新闻早期》第 5 段：14）、"用"、"对"、"作为"、"把"、"将"、"连"（"把、将、连"这三个词，由于其强调作用，已经不把其所引出的成分作为旁语）所引导的指称成分均有被零代词回指的现象。"从"、"到"、"由"（表示被动关系，而且可以出现在次层次结构，例如：《马王堆》第 1 段：14）、"被"（《春蚕》第 71 段：28）、"受"、"比"、"就"所引导的指称成分也有受零代词回指的情况。而且，"由"、"被"引出的指称成分常常在下一句或小句的主语位置被零代词指代，也有出现在其他位置的时候。例如，在"Ø 用……往 NP$_1$ VP NP$_2$ Ø 压沉 Ø$_1$"中，零代词 Ø$_1$ 回指前面的介词"往"所引导的指称对象 NP$_1$。有的介词（如"把、连"）所引导的成分有多例被零代词回指。"将"所引导的指称成分也有多例成为其下文的零形回指的先行语。例如：

（11）小姐们$_1$将搓抹布的脏水$_2$泼在门前路上，Ø$_1$也不让着路人的脚，谁泼上 Ø$_2$ 谁活该。　　　（《小饭店》第 19 段）

（12）他$_1$穿着清洁的白大褂，Ø$_1$头顶白帽子，Ø$_1$很讲究地将帽顶$_2$掐出一道线，Ø$_2$很挺刮地立在头上。

（《小饭店》第 27 段）

5. 在语料分析中，虽然我们已经将"："作为小句分隔符，"；"作为句子分隔符，并且在绝大多数情况下取得了合理的数据统计，但有时不能如意，尤其是在遇到"……：……；……；……。"结构时，其中的"；"所分隔的更像是小句，而不是句子。

6. 在语料中，跨句的零回指有多种情况，有的关系比较复杂。双宾语同时被零代词回指的，仅一例。（《索债者》第 3 段）

7. 另外，我们发现，在语料中，模糊零回指现象不少，先行语难以确定，且存在多种模糊性质的零回指。例如：《文字演进》第37段（编号18—21）。避讳、隐私、神秘性、批判、含混其词和自谦都产生一定的模糊回指。例如：《原始佛教》第48段；《关于词义》第1、21、22、24、36、37段；《春蚕》第60段；《我诅咒你那么一笑》第22、34段；《竹山房》第11、4、5段；等等。

8. "名动同形"是汉语零回指确认中不得了的障碍，尤其是学术语篇。这种担心在王厚峰（2004：115）也曾提到过。该研究者如果接触到学术语篇的语料，将会更加担心。

9. 不仅如此，被动意义主动结构也是汉语一个奇特的语法现象，在进行零回指的分析时，有时必须将一些句子规定为主动结构，才能分析得符合条理。例如，以下句子中的"用电光触去"：

(13) 路边蔓延着的含羞草上$_1$，$Ø_1$流动着三两点暗绿的萤火$_2$，$Ø_2$用电光触去，它们$_2$便没入草间了。

（《我诅咒你那么一笑》第30段）

10. 在语料中，跨段的零回指有几例，包括《我诅咒你那么一笑》第3、20段，《陈焕生上城》第6段，《一天》第14段的宾语位置上的零回指，《竹山房》第4、32、35段，《婵阿姨》第9段，《夜的眼》第11段，《买酒女》第16段。其中的零回指多在主语位置，只有一例是在宾语位置。另外，长距离回指除了主题性作为最重要的因素之外，还有因心理活动的"闪回"产生的长距离零形回指，在语料中有一例：《婵阿姨》14段。

11. 最后，在语料中，我们还发现病句式的零回指，这也有几例。其中，有一例错得较为奇怪。在其前的语境中，先行语为空，后句却用"$Ø$都……"进行指称。该例在小说《高女人和她的矮丈夫》第10段。在有些语篇中，"的""得"不分，尤其是早期及近期操方言写作者的作品。

第六章

零形回指的位置关系及先行语
位置等级体系

第五章的数据与分析显示，位置在零形回指中具有突出的作用并具有很强的规律性。下面我们首先对零形回指的各种先行语和回指语的位置在不同体裁中的具体情况进行分析，然后基于语料对先行语和回指语各种位置的相互关系进行分析、比较和归类。最后，基于对这些语料和数据的分析，借鉴 Keenan & Comrie（1977）关于建立句法等级体系的做法，并通过与 Jiang（2004）研究的比较，对零形回指位置关系的等级体系进行修正，以建立修正后的零形回指先行语位置关系等级体系。

第一节　零形回指的位置

在研究设计中，我们根据需要和语料中的实际情况，参照目前国内外一些学者对汉语句法成分的划分方式，将汉语的句法成分分为句首主题、主语的修饰语、主语、宾语、宾语的修饰语以及旁语等，以考察这些位置上的零形回指使用情况。其中的一些位置，例如句首主题，在汉语语法中有不同的说法，本研究为了对这一位置与主语位置上出现的指称对象进行分别研究，参照 Gundel（1985）、Chen（1996）、Shi（1989）、石定栩（1998）的观点，主题在这里作为一个句法概念，指的是出现在主语前面，具有"NP S"中 NP 位置的成分，相当于汉语语法书所说的"大主语"。而且，根据汉语语法书的有关介绍和语料的实际情况，句首主题还分为几个类别，具体详见实例介绍。通过语料分析，我们发现，在汉语中，以上六种位置上的名词词语所表达的指称对象均有担任零形回指先行语的事实，只是数量差别很大。而且，非常出乎意料的是，在这六种位置中，除了宾语的修饰语之外，其余位置都有零形指代的使用。

一　零形回指先行语的位置

在语料中，零形回指的先行语在句首主题、主语、主语的修饰语、宾语、宾语的修饰语、旁语位置均有出现。各个位置出现的数量差异很大。而且，在语篇类型上，先行语的位置没有显著差异（见表6-1）。

表6-1　　　零形回指先行语在不同语篇类型中的句法位置

语篇类型	先行语的位置										合计
	T		S		SM	O		OM	OBL		
新闻语篇	307		1380		9	277		2	11		1986
	T1	32	S1	14		O1	20				
	T2	221	S2	22		O2	4				
	T3	19	S3	4		O3	6				
	T4	22	S5	2		O6	11				
学术语篇	203		1024		16	148		1	6		1398
	T1	20	S1	21		O1	27				
	T2	114	S2	92		O2	9				
	T3	10	S3	10		O3	2				
	T4	49	SP	9		O6	9				
						OI	1				
叙事语篇	318		2239		39	412		3	6		3017
	T1	95	S1	17		O1	53				
	T2	138	S2	48		O2	22				
	T3	24	S3	7		O3	31				
	T4	38	SP	4		O6	25				
						OI	4				
						OD	4				
合计	828		4643		64	837		6	23		6401

注：符号解释参见第四章第三节数据库的设计。

在表 6 - 1 中，从总体数量不难看出，主语位置的先行语最多，共有 4643 例，其次是宾语位置的先行语，共有 837 例，再次是主题位置的先行语，共有 828 例。在各种体裁的内部却有所不同。虽然主语位置的先行语在三种语篇中都是最多的，但是主题和宾语位置的先行语却不一样。在新闻和学术语篇中，排第二位的是主题，而在叙事语篇中是宾语。从各个体裁的数量看，主题位置的先行语在学术语篇中最少，新闻语篇主题位置的先行语与叙事语篇的很接近，虽然新闻语篇零形回指的总数比叙事语篇的少很多。这说明，在新闻语篇中，主题位置的先行语较为显著，这可能与新闻语篇的表达特点有一定关系。学术语篇中主题位置的先行语较少，也应与语篇表达的风格有一定的关系。主语位置和宾语位置的先行语都是叙事语篇的最多。叙事语篇中主语位置的先行语相当于其他两类语篇的主语位置先行语的两倍，应与该类语篇的叙事特点有一定的关系。另外，宾语位置的先行语也是叙事语篇的最多，相当于其他两类语篇的总和。

其余三个位置上的先行语都不多，主语属格语位置上的先行语共有 64 例，旁语 23 例，宾语属格语位置上的先行语最少，只有 6 例。其中，主语属格语位置上的先行语在叙事语篇中最多，也应与体裁风格有关系，因为叙事语篇总以人物的思想活动与行动为叙述对象，人物除了在主语位置之外，也常常在主语的属格语位置出现。旁语位置的先行语在新闻语篇中最多，与新闻报道的特点有一定联系，具体情况待分析。

表 6 - 1 还对主题、主语和宾语内部的情况进行了统计。在主题类的先行语中统计了 T1—T4 的具体数量。比较这些数量，我们发现，T2 位置的先行语在新闻语篇中最多，共有 221 例，在学术和叙事语篇中分别为 114 例和 138 例。这说明，T2，即带逗号的 NP 充当的主题是新闻语篇主题位置先行语的特点。在主语类的先行语中统计了 S1—S3 以及 S5、SP 位置的先行语的具体数量。我们看到，S2［"是"之前的主语］位置的先行语在学术语篇中最多，这可能与学术语篇的表达需要使用较多的判断有关。S5［连动动词前的主语］、SP［介词或方位词充当的主语］的数量很少，说明，这些类主语很少做零代词

的先行语。宾语类先行语在 O1—O3［"有"之后的宾语、"是"之后的宾语、其他存现动词之后的宾语］、O6［"把"、"将"、"连"引出的 NP］这几种特殊的宾语位置上的出现显然是叙事语篇的最多，O1—O3 在叙事语篇中的大量出现，说明叙事语篇有使用这种方式引入语篇表达的主题的习惯。这与许余龙（1995，2004，2007 等）多次的发现一致。OI、OD（间接宾语、直接宾语）位置的先行语，除了学术语篇中有 1 例间接宾语之外，基本上出现在叙事语篇中。这仍然应该与叙事语篇的叙事特点有关。

二　零代词的位置

分析零代词的位置，不仅能够了解汉语中哪些位置上使用零代词，而且能够获得使用频率高的位置及数量。表 6 - 2 是各类语篇中的零代词的位置情况。

表 6 - 2　　　　　零代词在不同语篇类型中的句法位置

语篇类型	T		S		SM	O		OBL	合计
新闻语篇	51		1870		0	65		0	1986
	T1	35	S1	27		O1	3		
			S2	22					
			S3	10					
			S5	5					
学术语篇	23		1332		2	41		0	1398
	T1	16	S1	20					
			S2	80					
			S3	12					
			SP	2					
叙事语篇	124		2714		8	168		3	3017
	T1	116	S1	32		OD	1		
			S2	34					
			S3	14					
			SP	3					
合计	198		5916	10		274		3	6401

从表 6-2 我们看到，出现在主语位置的零代词占了绝对多数，共有 5916 例，约占总数 6401 例的 92.5%。而且，无论哪一种语篇类型，主语位置的零代词总是占绝对数，尤其是新闻语篇和学术语篇。新闻语篇的零形回指总数为 1986 例，其中，主语位置的零代词就占了 1870 例，占总数的 94.2%。学术语篇中主语位置的零代词所占的比例更高，在总数 1398 例中占了 1332 例，达 95% 以上。叙事语篇虽然在主题位置和宾语位置还有一定数量的零代词，但是，在主语位置的零代词仍然遥遥领先，在总数 3017 例中占 2714 例，约为 90%。

其他位置上的零代词总数不超过 500 例。其中，主题位置上共有 198 例，在三种语篇类型中的数量分别是 51、23、124 例。从语篇类型上看，叙事语篇和新闻语篇在主题位置的零代词多于学术语篇。宾语位置上的零代词略多一些，共有 274 例，在三种语篇类型中的数量分别为 65、41、168 例。从语篇类型上看，叙事语篇宾语位置的零代词最多。这种情况和零形回指先行语的位置很相似。主语的属格语位置上很少有零代词，总共只有 10 例，多出现在叙事语篇。宾语的属格语位置上没有零代词的使用，但是，在叙事语篇中却有 3 例非常奇特的旁语位置上的零形回指。

如果说零形回指的先行语除了最主要的主语位置之外，还有一定数量的主题、主语的修饰语和宾语，约占总数的 28%，那么，零代词的位置则更为单一地集中在主语，其余位置所占的比例总共不到 8%。这是一个很重要的现象。

表 6-2 还对主题、主语和宾语位置的零代词内部情况也进行了统计。在主题类的零代词中统计了 T1—T4 的具体数量，结果发现，在三种语篇中，除了 T1 位置上有零代词之外，其余特殊类主题位置均没有零代词的使用。零代词集中在 T、T1（均为与主语之间没有隔离符的主题，其中，T1 与主语之间具有整体—部分关系 [part - whole]）位置，而且以 T1 位置为主，特别是叙事语篇。这说明，零代词主要出现在表示整体部分关系的主题位置上。在主语类的零代词中统计了 S1—S3 以及 S5、SP 位置的具体数量。我们看到，与零代词

在主语位置的总数相比，这些位置的零代词在三种语篇中都很少，只有学术语篇 S2 位置的零代词相对于其他的语篇及其他的特殊主语位置来说，要多出很多，这可能还是与学术语篇常需要做出判断而导致判断句使用量的增加有关。在三种语篇中，宾语类位置的零代词，除了有少数几例出现在间接宾语和直接宾语之外，其余均出现在普通宾语位置。在 O1—O3 ["有"之后的宾语、"是"之后的宾语、其他存现动词之后的宾语]、O6 ["把"、"将"、"连"引出的 NP]这几种特殊的宾语位置上均无零代词的使用。旁语位置的零代词，除了叙事语篇中出现了 3 例之外，另外两类语篇中均无此类零代词的使用。

第二节　零形回指的位置关系

基于语料数据分析和表 5 - 4 的归纳，我们发现，零形回指的先行语和回指语在句法位置上构成多种关系，我们对每一项关系的位置进行描述和示例如下。符号说明：T = 主题，SM = 主语的修饰语，S = 主语，O = 宾语，OM = 宾语的修饰语，OBL = 旁语，各表示先行语、间隔指称语及零回指所在的句法位置。下划线的为先行语，Ø 表示要讨论的零指形式，Øw 表示无确定指称对象的零形式，Øs 表示指称说话人自己的零形式。在出现两个或两个以上不同的"先行语—回指语"关系时，以下标相同的数字表示同指关系，弧线表示回指关系。

一　"主题—主题"位置关系的零形回指

这是先行语和回指语都在主题位置的零形回指，包括反指在内，共有以下两种情况：

1. T，　　T S

（1）岛上的人，Ø 心中都为此事有点紧张，Ø 头顶上像似要

打雷。　　　　　　　　　　　　　　　　　《报复》

（2）香港歌星的歌声，Ø声音软，Ø吐字硬，Ø舌头大，Ø
　　　嗓子细。Ø听起来Ø总叫人₁，Ø₁禁不住一笑。

　　　　　　　　　　　　　　　　　　　　　《夜的眼》

2. TS(O/OBL/S)T S

（3）他们虽然年岁老了，但Ø精神不老，这是可喜的事情。
　　　《敬老会上尽开怀》

（4）小女孩子们也都换上绿衣，红裤子，Ø辫子上插着香
　　　艾，Ø耳唇上抹着雄黄，Ø穿着新绣的老虎鞋，……

　　　　　　　　　　　　　　　　　　　　　《报复》

（5）他很瘦，Ø皮肤将颧骨、面颊包得紧紧的，以至Ø眼睛
　　　有些突了出来。Ø倒是没有皱纹，……　《小饭店》

（6）（她）头发₁还浸在河水里Ø₁一飘一散的，Ø两臂死死
　　　抱住一扇竹门。

　　　　　　　　　　　　　　　　　　　　　《卖酒女》

（7）目前Ø造船速度居世界最前列的日本，Ø建造万吨级货
　　　轮平均最短的船台周期也需要三个月。　（反指）

　　　　　　　　　　　　　　　　　　《第一艘万吨巨轮下水》

　　以上例句中的画线成分和灰色背影中的零代词之间均构成"主
题—主题"位置关系的零形回指，共分为两类。第一种类型是在先行
语和回指语之间没有其他的指称成分，第二种类型是在先行语和回指
语之间有其他指称成分间隔。例句（1）和（2）是第一种，在语料
中共有11例，先行语和零代词之间的关系很直接，没有其他的指称
词语间隔。例句（3）—（7）是第二种，都有指称词语间隔，在语
料中共有43例，分几种情况。例句（3）的先行语和回指语之间有一
个指称词语"年岁"，该间隔词语出现在主语位置。例句（4）的先
行语和回指语之间有两个其他的指称词语"辫子"和"香艾"，分别

出现在主语和宾语位置。例句（5）的先行语和回指语之间也有两个其他的指称词语"皮肤"和"颧骨、面颊"，分别出现在主语和旁语位置。例句（6）的情况复杂，先行语和回指语之间夹杂了其他的小句，出现了"头发"、"河水"和小句"$\emptyset_1$一飘一散的"三个间隔成分。例句（7）是"主题—主题"位置关系的反指。在本研究中，这种位置关系的反指只有 1 例。零代词出现在所指对象的前面，其间有"造船速度"和"世界最前列"两个指称词语间隔，分别出现在主语和宾语位置。

二　"主题—主语"位置关系的零形回指

这是先行语出现在主题位置，回指语在主语位置的零形回指，包括反指在内，共有以下几种情况：

3. T　　　S

（8）这种新型汽车的优良性能，Ø 首先是由它的发动机的性能决定的。

　　　　　　　　　　　　　《"解放"牌汽车试制出来》

（9）Ø 不能这样做的人，Ø 就是自暴自弃。（反指）

　　　　　　《孟子道德学说的美德伦理特征及其现代省思》

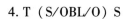

4. T（S/OBL/O）S

（10）当地群众在军管会工作组帮助下，Ø 最近创办了第一所小学，……

　　　　　　　　　　　《西藏少年儿童开始了自由欢乐的新生活》

（11）现在的小孩学习压力太大，Ø 没有时间运动，六年级就有一半孩子近视。

　　　　　　　　　　　《国产动漫，为了什么"奔跑"》

（12）中国对外文化集团公司与上海文广传媒集团共同打造

的多媒体梦幻剧《时空之旅》，Ø 演出场地在远离市中心的上海闸北区，Ø 但仍然保持着80%以上的上座率。　　　　　　　　　　　　　《青山春色 气象万千》

（13）它眼睛里只有光$_1$，一种很柔和很绵软的带着茸毛的亮光$_1$，Ø$_1$朝屠夫忽闪几下，Ø 转身走开，Ø 一直走出林带，Ø 走向青草地。　　　　　　《美丽奴羊》

（14）Ø 生活在新时代的老人，Ø 都不服老，Ø 都想在社会主义和共产主义事业中多显身手。　（反指）

《敬老会上尽开怀》

（15）其旗下 Ø 专业生产彪马用品的湘威运动用品有限公司，Ø 已从广东东莞转移到了这里。　（反指）

《产业承接布新局》

（16）Ø 把企业导师作为主导师，学校导师作为副导师，Ø 从事的课题和论文也都是经过选择认定、企业急需解决的最关键技术问题。宝钢、上汽等5 家企业已成为首批上海研究生联合培养基地。　（反指）

《上海城市创新的突破口》

以上例句中的画线成分和灰色背影中的零代词之间构成"主题—主语"位置关系的零形回指，根据本研究第四章的划分标准也有两种类型。一种是例（8）和（9）所示的在主题和后续句之间出现了标点符号间隔的句子，也包括其间插入了其他成分但不影响原结构关系的句子，如例（10）。另外一种是例（11）所示的先行语出现在前一句或者前一小句，回指语出现在后一句或小句的情况。以上第一种类型的符号表示先行语和回指语之间没有其他的指称成分，第二种类型的符号表示先行语和回指语之间有其他指称成分间隔。例句（8）和（9）属于第一种类型，在语料中共有 505 例（其中，反指 10 例），数据检索的形式分别为 dnp = 1，dnp = -1 。例句（10）—（16）都有指称词语间隔，在语料中共有 217 例（其中，反指 35 例），分几种情况。例句（10）的先行语和回指语之间有一个指称词语"军管会工作组"，该间隔词语出现在旁语位置。例句（11）的先行语和回指语之间也有一个指称词语"学习压力"，但出现在主语位置。例句（12）的先行语和回指语之间有三个指称词语"演出场地"、"市中心"和"上海闸北区"，分别出现在主语、旁语和宾语位置。例句（13）的情况更为复杂，在先行语"它"和回指语所在的小句"Ø转身走开"之间不仅有其他的指称成分，还夹杂了其他的小句，出现了"光"、"亮光"和小句"Ø₁朝屠夫忽闪几下"三个间隔成分。

例句（14）—（16）是"主题—主语"位置关系中带有指称成分间隔的反指用法。例（14）"Ø生活在新时代"结构中的零代词回指后面出现的"老人"。两者之间以"的"构成结构关系，间隔成分是出现在旁语位置的"新时代"。例（15）"Ø专业生产彪马用品"小句结构中的零代词回指后面出现的"<u>湘威运动用品有限公司</u>"。两者之间也是以"的"构成结构关系，间隔指称成分是出现在宾语位置的"彪马用品"。例（16）"Ø把企业导师作为主导师，学校导师作为副导师"，小句结构中的零代词回指后面出现的"<u>Ø</u>"（指的是其下一句主语位置出现的"宝钢、上汽等5家企业"）。两者之间有四个间隔成分，出现在"把"字结构和旁语位置。

三　"主题—宾语"位置关系的零形回指

这是先行语在主题位置，回指语在宾语位置的零形回指。这一位置关系没有反指，共有以下几种形式。一种是在先行语和回指语之间只有一个间隔成分，出现在主语位置，如例（17），这一种共有42例。另外一种是在先行语和回指语之间出现小句间隔，共有9例，如例（18）和（19），前一个例句的小句间隔是一个并列句，后一例句的小句间隔是一个从句：

5. T S（O/S）O

（17）凡是<u>沿海地区拥有的政策</u>$_1$，嘉禾都全面对接 Ø$_1$；凡是<u>企业在沿海地区能够享受的服务</u>$_2$，嘉禾都尽力提供 Ø$_2$。　　　　　　　　　　《产业承接布新局》

（18）<u>其中有关政策措施</u>，衡阳市、永州市$_1$可以结合实际情况，Ø$_1$参照执行 Ø。　　　《产业承接布新局》

（19）则<u>《伊尹论九主》</u>，西汉末刘向$_1$校书时 Ø$_1$尚见到 Ø。

《长沙马王堆三号汉墓出土帛书简介》

四　"主题—旁语"位置关系的零形回指

这是先行语在主题位置，回指语在旁语位置的零形回指。这一位置关系只有 1 例，在主语位置有一个间隔成分：

6. T　S　OBL

（20）<u>二姑姑家</u>我只于年小时去过 Ø 一次。　　《竹山房》

五　"主语属格语—主题"位置关系的零形回指

这一位置关系的零形回指共有 2 例。在主语以及宾语位置有间隔成分，例如：

7. SM　S（O）T

（21）<u>四大娘</u>的脸色立刻变了，Ø 一句话没说，提了水桶就回家去，……《春蚕》

六　"主语属格语—主语属格语"位置关系的零形回指

我们将这一位置关系与上述主语属格语—主题位置关系进行区分

的原因是，我们发现，在同样是主语属格语为先行语的时候，有一种情况是回指语后面的表达成分较为独立，在回指语和后续成分之间不能加"的"或者可以不加"的"，如上例。有一种必须加"的"，以符合语法。鉴于这一差别，我们将前一种的回指语位置定为主题，后一种的定为主语属格语。

　　主语属格语—主语属格语位置关系的零形回指有 10 例，一种是在先行语和回指语之间间隔一个主语，如例（22）中的"皮肤"。另外一种是间隔主语 + 宾语，如例（23）中的"心里"和"这样的盘算"。还有间隔了一个主语和一个小句的，如例（24）：

8. SM　S（O/SO）SM

（22）她们的皮肤也已经养白得差不多了，Ø 指甲修尖了。不过 Ø 要比她们的老板娘，Ø 还要加几把劲。

　　　　　　　　　　　　　　　　　　　　　　　　《小饭店》

（23）她们那快乐的心里便时时闪过了这样的盘算：Ø 夹衣和夏衣都在当铺里，这可先得赎出来；Ø 过端阳节 Ø 也许可以吃一条黄鱼。　　　　　　　　　　　　《春蚕》

（24）他的左耳朵动了两动——这是他要发表高见的预兆。Ø 嘴咧到耳朵边，"哈哈！"　　　　　　　　《报复》

七　"主语属格语—主语"位置关系的零形回指

　　这一位置关系的零形回指共有 52 例，其中有 13 例反指用法。一种是在先行语和回指语之间间隔一个主语，共有 29 例，如例（25）中的"结构"。另外一种是间隔主语 + 旁语，如例（26）中的"酒壶"和"桌子"，或者主语 + 宾语及同位语，如例（27）的"书体"、"篆书、隶书"和"介于二者之间的"，共有 10 例。主语属格语—主语位置关系的反指情况不少，一种是在先行语和零指代之间没有其他的间隔成分，如例（28），一种是间隔了宾语位置的成分，如例（29）中的"这"，另外是出现在前置定语从句中的零代词反指，间隔成分也是在宾语位置，如例（30）：

9. SM（SO/OBL）S

（25）这种汽车的结构坚固耐用，并且Ø便于维护和保养。

《"解放"牌汽车试制出来》

（26）刘五的酒壶在桌子上一摔，Ø喊声"再来二两"。

《报复》

（27）帛书的书体有篆书、隶书，或是介于二者之间的。Ø从书体特点来看，Ø并非出于一人之手，Ø在时间上也有早晚之分。

《长沙马王堆三号汉墓出土帛书简介》

（28）虽然Ø在这半个月来也是半饱而且Ø少睡，Ø也瘦了许多了，他的精神可还是很饱满。　（反指）

《春蚕》

（29）Ø记起这，刀含梦的心就不由地跳荡起来。　（反指）

《卖酒女》

（30）Ø从事思想政治教育教学和研究的教师、学生的数量也达到了相当规模。(反指)

《探析思想政治教育学科发展的新趋势》

八　"主语—主题"位置关系的零形回指

该位置关系的零形回指共有 130 例。一种是在先行语和回指语之间没有指称词语间隔，共有 44 例，如例（31）。其余的都有间隔成分。最常见的是间隔宾语或旁语，有 72 例，如例（32）中的"超白玻璃等新产品"。也有间隔宾语＋旁语、旁语＋宾语以及小句的，如例（33）的旁语"博士点"和宾语"教学研究"，例（34）的前置定语小句"枝头结满果实"和主句的宾语"苹果园"，共有 14 例。反指的用法很少，共有 2 例。一种是间隔了主语，如例（35）中的"啤酒"，一种是间隔了主语和宾语位置的成分，如例（36）中的"课题和论文"和"关键技术问题"：

10. S,　　T

(31) <u>他们</u>都有些心不在焉，Ø 心思不是全在牌上。　　《小饭店》

11. S（O/OBL/S）T

(32) 这是中国第一家玻璃企业，Ø 有 105 年历史，Ø 近年来通过自主研发超白玻璃等新产品，Ø 销售稳定增长。

《关键时期不能松劲》

(33)（<u>有的教师</u>）同时在几个博士点上从事教学研究，Ø 研究方向也不够清晰，Ø 缺乏长期稳定的思想政治教育研究方向……

《探析思想政治教育学科发展的新趋势》

(34) <u>战士们</u>路过枝头结满果实的苹果园，Ø 一个苹果也不摘；Ø 在枣树下休息，Ø 一颗枣也不拿。

《昔日战辽西 遵纪爱民传佳话，今日驻辽西 艰苦奋斗续新篇》

(35) <u>这</u>又不是那种思想解放式的开放，而 Ø 是有些破罐子破摔似的。从随地撒尿这事上，Øw 最能看出这一点。Ø <u>啤酒</u>再喝多些，<u>他们</u>就要闹事了。Ø 先是用家乡话相骂，Ø 骂到后来 Ø 就动手。　　（反指）

《小饭店》

(36) Ø 从事的<u>课题和论文</u>也都是经过选择认定、企业急需

解决的最关键技术问题。宝钢、上汽等5家企业已成
为首批上海研究生联合培养基地。(反指)

《上海城市创新的突破口》

九 "主语—主语"位置关系的零形回指

该位置关系的零形回指在语料中最多,共有4476例。第一种是在
先行语和回指语之间没有指称词语间隔,共有1151例(其中包括33例
反指),如例(37)和(38),例(38)是反指。第二种是在先行语和
回指语之间有一个指称词语间隔,共有2621例(其中包括117例反
指),指称词语间隔出现在宾语或者旁语位置,如例(39)中的间隔成
分"鲜花和红旗"出现在宾语位置,例(40)中的间隔成分"任务"
出现在旁语位置。第三种是在先行语和回指语之间有多个指称词语间隔
以及小句间隔,共有704例(其中包括35例反指)。例(41)的先行
语和零回指之间有三个间隔成分,出现在旁语位置的"北京"、"能源
汽车发展"和出现在宾语位置的"专题调研"。例(42)的先行语"时
代的发展"和零回指之间不仅有宾语位置的间隔成分,还有两个小句
间隔。例(43)是反指,间隔成分也很复杂,在"$\varnothing_1$"和"温家宝$_1$"
之间的间隔成分有一个宾语和一个从属句:

12. S，　　S

(37) 几百个科学工作者欢聚在一起,$\varnothing$ 围着灯光闪烁的枞
　　　树,$\varnothing$ 翩翩起舞。

《1957年的第一小时》

(38)(所有的山所有的云)都让我 $\varnothing$ 联想起了熟悉的人。
　　　我就朝着它们呼唤他们的绰号。所以 $\varnothing_1$ 尽管走了一
　　　天,可我$_1$一点也不累。(反指)

《十八岁出门远行》

13. SO（OBL/S/O）S

（39）<u>人们</u>挥舞着鲜花和红旗，Ø 鸣锣击鼓，Ø 燃放鞭炮。

《首都 20 万人欢迎凯旋英雄》

（40）<u>大家</u>认为：按任务来说，Ø 做到准确的气象预报，Ø 已经完成了应负的责任。

《我们能呼风唤雨——记吉林省试验人工造雨经过》

（41）中共中央政治局常委、全国政协主席<u>贾庆林</u>22 日在北京就新能源汽车发展进行专题调研时 Ø 强调，Øw 要深入贯彻落实科学发展观，……

《大力推动新能源汽车跨越式发展　为保持经济平稳较快发展贡献力量》

（42）<u>时代的发展</u>$_1$不仅迫切要求<u>我们</u>$_2$，Ø$_2$持之以恒地学习马列主义、毛泽东思想，Ø$_2$深刻领会邓小平理论、"三个代表"重要思想以及科学发展观等重大战略思想，而且 Ø$_1$迫切要求<u>我们</u>$_3$，Ø$_3$不断学习 Ø$_3$做好各项工作必需必备的各种知识和业务技能，……

《广东倡议领导干部"以书为师"》

（43）研发室里，科研人员正埋头工作。Ø$_1$看到<u>一位科技人员</u>$_2$，Ø$_2$正在测试传感器，<u>温家宝</u>$_1$说，这是最重要的<u>部件</u>$_3$，Øw 一定要做到人无我有 Ø$_3$，人有 Ø$_3$我优。

（反指）《让经济发展更具有可持续性和竞争力》

十　"主语—宾语"位置关系的零形回指

该位置关系的零形回指共有 36 例，在先行语和回指语之间都有指称词语间隔，而且在主语位置一定有一个指称词语间隔。有一个间隔成分且出现在主语位置的有 12 例，如例（44）中的"他"。有两个或者两个以上间隔成分的 24 例。分两种情况，一种是在先行语和回指语之间有宾语或者旁语位置的间隔成分和主语位置的间隔成分，另一种是除了这些间隔成分之外，还有小句及其成分构成的间隔，如例（45）中除了宾语位置的间隔成分"词组"、旁语位置的"语言学界"和主语位置的"有人"之外，还有前置定语小句"两个词构成的"作为间隔成分。在例（46）中，除了宾语位置的"火车"、旁语位置上的"北京"，还有一个很长的主句"中共中央副主席，全国人民政协主席，国务院总理周恩来和中央机关在北京的所有负责人$_2$都到车站"以及零回指所在的句子的主语构成间隔成分：

14. S（O/OBL/S）SO

（44）洋钱，Ø 也是洋，他倒又要 Ø 了！　　　　《春蚕》

（45）这到底是一个词Ø还是两个词构成的一个词组呢？在语言学界中曾经有人讨论过 Ø。

《试论成词的客观法则》

（46）当光荣的<u>中国人民志愿军代表团</u>$_1$乘火车到达北京的时候，中共中央副主席，全国人民政协主席，国务院总理周恩来和中央机关在北京的所有负责人$_2$都到车站Ø$_2$欢迎 Ø$_1$。　　　《首都 20 万人欢迎凯旋英雄》

十一　"主语—旁语"位置关系的零形回指

这一位置关系的零形回指只有 1 例，间隔了两个指称成分（dnp = 3）。如下所例，在先行语"他的驾驶室里"和"Ø$_2$"之间有一个先行语所在的小句的宾语和回指语所在的小句的主语构成间隔成分。

15. S　O　S　OBL

（47）箩筐里装的肯定是<u>水果</u>$_1$。当然最好是香蕉。我想他的驾驶室里$_2$应该也有$\emptyset_1$，那么我$_3$一坐进$\emptyset_2$去$\emptyset_3$就可以拿起$\emptyset_1$来$\emptyset_3$吃$\emptyset_1$了。《十八岁出门远行》

十二　"宾语—主题"位置关系的零形回指

这一位置关系的零形回指共 11 例，很单一。在先行语和回指语之间没有其他指称词语间隔。例如：

16. S O,　T

（48）这座古墓埋葬女尸一具，$\emptyset$ 外形基本完整。

《一座两千一百多年以前的汉墓在长沙市郊出土》

十三　"宾语—主语"位置关系的零形回指

这一位置关系的零形回指共 645 例，分为两种情况。一种是先行语和回指语之间没有其他的间隔成分，这一种数量占绝大多数，共有584 例（其中包括反指 3 例，dnp = − 1）。如例（49）和（50）。例（49）的先行语和零回指之间有标点符号相隔，例（50）的先行语和零回指之间没有标点符号，零形指代出现在紧接着的补充结构的主语位置。

另外一种是先行语和回指之间有指称词语以及小句间隔。共有61例（包括反指 23 例）。例（51）的先行语和零回指之间间隔了一个旁语成分。例（52）则间隔了两个旁语成分，"口语表达"和"思维的连续性"。例（53）是反指，在"$\emptyset_1$"和"江根田$_1$"之间也间隔了一个旁语位置的成分"跟前"。例（54）和（55）一个是回指，一个是反指，都有指称词语间隔和小句间隔。其中，例（54）的先行语"高烧"和它的零指代"$\emptyset_1$"之间有四个小句间隔。例（55）是反指，在"$\emptyset_1$"和"优秀农村题材影片$_1$"之间不仅间隔了宾语"农

村面貌、农民命运、乡俗民风等"，而且间隔了一个前置定语小句
"农民喜闻乐见"。构成复杂的回指间隔成分：

17. S　O　S

(49) 老陈老爷见过洋鬼子：Ø 红眉毛，Ø 绿眼睛，Ø 走路
　　　时两条腿是直的。《春蚕》

(50) 她来不及 Ø 去拿灭火器，Ø 就奋不顾身扑向烈火，Ø
　　　用双手阻止酒精$_1$Ø$_1$流向金属钠。　　　　《向秀丽》

18. S　OOBL/O（SO）S

(51) 《文言常用八百字通释》收"把"作动词，Ø 意为
　　　"拿"，"捏"，"抓"。
　　　　　　　　　　　　　《是无动把字句还是一种行事句》

(52) 这也就使许多英语初学者特别是在口语表达中，由于
　　　思维的连续性，Ø 来不及做过多的思考，Ø 经常忽略
　　　冠词。　　　　　　《浅谈母语对英语学习的影响》

(53) 三名老师傅面对 Ø$_1$站在跟前的江根田$_1$，Ø 一问一答地
　　　考了 Ø$_1$近两个小时。(反指)　　　《厂长当徒工》

(54) 然而伤口红肿化脓了，Ø 不久转为高烧$_1$，Ø$_s$吃了很
　　　多药$_2$Ø$_2$都不顶用，Ø$_s$只好住进医院 Ø$_s$吊盐水针，Ø$_1$
　　　还差一点就变成了急性肾炎什么的，我算是领教了它
　　　的厉害了！　　　　　　　　　《索债者》

(55) 长影以高定位、高起点、高标准的要求，Ø 制定了
　　　《长影农村题材电影创作基地建设规划》，Ø 决心拍摄
　　　出一批 Ø$_1$反映当下农村面貌、农民命运、乡俗民风等
　　　健康向上、农民喜闻乐见的优秀农村题材影片$_1$，Ø 提
　　　出了力争用 5 年左右时间 Ø 实现年产 100 部胶片电影

和数字电影的目标。(反指)

《"长影"突围,不走寻常路》

十四　"宾语—宾语"位置关系的零形回指

该位置关系的零形回指共有 180 例,都在主语位置上有指称词语间隔。其中,只有一个指称词语间隔且出现在主语位置上的有 99 例。间隔了主语和旁语的有 45 例。具有三个或三个以上指称间隔的 36 例。这种位置关系没有出现反指。例(56)的先行语和零回指之间有一个主语位置上的间隔成分"屠夫"。例(57)的先行语和零回指之间有两个指称间隔,一个是旁语位置上的"头上",一个是在主语位置上回指"人们"的"Ø",该例句后面的两个小句中的"Ø₁"之间也构成"宾语—宾语"位置的零形回指,之间的间隔成分"怀里"也是在旁语位置。例(58)的间隔成分很复杂,先行语"一样素菜₁"和第一个零回指"Ø₁"之间有好几个小句形成间隔成分,该例的两个"Ø₁"之间也构成"宾语—宾语"位置的零形回指,其间也间隔了好几个小句及其中的多个指称成分:

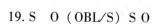

19. S　O (OBL/S)　S O

(56)　羊身上像有一道尼龙拉链₁,屠夫一拉 Ø₁ Ø₁ 就开了。

《美丽奴羊》

(57)　人们把这些物品₁顶到头上,Ø 捧Ø₁在怀里,Ø 长久地抚摸着 Ø₁,……

《我边防部队撤出军事要塞西山口情形》

(58)　等在你身后的一名顾客却提醒你道:你还可以要一样素菜₁呢,因为 Ø 至少是一荤两素。于是你便向那小姐交涉。这时候,这小姐突然间变得滔滔不绝,她呱呱呱,Ø 一连气地说着,意思是,你自己没要 Ø₁,我明明告诉过你，五块钱一荤两素，六块钱两荤一素，七块钱两荤两素，你自己放弃了 $\emptyset_1$，我也不能硬塞给你 $\emptyset_1$，你少要了 $\emptyset_1$ $\emptyset$ 也不退钱的。　　　《小饭店》

十五　"宾语—旁语"位置关系的零形回指

该位置关系的零形回指只有 1 例。在先行语"羊"和零回指"$\emptyset$"之间，隔了一个小句"他₁掂着刀子"和指称成分"$\emptyset_1$"，如下所示：

20. S O　SO S OBL

（59）在很短的时间里，他的瞳光就把羊里里外外摸个遍，等他₁掂着刀子 $\emptyset_1$ 闯进 $\emptyset$ 去，$\emptyset_1$ 就像进自己的家，$\emptyset_1$ 熟门熟路，$\emptyset_1$ 连弯都不打，……　　　《美丽奴羊》

十六　"宾语的属格语—主语"位置关系的零形回指

该位置关系的零形回指只有 5 例（其中 1 例为反指）。都在先行语和零回指之间的宾语位置上有间隔指称成分。例（60）的先行语"陈老爷家"和零回指之间有一个宾语位置上的间隔成分"金元宝横财"。例（61）是反指，在"$\emptyset$"和"陈德山"之间也有一个出现在宾语位置的间隔成分"音乐工作"：

21. S OM　O S

（60）阎罗王追还"陈老爷家"的金元宝横财，$\emptyset$ 所以败得这么快。　　　《春蚕》

（61）这是 $\emptyset$ 从事音乐工作二十多年的陈德山的第三个儿

子，他要把他们都培养成优秀的音乐家。　　（反指）

《1957 年的第一小时》

十七　"宾语的属格语—宾语"位置关系的零形回指

该位置关系的零形回指仅有 1 例，如下所示。在先行语"工业$_1$"和零回指"Ø$_1$"之间间隔了宾语位置上的"群众运动"和后续主语位置上出现的"省"：

22. S OM O S O

（62）江西省在全省范围内发动了全党全民 Ø 办工业$_1$的群众运动。省办 Ø$_1$，专区办 Ø$_1$，县办 Ø$_1$，社也办 Ø$_1$。

《江西一年间》

十八　"旁语—主题"位置关系的零形回指

该位置关系的零形回指也仅有 1 例。在旁语位置的先行语"白膏泥"和后续主题位置的零回指"Ø"之间没有指称成分间隔，只是在后续句的主语位置上有一个指称成分，如下所示：

23. S　OBL　T　S

（63）木炭外面又用白膏泥填塞封固，Ø 厚度 60 至 130 厘米。

《一座两千一百多年以前的汉墓在长沙市郊出土》

十九　"旁语—主语"位置关系的零形回指

该位置关系的零形回指共有 16 例（包括 7 例反指）。其中，先行

语和回指语之间无指称词语间隔的共 7 例（含 1 例反指），其余 9 例
（含 6 例反指）均在先行语和回指语之间有一个或一个以上指称成分
间隔。例（64）有两处先行语在旁语位置的零形回指，一个是"100
天$_1$"和"Ø$_1$"，另外一个是"274 天$_2$"和"Ø$_2$"，先行语和零回指
之间没有其他指称成分间隔。例（65）的先行语"这些穷孩子"在
旁语位置，零形指代在后续句的主语位置，其间相隔了一个宾语位置
上的指称成分。例（66）和（67）都是反指。先行语都是大结构中
的旁语，零回指都是小结构中的主语，例（66）的"清洁生产项目"
和"Ø"，构成反指，回指语在前置定语从句"Ø 需要较大的投资和
较长的时间 Ø 才能完成"的主语位置。例（67）的"人们"和"Ø"
构成反指，回指语在前置定语从句"Ø 身感宗教需要并 Ø 了解群众宗
教需要"的主语位置。如下所示：

24. S　OBL　O　S

（64）北京空气达标天数从 1998 年的$\underline{100\ \text{天}_1}$、Ø$_1$占全年的
　　　27.4%，Ø 增加到 2008 年的$\underline{274\ \text{天}_2}$、Ø$_2$占 74.9%，
　　　10 年增长了 47 个百分点。《奥运绿荫长留北京》

（65）那时上学对这些穷孩子来说只不过是梦想，Ø 即使勉
　　　强能上学，Ø 又会遭到反动政权和头人的迫害。
　　　　　　　　　　　　《西藏少年儿童开始了自由欢乐的新生活》

（66）北京制定了《北京市支持清洁生产资金使用办法》，
　　　对 Ø 需要较大的投资和较长的时间 Ø 才能完成的清洁
　　　生产项目，最高补助额度可达 3000 万元。（反指）
　　　　　　　　　　　　　　　　　　《奥运绿荫长留北京》

（67）恩格斯说："宗教是由 Ø 身感宗教需要并 Ø 了解群众
　　　宗教需要的人们所建立的。"（反指）
　　　　　　　　　　　　　　　　《原始佛教的历史起源问题》

二十 "旁语—宾语"位置关系的零形回指

该位置关系的零形回指共有 6 例，均有指称词语间隔。其中 4 例的先行语和回指语之间有一个指称词语间隔，其余 2 例有两个或两个以上指称成分间隔。例（68）的先行语"小宝的'和尚头$_2$'"在前一小句的旁语位置，"Ø$_2$"在后续小句的宾语位置，其间相隔了一个主语位置上的指称成分。例（69）的情况更复杂一些，先行语"邮局麻袋$_2$"出现在小句"桥本光治将中国人装入邮局麻袋$_2$"的旁语位置，其指代成分"Ø$_2$"出现在间隔了两句之后的小句的宾语位置，其间相隔了两个小句和一个主语位置上的指称成分。如下所示：

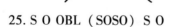

25. S O OBL（SOSO）S O

（68）他$_1$把手放在小宝的"和尚头$_2$"上，Ø$_1$摸着 Ø$_2$。

（《春蚕》）

（69）原告与被告争论的焦点，Ø 是东史郎日记中记载的其上司桥本光治$_1$将中国人装入邮局麻袋$_2$，Ø$_1$浇上汽油，Ø$_1$捆上手榴弹，Ø$_1$点着 Ø$_2$后 Ø$_1$扔 Ø$_2$进水塘的事实是否存在。　　　　　　　　《历史事实 铁证如山》

本次的语料调查中没有发现"主语的属格语—宾语"位置关系的零形回指。Jiang（2004）曾发现一例。这说明该位置关系的零形回指极为罕见。Jiang 的例子如下：

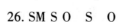

26. SM S O　S O

（70）菜园子的事情以前归父亲和哥哥管理，他只知道吃黄瓜，……才不管猪呀羊呀进来 Ø 不进来 Ø 呢！

（Jiang，2004：73）

　　Jiang（2004）的语料中没有发现"主题—旁语"、"主语—旁语"、"宾语—旁语"位置的零形回指，本研究的语料中各有 1 例。Jiang（2004）也没有"主语属格语—主题"位置的零形回指，本研究有 2 例。Jiang（2004）的语料中，宾语属格语位置的先行语仅在后续主语位置以零形式回指，本研究的语料中还找到了 1 例"宾语属格语—宾语"位置关系的零形回指。在 Jiang 的语料中，旁语位置的先行语仅在后续宾语位置以零形式回指，本研究的语料中除了后续宾语位置之外，还有 1 例"旁语—主题"和 16 例"旁语—主语"位置关系的零形回指。因此，本研究语料数量的扩大，有利于获得更多未知的零形回指位置关系。

　　在本研究的各种位置关系中，比较出格的有两类。一类是先行语出现在宾语属格语或旁语位置的零形回指。我们知道，这些位置在语篇表达中都是很不凸显的，这些位置上的指称成分在语篇表达中成为零形回指的先行语，可能性非常小。另一类出格的零形回指是零代词出现在旁语位置。这在我们的语料中数量很少，共有 3 例。其先行语分别出现在主题、主语和"把"/"将"/"连"引入的 NP 的位置上。这些先行语位置在语篇表达中是比较凸显的位置，说明零形回指在旁语位置的使用，至少其先行语要足够突出。

第三节　零形回指的位置关系等级体系

　　从以上先行语和零代词构成的句法位置关系看，主题位置的先行语可以在后续的主题、主语、宾语和旁语位置以零代词回指；主语属格语位置的先行语可以在后续的主题、主语属格语、主语位置以零形式回指；主语位置先行语可以在后续主题、主语、宾语、旁语位置以零形式回指；宾语位置的先行语可以在后续主题、主语、宾语、旁语位置以零形式回指；宾语修饰语位置的先行语在后续主语、宾语位置以零形式回指；旁语位置的先行语在后续主题、主语、宾语位置以零形式回指。

　　无论从单个的数量，还是位置关系的数量看，汉语的零形回指中最突出的先行语总是 S，最突出的位置关系是 S—S 位置关系，相对地，回指 T 的零代词数量反而不明显。初看起来，似乎主语明显是排第一位的先行语。但是，如果我们看一下先行语环境中的其他成分，则可以发现，很多情况下先行语环境中并没有 T 位置上的指称成分，因此，要考察 T 和 S 的回指频率高低，不能仅看绝对数量，必须在先行语环境中同时具有这两个位置上的词语的那部分语料中进行考察。为此，我们对这一部分语料进行了分析比较，发现在先行语环境中同时具有 T 和 S 时，回指 T 的零代词多于回指 S 位置上的指称成分（见表 6 - 3，粗体中的成分为先行语的位置，下同）：

表 6 - 3　　　　　　先行语环境中有 T 和 S 时的零形回指

先行语环境	ZA 位置	数量	先行语环境	ZA 位置	数量
T S	T	43	**T S**	S	133
T S	S	149	**T S**	O	4
T S	O	51			
T S	OBL	1			
小计		244	小计		137
总计		381			

　　表 6 - 3 显示，在我们的零形回指语料中，有 381 例在先行语环境中同时具有 T 和 S 位置的指称成分。其中，回指 T 的零代词有 244 例，占 64%，分别出现在主题、主语、宾语和旁语位置。回指 S 的零代词有 137 例，占 36%，出现在主语或宾语位置。这一比例虽然没有 Jiang（2004）的比例高（分别是 83.1% 和 16.9%），但仍然可以说明，在同等语境中，零代词回指 T 的可能性远高于回指 S。

　　不仅如此，上述语料中还有一个值得注意的情况。那就是，在 S 担任先行语的语料中还有很多以下情况：

（71）<u>岛上的女人孩子</u>，Ø 一群群的跑到海岸。Ø 提高了风灯，Ø 向海上乱叫，又是一片的喊声、哭声与涛声。

（《报复》）

在上例中，第 2 个"Ø"回指前面主语位置的先行语"Ø"，没有直接回指主题"岛上的女人孩子"，这看来不错。但关键是"<u>岛上的女人孩子</u>，Ø"内部的关系，这里的"Ø"直接回指了主题位置上的"<u>岛上的女人孩子</u>"。在这类例子中，先行语环境中的主题与主语其实已经不再构成竞争关系，而是互指关系。在研究设计中，我们提到，关于这类主题的回指关系算法，本研究做了一点调整，根据一些学者的做法而采取了目前的这种标注方式，这是与 Jiang（2004）所不同的处理方式，也是产生以上数据中回指主语的零代词数量上升的原因。经过核对语料，我们发现，这种回指主语的零代词共有 112 例（包括 1 例零代词在宾语位置的回指）。这个数量还不小。将这些数量去掉，那么，我们看到，在先行语环境中出现主题和主语同时竞争先行语地位的情况下，回指主语的只剩下 26 例。这样一来，主题位置的指称对象具有担任先行语的绝对优势是确定无疑的事实。

其次，在语料收集过程中我们反复注意到，主语的属格语也是与主语形成强竞争关系的先行语位置。因此，也有必要比较这两个位置上的指称成分担任先行语的情况。虽然我们在表 5－4 的数据中看到，主语属格语担任先行语的数量远不及主语，但我们还是要把两者放在同等条件下进行比较，即必须在先行语环境中均有这两个位置上的词语的语料中进行比较。分析这一部分语料，我们看到，在同等语境中，回指 SM 的零代词多于回指 S：

表 6－4　　　　先行语环境中有 SM 和 S 时的零形回指

先行语环境	ZA 位置	数量	先行语环境	ZA 位置	数量
SM S	SM	10	SM **S**	T	1
SM S	S	52	SM **S**	S	46
SM S	T	2	SM **S**	O	1

续表

先行语环境	ZA 位置	数量	先行语环境	ZA 位置	数量
小计		64	小计		48
总计			112		

表 6-4 显示，当先行语环境中的 SM 和 S 位置上均有指称对象竞争先行语地位的时候，回指 SM 的零代词高于回指 S 的零代词。回指 SM 的零代词有 64 例，占 57%，分别出现在主语属格语、主语、主题位置，回指 S 的零代词有 48 例，占 43%，分别出现在主题、主语、宾语位置。说明在同等语境中，SM 位置上的指称对象比 S 位置上的指称对象更有可能成为零形回指的先行语。

我们还注意到，存现动词所引导的指称对象经常成为零形回指的先行语。这一位置上的指称对象的主题性和高可及性在许余龙（1995，2004，2007 等）的研究中引起了多次讨论，并得到了语料的支持。在本研究中，虽然先行语为 O 的零形回指总体数量不多，但我们发现，其中有很多是存现句引入的宾语。一般来说，在先行语环境中均有主语和宾语竞争先行语地位的时候，不难推断主语的强大优势，然而，在主语与存现动词引入的宾语之间何者更强，还难以确定。这方面的比较也未曾有过。为此，我们决定对先行语环境中同时具有这两者的语料进行比较，即实际上是比较该类句子的主语和宾语何者更优先地担任零形回指的先行语。通过统计，我们获得了以下数据：

表 6-5　　　　　先行语环境中有存现句 S 和 O 时的零形回指

先行语环境		ZA 位置	数量	先行语环境		ZA 位置	数量
S1	O1	S	51	S1	**O1**	S	88
S1	O1	O	1	S1	**O1**	O	12
S3	O3	S	21	S3	**O3**	T	1
				S3	**O3**	S	37
				S3	**O3**	O	1

续表

先行语环境	ZA 位置	数量	先行语环境	ZA 位置	数量
小计		73	小计		139
总计			212		

注：S1［"有"之前的主语］，S3［其他存现动词之前的主语］，O1［"有"之后的宾语］，O3［其他存现动词之后的宾语］。

表 6 – 5 显示，存现句的 S 和 O 均可担任零代词的先行语，但是，存现句的主语担任先行语的数量不如其宾语担任先行语的数量。在总数 212 例有关的零形回指中，回指主语的共有 73 例，约占总数量的 34.43%，回指宾语的有 139 例，占总数的 65.57%。显示出存现动词引入的宾语比之主语更具有担任零形回指先行语的明显优势。

在我们的语料中，将其他的主语和宾语位置上的先行语相比，则是主语位置的先行语具有明显的优势，另外，由于 OM 和 OBL 位置上的指称成分担任先行语的数量极少，绝大多数 OM 和 OBL 不能被零代词回指，这两个位置的指称成分在竞争先行语地位时，显然排在主语之后，而无须进行逐一比较。

因此，综合以上的分析和比较，我们参照 Keenan & Comrie (1977) 建立句法可及性等级体系的做法，并在 Jiang (2004) 的基础上，对汉语零形回指先行语的句法位置可及性等级体系进行修正。Keenan & Comrie (1977) 经过分析世界 50 余种语言的关系从句之后，对于不同的句法位置上的成分进行关系从句化的难易程度，提出了以下句法位置等级体系：

SU > DO > IO > OBL > GEN > OCOMP （SU 主语，DO 直接宾语，IO 间接宾语，OBL 旁语，GEN 属格语，OCOMP 比较宾语。）

（Keenan & Comrie, 1977: 66）

以上等级体系表示，在定语从句化过程中提取以上各种位置上的成分作中心词具有不同的难易度。在世界众多的语言中，一般来说，提取等级左边的成分相对于提取等级右边的成分更加不受限制，即主语位置上的成分比直接宾语更容易提取，直接宾语比间接宾语更加容易提取，依此类推。

　　Keenan & Comrie（1977）的等级体系不是关于回指的，更不是关于汉语零形回指的，尽管两位学者认为，在运用其他句法规则时，位于左边的名词性成分也总是比位于右边的名词性成分具有更大的适宜性，并认为这是世界语言的一条普遍规则。另外，即使以上等级体系有一定的普遍性，但是，进入到不同的语言，也应该有一定的个别性，更何况这一规则也需要从关系从句化以外的语言事实中去印证。因此，Jiang（2004）参照了以上两位学者的做法，并基于对汉语叙事语篇零形回指的调查，提出了汉语零形回指先行语的等级体系：

　　　　T > S > SM > O > OM > OBL　　　　　　（Jiang，2004：83）

　　这个等级体系表明，在同等语境中，位于等级左边的句法成分更有可能成为后续句或小句中的零代词回指的先行语，位于等级右边的句法成分在使用零形回指时受到限制，即在同等语境中，主题位置的成分比主语更优先成为零形回指的先行语，主语位置的成分比主语的属格语更优先成为零形回指的先行语，依此类推。Jiang（2004）还发现，这个体系可以应用于零形回指先行语的确认，认为，根据这个体系，可以进行以下步骤的零形回指先行语识别并取得较高的识别率：

　　1）当先行语环境中有一个处于 T 位置的名词词语时，后续零代词回指这个位置的词语；

　　2）当先行语环境中没有 T 位置的名词词语时，后续句或小句中的零代词回指 S 位置的先行语。

　　在 Jiang（2004）的等级体系中，SM 排在 S 后面，OM 排在 OBL 前面。这是基于研究者的语料进行的排列。但是，该研究者所采集的语料数量仅有 6 万汉字，其中共获得 2132 例零形回指，在数量上存在一定的局限。本研究采集了 18 万汉字的语料，共获得 6401 例零形回指的使用，数量大了许多，在此基础上获得的数据也更为充实可靠。根据本研究的数据中 SM 和 S 担任先行语的情况，我们认为，可以对这两个位置上的指称成分担任先行语的排序进行修正，将 SM 排在 S 之前。这一决定不仅仅是以数据作为唯一的依据，还有其他方面的依据，将在下一章具体论述。另外，在 Jiang（2004）的等级体系中，宾语被作为一个整体类别，没有考虑存现句谓语动词引入的宾语的特殊性。本研究对这一类宾语担任先行语的情况进行了单独统计，并与同等语境中主语担任先行语的数据进行了比较。根据我们的以上分析结果，我们决定将这一类宾语排在主语以及主语的修饰语（因主语的修饰语担任先行语的情况与主语最为接近）之前。这样一来，存现句谓语动词引入的宾语具有了排在主题之后的地位。由于本研究的数据还显示，OM 较之 OBL 并没有显著的优势，因此，本研究将这两类置于同一地位，并根据实际情况将 OM 列于 OBL 之后。经过这些修正，我们所得出的汉语零形回指先行语等级体系为：

T > O1/O3 > SM > S > O > OBL/OM

这个等级体系表示，在同等条件下，位于等级左边的句法成分更有可能在上下文中（包括前指和反指）使用零代词进行指代，位于等级右边的句法成分在使用零形回指时受到限制。在该等级体系中，主题位置的指称对象最可能成为零形回指的先行语，其次是存现句动词引入的宾语，再次是主语的属格语、主语、宾语，依此类推。为了证明该等级体系的有效性，我们将依据这个等级体系形成零形回指前瞻中心的排序规则，用于基于中心理论的零形回指解析实验。具体做法与实验结果将在后面讨论。

第七章

主题性、生命性与零形回指

以往学者对汉语等语言中的主题位置和主语位置已从主题性、凸显性和可及性等方面有过丰富的论述，使得这两个位置上的指称成分的凸显性和高可及性得到公认，本研究无须重述。主语属格语的位置，受西方语法研究的影响，在早期一直被作为属格成分或者"主语—宾语—其他"序列中的"其他"成分而未得到应有的关注，直到近些年与汉语零形回指和代词回指解析有关的一些研究在考察先行语的排序时，注意到了这个位置的特殊性。其次，存现句动词引入的宾语在过去的研究中也多作为一般的宾语处理，直到近些年关于主题引入方式的有关研究对这一类宾语的主题性提出了新的看法。"把"、"将"、"连"① 在汉语中是介词，但是因为具有强调作用，而不同于寻常的介词，所引入的 NP 在表达中的重要性经常引起学界的关注，不少学者将其作为强调宾语或前置宾语，并从次主题地位等角度进行了探讨。本研究从零形回指的角度关注这些位置，结合主题性和生命性等特点，对这些位置及其指称成分的凸显性进行认证。另外，对于零形回指先行语的生命性和非生命性总体情况，本研究也基于对三种不同体裁的语料数据的统计进行分析。

---

① "连"在引导名词性成分时，关于其词性有四种观点：一是以吕叔湘先生为代表的介词说；二是以王力先生为代表的副词说；三是以张静先生为代表的连词说；四是以黄伯荣、廖序东两位先生为代表的助词说。本研究采用吕先生的观点。

第一节　主语属格语的主题性与生命性

句法位置与指称成分之间的关系，随着近年来回指确认研究的深入和回指解析实验中得到的确证而再次受到关注（Jiang，2004；Frascarelli，2007；Hu，2008；Chen et al.，2009；侯敏等，2005；段嫚娟等，2009；蒋平，2011；王德亮，2011；曾小荣，2011；许余龙等，2013）。多数研究及其对语料的分类限于主语、宾语、主题、介词宾语这些位置上的先行语，未涉及主语的属格语或主语的所有格修饰语位置上的先行语。曾小荣（2011）讨论了出现在该位置上的第三人称零代词，但没有讨论该位置上的先行语。对该位置上的先行语最早予以关注的是陈平（1987）。

（1）祥子的右肘很疼，Ø 半夜也没睡着。（1987：368）

陈平（1987：368）将以上画线部分称为主语的所有格修饰语，将该位置的指称词语分析为具有强烈的启后性且能使用零形回指的句法成分之一，同时指出，很多这种格局的句子可以将其中的定语标志"的"去掉，把句子改造成标准的主谓谓语句，使首句出现一大一小两个主语。而且，在实际使用中，两种主语均有可能做后续零形式的先行语。

较早在回指确认研究中提到上述位置并认为该位置上的先行语具有较高的指称可及性是 Xu（1995）。Xu 发现，在汉语的跨小句回指中，主语属格语与话题/主语以及存现主语（即存现动词所引导的NP）一样，具有很高的指称可及性。例如：

（2）他的日子过得快快乐乐，Ø 从来没有半点孤单的感觉。（1995：137）

限于语料的数量，Xu（1995）没有进一步分析主语属格语位置上的情况。Jiang（2004）在此基础上，基于语料调查，分析了这一位置上的先行语并形成了不同于 Keenan & Comrie（1977）的句法位置可及性等级序列，其中最重要的不同就是主语属格语的排序（参见第六章）。

在 Keenan & Comrie 的等级序列中，属格语（GEN）相当靠后，排到了宾语甚至旁语之后，而且，没有区分主语属格或宾语属格。在 Jiang 的排序中，属格语分为主语属格语（SM）和宾语属格语（OM），主语属格语排到了相当靠前的位置，宾语属格语仍然排在后边，但也已排在了旁语之前。

主语属格语及宾语属格语前移，这一重要的变化在段嫚娟等（2009）的回指解析中引起了重视，并在其前瞻中心排序的参数设定中被采纳，帮助提高了回指解析的成功率，因而也使得主语属格语问题再次引起学界的关注。许余龙等（2013）通过进一步的语料收集与分析，认证了该位置上的指称对象较高的生命度和高可及性。本研究在这些研究的基础上，通过扩大语料的数据，不仅进一步证明，生命性使得主语属格语具有了较高的主题性和可及性，此外，还有其他因素共同作用。另外，哪些主语属格语能成为先行语，主语属格语与主语何者为先行语等还存在其他条件、语境因素和制约关系。这些有助于更为全面深入地了解主语属格语在零形回指以及在汉语中的地位。以下具体论述。

一　可以受零代词回指的主语属格语

本研究的语料分析发现，并不是所有的主语修饰语都可以用零代词回指，只有表示领属关系的主语修饰语才使用零形回指。非领属关系的一般不使用零形指代，例如：

（3）他补上去的<u>篱笆</u>是崭新的，Ø 在秋阳下闪着耀眼的银光。

以上例子中，"他补上去的"只作为主语的一个限定成分，不受零代词回指，零代词回指的是主语位置上的"篱笆"。

另外，有的主语修饰语中虽然含有领属关系，但由于被组合在介词结构中，也不使用零形回指，例如：

（4）他那猫脸上的一对圆眼睛拎起来，Ø 很叫人害怕。

"他那猫脸"出现在介词结构中，也不使用零形回指，"Ø"的先行语是前一小句的主语。这两类主语修饰语，内容和形式都比较复杂，往往由小句（含动词）或介词结构等描述性成分组合而成，基本不使用零形回指。

可以使用零形回指的是结构简单、与主语之间具有领属关系的主语修饰语（下称主语属格语）①，内容上主要以人名、人称代词和表示人或物的名词词语构成。由于在实际使用中，这种关系的词语在带"的"或不带"的"方面的随意性，而出现陈平（1987）所说的大主语小主语现象②，我们在分析中仍然遵照以形式上带"的"作为判断标准，对于具有领属关系但不具备修饰语标记的前置语不作考虑，因此，不包括以下情形：

（5）他太太很漂亮，Ø 儿女又聪明，Ø 真是好福气。（石定栩，1998：55）③

---

① 石定栩（1998）等称之为主语的所有格修饰语。

② 由于这一套概念中的大主语不仅包含与小主语具有所有格关系的成分，还包括其他关系的成分，我们不采用这一套概念，而以词语之间的领属关系为考察标准。

③ 在 Li & Thompson（1976，1981），Tsao（1977），Huang（1994）中，这种结构被分析为主题—主语关系的结构。例如 Huang（1994：165）："小明胳膊疼，睡不着觉。""小明胳膊疼，肿了起来。"中的"小明"被看作主题，"胳膊"是主语。但是，Li & Thompson（1976：480）也将"象鼻子长"这样的句子分析为与"象的鼻子长。"具有派生关系的句子，同时，认为主题—主语结构中的一部分具有所有格关系。

例中,"他"位于主语前面,与主语"太太"具有领属关系,但是没有使用"的",本文不将"他"看作主语的属格语。

二　主语属格语的零回指关系

从本研究的语料上看,最常见的表示领属关系的主语属格语由表示人的词语构成,被修饰的成分是表示人体部位的词语。除此之外,也有少数其他方面的领属关系。综合起来,主语的属格语与主语之间主要有三种领属关系:1)人—人体部位/所属物;2)物—物体部位/所属物;3)人—所属者。例如:

(6)范博文的脸色又立刻变了,Ø只差没有转身就走。

(7)这种花的瓣儿不大,Ø呈小扇形,Ø共有六片。

(8)她的那位"老爷"很有手面,在洪门中,Ø辈分很高。

例(6)的主语属格语与主语之间是"人—人体部位/所属物"关系。语料分析显示,表示"人体部位/所属物"的词语包括人体的许多部位及其相关成分,包括"手、身体、心、心里、鼻子、精神、心神、脸、脸色、眼睛、眼光、背、脑、笑、笑声、方寸、勇气、话、语调、声音"等以及人的所属物,例如"衣帽、电话、座位"等。其中,表示人体部位的成分做主语的用例极多,后一种较少。例(7)的主语属格语与主语之间是"物—物体部位/所属物"关系。"花"与"瓣儿"之间构成"物—物"所属关系。这一类的语料不多。例(8)的主语属格语与主语之间构成"人—所属者"关系,"她"与"那位老爷"均是表示人的词语,在语料中,这一类的用例也不多。

从回指语的位置看,上述三种主语的属格语,在两处被零形式回指:1)在后续小句主语前的位置;2)在后续小句的主语位置,例如:

(9) <u>他的脸色</u>突然变了，∅ 心头不知道是高兴呢，抑是生气……

(10) <u>范博文</u>的座位刚好对着四小姐，∅ 就先看见了。

例（9）的主语属格语在后续小句主语前的位置（亦即主语属格语的位置）被零形式回指。例（10）的零回指则出现在后续小句的主语位置。

单从主语属格语做先行语的角度来看，以上回指关系不难确定。问题是，当先行语环境中的主语也可以充当先行语，而且，其零回指也可以出现在同样的位置时，情况便复杂起来。这两种情况综合起来之后的回指关系可以呈现以下四种形式：

(11) <u>他的脸色</u>突然变了，∅ 心头不知道是高兴呢，抑是生气……

(12) <u>她的那位"老爷"</u>很有手面，在洪门中，∅ 辈分很高。

(13) <u>范博文</u>的座位刚好对着四小姐，∅ 就先看见了。

(14) <u>这种树的叶子</u>小，∅ 呈卵状形，∅ 冬天也不凋谢。

从以上四种形式抽象出来的先行语—回指语位置关系可形成以下四种格局：（SM 表示主语的属格语，S 表示主语，下划线为先行语和零回指的位置）

1) <u>SM</u>　S，　　<u>SM</u>　S

2) <u>SM</u>　<u>S</u>，　　<u>SM</u>　S

3) <u>SM</u>　S，　　<u>S</u>

4) <u>SM</u>　<u>S</u>，　　<u>S</u>

在前两种格局中，后续小句主语位置上均有另外一个有形的指称成分，零回指均在该句的主语属格语位置。其中，第一种格局中的先行语是前面小句的主语属格语，第二种的是前面小句的主语。第三、第四种格局的零形式均在后续小句的主语位置，先行语的位置也有两种情况。第三种格局中的先行语是前面小句的主语属格语，第四种是前面小句的主语。这四种格局的回指显然需要进行有效的分化才能看清主语属格语的回指特点。

三　主语属格语与主语的回指分化

Li & Thompson（1976，1981）和 Tsao（1977）曾采用"主题决定性"（topic determination）讨论汉语主题句中零形回指先行语的确定，指出汉语的一个重要特点是：当句子中有明确的主题和主语时，主题比主语更有权利决定后续句中被删除成分的指称内容。例如，在"那棵树叶子大，我不喜欢——。"中，Li & Thompson（1981：102）认为，第二句宾语位置上的省略成分应该理解为前一小句的主题"那棵树"，而不是主语"叶子"。然而，该讨论没有涉及这类结构中的主语做先行语的情况。Huang（1994：165）认为，"主题决定性"不完全符合事实。他提出如"小明胳膊疼，Ø 睡不着觉。"与"小明胳膊疼，Ø 肿了起来。"之间的区别，认为前者可以遵照"主题决定性"，因为先行语是"小明"，但后者不行。Huang（1994：165）因而认为"主题决定性"不够全面，提出要根据零形式所在小句的谓语动词的语义以及背景知识和世界知识来决定先行语的选择。石定栩（1998）也认为，"主题决定性"仅限于解释有明显句首主题的句子中的零回指，其余结构中的零回指则情况不然。他（1998：55）部分参照 Li & Thompson（1981）的观点，提出：1）如果第一个小句有一个处于句首位置的主题，那么主题链中所有同指名词词组的删除，一定是由这个名词词组控制；2）如果第一个小句没有明显的主题，那么该句的主语、直接宾语（包括"把"的宾语）、主语的所有格修饰语都可以控制主题链中的同指名词词组删除。这两条原则区分了句首主题与其他位置上的先行语的回指，但主语与主语的所有格修饰语的回指问题仍然混在一起。

上述讨论虽然以主题为题，但所涉及的名词词语之间常常具有所有格关系。Huang（1994）的讨论类似于本研究的第三、第四种格局，对本研究有一定的启发。

从本研究的四种回指格局的语料看，一个初步的趋势是，当后续小句的主语位置有其他指称词语时，其前的零代词一般要回指前句的主语属格语（即S<u>M</u>　S，S<u>M</u>　S 格局）。当后续小句主语位置没有其他指称词语，只有零代词时，其较多地回指前句的主语（即SM　<u>S</u>，<u>S</u> 格局），例如：

（15）这种<u>树</u>的叶子小，Ø 花大，Ø 枝节繁茂，Ø 很美观。

（16）这种树的<u>叶子</u>小，Ø 呈卵圆形，Ø 冬天也不凋落。

通过进一步比较，我们发现，在出现第一种格局（S<u>M</u>　S，S<u>M</u>　S）时，前后小句主语成分的语义范畴等级相同，例如：

（17）他的<u>脸色</u>突然变了，Ø 心头不知道是高兴呢，抑是生气……。

第一小句的主语"脸色"与第二小句的主语"心头"语义范畴等级相同。然而，在出现第二种格局（SM　<u>S</u>，S<u>M</u>　S）时，前后小句的主语成分语义范畴等级不同，具有隶属关系，例如：

（18）他的<u>话</u>仍旧很低，但 Ø 一字一句非常清楚。

（19）她的那位"<u>老爷</u>"很有手面，在洪门中，Ø 辈分很高。

例（18）的"话"与"一字一句"，例（19）的"老爷"与"辈分"之间均具有隶属关系。因此，前后小句主语成分的语义范畴相同时，出现第一种回指格局，前后小句主语成分的语义范畴有领属关系时，出现第二种回指格局。另外，在例（19）的"她的"与

"辈分"之间，也还构成另一种领属关系，但我们发现，在同等情况下，零回指的先行语一般涉及最近的那个可构成领属关系的成分，而不涉及更远的那个成分，因此，我们可以不考虑"她的"做先行语的可能。还值得一提的是，当出现第二种回指格局时，前一小句往往为判断句（例18、19）或前一小句的主语带有指示成分（例19）。

再看第三、第四两种格局（SM　$\underline{S}$　，$\underline{S}$；SM　S　，$\underline{S}$）的区别。结合语例看，在这两种格局中，主语属格语以表示人的成分居多，主语以表示非人的成分居多。根据这些情况，我们可以初步确定，当后续小句表示行为或动作时，零代词往往回指前一句主语属格语位置上的成分，因为只有人才能实施动作；当后续小句表示描写或性状时，零代词回指前面小句的主语。例如：

（20）范博文的座位刚好对着四小姐，Ø 就先看见了。

（21）这种树的叶子小，Ø 呈卵状形，Ø 冬天也不凋落。

在前一例句中，零形式所在的小句"Ø 就先看见了"表示动作，零代词回指前一小句的主语属格语。后一例中，零形式所在的小句"Ø 呈卵状形，Ø 冬天也不凋落"是描写，零代词与前一小句的主语同指。

在本章第一节第二部分的分类中，我们还提到了主语的属格语是"物"（即"物—物体部位/所属物"领属关系）和主语是表示"人"（即"人—所属者"领属关系）的情况。对于"物—物体部位/所属物"领属关系，除了可以出现例（21）的情况之外，也还可以说："这种树的叶子小，Ø 不好看"。此时的先行语是"这种树"，而不是"叶子"。分析其中的特点，我们发现，这时后续小句往往是表示判断或评论的句子。因此，我们可以用描写或判断进一步分化"物—物体部位/所属物"关系中的先行语。

对于主语的属格语与主语均表示"人"的情况，由于它们均可以做后续行为或动作的执行者，我们无法以后续小句动词的语义为区分标准。然而，有趣的是，我们发现，当先行语环境中出现双重表示"人"的成分时，后续小句中往往有另外一个指称词语（一般为有形的指称形式）表明与前面某个成分的同指关系。我们可以根据这个有形的回指形式（代词或名词）对其中的一种回指予以排除，例如：

（22）乔连科的爸爸没钱供他上学，Ø 只好要他辍学。

上例中，后续小句中的"他"有助于其中一个回指的确认。"爸爸"不可能供自己"上学"，如果是供自己"上学"，会直接用反身代词说出来。"他"只能指"乔连科"。因此，先行语自然就是主语位置上的"爸爸"。当然，我们也可以借鉴 Huang（1994）的语义关系来确定这一类零形式的先行语，例如：

（23）乔连科的爸爸是剃头的，Ø 勒着裤腰带过日子，Ø 攒几个钱供乔连科上学念书。

（24）乔连科的爸爸没钱供他上学，Ø 只好半工半读完成学业。

前一例由于第一小句指明爸爸是剃头的，所以，后面"Ø 勒着裤腰带过日子，Ø 攒几个钱供养乔连科上学"的还是"爸爸"。后一例的第一小句指明上学的是"他"，不是"爸爸"，所以，后面"Ø 只好半工半读完成学业"的还是"他（乔连科）"。实际上，在这些用例的上下文中仍然有另外一个有形的回指形式帮助对其中的一种回指予以排除。

最后，主语属格语与主语之间的宏观语义关系区分，也能够进一步有助于先行语的分化。归纳起来，在主语的属格语与主语之间存在两种宏观关系。一种含有因果关系，一种不含因果关系，例如：

（25）<u>乔连科</u>的爸爸没钱供他上学，Ø 只好半工半读完成学业。

（26）这种树的<u>叶子</u>小，Ø 花大，Ø 枝节繁茂，Ø 很美观。

（27）乔连科的<u>爸爸</u>没钱供他上学，Ø 只好要他辍学。

（28）这种树的<u>叶子</u>小，Ø 呈卵圆形，Ø 冬天也不凋落。

　　前两个例句的主语属格语与语句之间可分析为："乔连科"因为"爸爸没钱供他上学"，所以"只好半工半读完成学业"；"这种树"因为"叶子小，……，"所以就"很美观"。连接在主语属格语后面的语句成了表示原因的成分。后两个例句中的主语属格语是对主语进行限定，谈论的是某人的"爸爸"和某树的"叶子"，前后语义不构成因果关系。与此相应的是：前两句的先行语均是主语的属格语，后两句的均是主语。因此，我们可以根据是否含有因果关系确定先行语是主语的属格语还是主语。

　　综上分析，我们可以对主语的属格语和主语的零回指关系进行有效的分化：1）当后续小句主语位置有一个指称词语时：a. 其前的零形式一般要回指前句的主语属格语所表达的对象，此时前后小句主语成分的语义范畴等级相同；b. 其前的零形式回指前句的主语所表达的对象，此时前后小句的主语成分具有隶属关系，而且，前一小句往往为判断句或其主语带有指示成分；2）当后续小句主语位置没有其他指称词语，只有零形式时：a. 零形式回指前句的主语属格语所表达的对象（当后续小句表示行为或动作时）；b. 零形式回指前面小句的主语所表达的对象（当后续小句表示描写时）。但是，当主语属格语与主语均表示"物"时，要以后续小句的语义特点来分化先行语。当后续小句表示描写时，先行语是前面小句的主语，后续小句表示判断或评论时，先行语是前面小句的主语属格语。另外，当主语属格语与主语均表示"人"时，要根据后续小句中出现的有形回指（代词或名词）来排除零形式的一种回指可能，同时参照前后小句的语义关系确定零形式的先行语。最后，还可以通过主语的属格语与语句之间是否含有因果关系以确定零回指的先行语是主语还是主语的属格语。

四　主语属格语零形回指的认知理据

在许多研究中，句首主题比其他成分具有更高的可及性已有公认，但是，受西方语法框架的影响，修饰语一直被置于次要地位，主语的属格语也不例外。近年来，不同句法位置上的先行语在大脑记忆系统中可以反映为不同的可及程度已受到关注（如许余龙，2000）。从认知角度看，我们认为，主语属格语位置上的指称对象能够受零代词回指也是由于它在大脑记忆系统中的高可及性决定的。这种高可及性主要来自该位置所表达的对象的生命性、凸显性、物主性和主题性。

首先，主语的属格语常常表示具有生命的实体。语料显示，该位置上出现的大多数是表示人的实体，其主语位置上多出现非生命的或抽象的实体。从本研究近期语篇语料中获得的 64 例先行语环境中均有主语和主语属格语而零代词回指了主语属格语的情况看，其中，属格语表示有生命的实体占了 48 例，分别是"旁人、刘五、高二（人名）、他、他们、大家、老通宝、父亲、荷花（人名）、她、阿多、四大娘、她们、老通宝他们、两人、刀含梦、香港歌星、陈呆、小伙子、它（猫）、我、我们、团长、张三、人"等，属格语表示非生命性的实体只有 16 例。与此同时，主语表示生命性的实体非常少，只有 5 例，表示非生命的实体数量却非常高，占了 59 例，分别是"眼光、酒壶、笑声、样子、悲哀、左耳朵、拳头、快乐、勤俭忠厚、影子、那对细眼睛、眼皮、脸色、心、心里、茧子、神经、筒裙、锅碗瓢勺、生活、夜晚、歌声、脸、反应、脚步声、食量、空间、目标、瞳光、脚底板、身上、冲床、皮肤"等（见表 7 - 1）。可见，生命性加强了主语属格语在语法角色中对于主语位置上的指称对象的竞争性。

表 7 - 1　　　　　　　　主语属格语的生命性与零形回指

位置	生命性	非生命性	合计
SM	48	16	64
S	5	59	64

　　其次，生命性也带来了主语属格语成分在认知框架上的凸显性。生命性的实体，由于它的运动性和方向性，较之非生命的、静态的、抽象模糊的实体引起更多的注意，因而更具有凸显性，更容易成为表达的出发点及关注点。这是认知语言学的凸显观和图形—背景理论中的主要观点。

　　再次，主语属格语还表现出明显的物主性。语料显示，主语的属格语与主语之间多具有"整体—部分"物主关系，例如"刘五的酒壶、高二的样子、四大娘的脸色、小伙子的反应"等。我们知道，汉语的表达特点是，表示"整体"的词语常常是叙述的起点，是话题，表示"部分"的词语多为焦点或语义上的主要成分（董秀芳，2009：441）。因此，物主兼"整体"的概念加强了主语属格语的话题地位。

　　最后，物主性也在认知上带来一定的凸显性。这已经受到认知语言学研究的关注。Langacker（1991）的认知参照点—领地（dominion）关系就是以此为基本概念建立起来的。在分析属格结构时，Langacker 指出，属格结构中的所有者（possessor）是整个结构的参照点，通过它可以建立与所属物的心理联系。例如，在"the boy's knife"这个结构中，"the boy"就是用于确定某一特定的名词"knife"的参照点。人们在概念上首先要与"the boy"建立心理联系，然后通过它与"knife"这个希望表达的对象建立联系。Langacker（1991，1993）后来将这一概念延伸用于解释语篇的主题和与其相联系的小句之间的关系。其基本观点是，主题在它的语篇范围内是参照点，与之相联系的小句在它的领地范围内得到解释。主题往往采用精确的话语建立起来，对后续小句的解释可以用主题来定位，因为，与它相关的小句构成它概念下的领域范围。这一概念关系又被 van Hoek 用于解释英语句内代词回指及其限制范围。其观点是，属格结构中的所有者是其结构范围内的参照点，主题又是其所在的语篇范围内的参照点，可见，Langacker 的参照点—领地概念已经将属格结构中的所有者与主题相提并论了。

　　本研究基于语料的分析也证明，主语的属格语显示出与主语非常接近的主题性。在我们的前期研究中，我们调查和分析了 78 例先行语环境中同时具有主语属格语和主语的零形回指，其中，主语属格语为先行语的占 36 例，主语为先行语的 42 例。在第二次采集的语料中，我们获得了 112 例先行语环境中具有主语属格语和主语的零形回指，其中回指属格语的有 64 例，回指主语的有 48 例（参见第六章的表 6 - 4）。我们的前期语料只包括了叙事语篇，我们第二次采集的语料包括了三种体裁的语篇。前后两次语料都共同说明，主语属格语具有与主语非常接近的主题性。从语料上看，我们还注意到，在相同的语境中，主语属格语与主语的主题性还有着不同的呈现。往往是，主语的属格语多呈现为大结构的主题，主语则呈现为局部主题。这在复杂结构中尤为明显。例如：

> （29）<u>张三</u>₁的<u>冲床</u>₂以前总是一直响到下班铃响 Ø₂ 才不再"匡汤匡汤"的，Ø₁现在有了点年纪 Ø₁在换铁皮的时候 Ø₁就只好稍微让冲床……（《一天》）

在以上例句中，两种回指内套，主语的属格语"张三"是大结构的主题，它的零回指也是大结构的，主语"冲床"是局部主题，它的零回指也是内部结构的。正由于主语属格语的这种大主题性，才出现本文开头所说的这种关系的词语在带"的"或不带"的"方面的随意性，而出现陈平所说的大主语小主语现象。而这种随意性也恰好佐证了它的主题性。

近年来，反身代词的回指分析（如刘礼进，2011）也涉及了主语属格语位置上的先行语。由于反身代词是公认的高可及性标示语，它的使用也已显示其所回指的主语属格语位置的高可及性。前文说过，基于中心理论的回指解析中的一个重要参数是前瞻中心的排序，这涉及先行语信息提取的便捷度。段嫚娟等（2009：21）在汉语指代消解的实验中引入了主语的属格语，在确定影响前瞻中心排序的主要因素时，参照 Jiang（2004）关于属格语在显著度排序上的优先性的观点，将语法角色作为比语篇实体的线性顺序更为可靠的显著度标志而设为前瞻中心排序的一个重要参数。该实验已证明，这一参数的设定对汉语指代消解有积极作用。中心理论是以认知为基础的模式，在这个模式中，主语属格语靠前的排序进一步证明了它的高可及性。

五　小结

综上所述，主语属格语的零回指具有三种关系。在实际使用中，主语属格语与主语位置上的成分形成四种回指格局。这些格局可以通过前后位置关系、语义范畴等级、语义特点和语义结构关系等进行分化。主语属格语受零代词回指主要由该位置上的成分的生命性、凸显性、物主性和主题性等认知因素决定的，使得它具有与主语相近的高可及性。本研究希望通过对主语属格语地位的确立以及对该位置与主语位置上的先行语的分化，为汉语零回指解析参数的设定提供更为有利的支持。

第二节　存现宾语的凸显性与零形回指

一　存现句和存现动词

存现句或存现结构（existential – presentative construction）在国内外语言学界早有研究。英语的存现结构以及其中的动词比较简单而固定，一般都是"there be + NP"。但是，围绕着像"There was a loud bang."中的"there"是不是主语，如果是主语，又是什么样的主语，如何与其他主语进行区别和联系，如何解释该类结构中的动词总是与后面的 NP 在单复数上保持一致性等问题的探讨，也成为传统语言学和认知语言学所关注的焦点，并引起了近年来 Langacker（1990，1991）等认知语法学家运用典型理论建立由典型主语（prototypical subject）到最不典型的主语（schematic subject）构成的主语连续统（continuum）来解释英语中的"there – subject"。

汉语的存现句也有很多学者进行了研究，如 Li & Thompson
（1981）、Huang（1987）、沈家煊（1999）等人。Li & Thompson
（1981）将汉语的"有"看作典型的存现动词，此外还将表方位的动
词（positional verbs）、表态势的动词（verbs of posture）和某些表运动
的动词看作存现动词。Huang（1987）将汉语表示存现意义的动词分
为四类：1）存在动词"有"；2）表示出现或消失的动词，如"出"、
"来"；3）表示在某一处所的动词，如"住"、"坐"；4）表示由于
某一事件引出的某个人或事物的动词，如"养（了）"、"生（了）"、
"娶（了）"。沈家煊（1999）认为，只要句子中的动词能够被
"有"、"是"、"在"替代且不影响基本意思，就可以将这种动词判为
存现动词。例如：

（30）　西康通铁路了。　　　　　　　　　（1999：212）

沈家煊认为，在这个句子中，动词"通"传递的信息是，铁路在
西康出现了，因此该动词在这个句子中是存现动词。

二　存现结构和主题引入

以上都是对存现结构及其动词的研究。最早将存现结构与语篇主
题的引入联系起来并进行研究的是 Xu（1995）。Xu（1995：98—100）
基于语料分析发现，汉语的存现结构典型地用于引入新的重要的实体
作为主题，由此引入的主题常在下文被提及。在后来的研究中，该研
究者进一步指出，语言中的存现结构是典型地用于主题引入的句子结
构。这不仅是汉语，也包括英语的存现结构。（许余龙，2002，2004，
2007）在其汉语民间故事语料中，该研究者发现，在首次引入语篇的
154 个语篇实体中，有 44 个是采用存现结构引入的，它们在后续语
篇表达中的平均指称次数达到了 22.4，而其他非存现结构引入的实
体在后续语篇中被指称的次数只有 2.8 次。（许余龙，2002：33）通
过进一步的研究，许余龙（2005）指出，在汉语语篇中，将一个新

引入篇章的实体标示为潜在的篇章主题的最重要手段是存现结构和无定名词短语，两者常结合使用，后者有时可以在前面加一个无定指示形容词"这么"，来进一步强调所引入实体的主题性。

已有研究还指出，语言中的主题标示主要有两大类，一类是句法手段，一类是形态手段。Givón（1990，参见许余龙，2005：123）通过对世界许多语言的研究发现，语言中的存现结构是主题标示的主要句法手段。这在汉语中也是如此。许余龙（2007）通过比较英语和汉语篇章中话题引入的句法和形态手段及其与篇章回指的关系，发现两种语言的主要相似之处为，用作存现宾语的无定NP是引入篇章中最为重要和最为可及话题的主要手段。所不同的是，在汉语中，存现结构中的无定NP似乎是引入重要篇章话题的唯一形态句法手段。以下数据充分说明了这一事实。在以下数据中，汉语的存现宾语无论是被回指的总次数，还是平均数，都远远高于其他手段引入的实体。

表7-2　　汉语篇章中话题引入的形态句法手段及与篇章回指的关系

（许余龙，2007：4）

名词短语类型	句法位置	数量	被回指总次数	平均数
无定名词短语	存现宾语	41	919	22.4
	主语	4	18	4.5
	宾语	17	55	3.2
	旁语	1	2	2
光杆名词短语	主语	46	69	1.5
	宾语	25	94	3.7
	旁语	5	37	7.4
	名词修饰语	3	24	8
专有名词	主语	5	12	2.4
其他	主语	7	5	0.7
合计		154	1235	8.0

三　存现结构和零形回指

将存现结构与汉语的零形回指联系起来进行研究的首先是 Jiang（2004）。该研究者在分析汉语语篇零形回指的位置时发现，语料中有不少先行语在宾语位置，而回指语出现在后续主语位置的零形回指。为了解释这种位置关系的零形回指，该研究者对这些零形回指的内部情况进行了分析，发现其中的谓语动词有一定的特点。通过分析，Jiang（2004：111—114）发现，在其语料中的139例 O—S 位置关系的零形回指中，根据先行语的句法结构以及动词的特点，可以分为两类，一类是行为动词引入的宾语，一类是"有"、"是"或者其他类似的动词引入的宾语。后一种共有82例，其中，动词"有"引入的宾语就有39例，此外还有表示存现意义的"是"和其他存现动词引入的宾语（见表7–3）。

表7–3　　汉语 O–S 位置关系零形回指的句法结构（Jiang，2004：123）

57	说明关系的述谓结构（elaboration predicate）
82	*存现结构：* 39 例由"有"引入 25 例由"是"引入 18 例其他存现动词引入
139	合计

本研究基于以上研究，通过扩大语料的范围，基于更丰富的存现宾语零形回指数据，进一步认证存现宾语在语篇表达中的凸显性。不仅如此，本研究还将通过对存现动词及存现结构的认知语言学分析，将存现句的宾语与该结构中的主语的凸显性进行比较，以证明存现宾语的主题性。

四　先行语为存现宾语的零形回指

本研究在第六章的数据分析中提到，存现动词所引导的指称对象经常成为零形回指的先行语。在本研究的数据中，虽然先行语为 O 的零形回指总体数量不多，但我们发现，其中有很多是存现动词引入的宾语。我们知道，在一般情况下，当先行语环境中均有主语和宾语竞争先行语地位时，不难推断主语的强大优势，然而，在存现结构中，情况却很难说，不能随意判断，这方面也未曾有过研究和比较。为此，我们在第六章对这一部分数据进行了一个初步的比较，发现，当先行语环境中有存现句 S 和 O 时，零形回指更多地回指 O。在总数 212 例有关的零形回指语料中，回指主语的共有 73 例，约占总数量的 34.43%，回指宾语的有 139 例，占总数的 65.57%（参见表 6 - 5，为便于分析，重复如下）。显示出存现宾语比之主语更具有担任零形回指先行语的优势。

表 7 - 4　　　　先行语环境中有存现句 S 和 O 时的零形回指

先行语环境		ZA 位置	数量	先行语环境		ZA 位置	数量
S1	O1	S	51	S1	O1	S	88
S1	O1	O	1	S1	O1	O	12
S3	O3	S	21	S3	O3	T	1
				S3	O3	S	37
				S3	O3	O	1
小计			73	小计			139
总计				212			

注：S1［"有"之前的主语］，S3［其他存现动词之前的主语］，O1［"有"之后的宾语］，O3［其他存现动词之后的宾语］，背影成分表示被零代词回指的先行语的位置。

　　表 7 - 4 仅统计了"有"和其他存现动词的情况，没有统计"在"和表示存现意义的"是"的情况。在语料中，与"有"相近的还有"只有"、"只"，也列入"有"类。其他存现动词的具体内容将在下文列出。在上表中，我们看到，当先行语环境中有 S1 和 O1 时，回指 S1 的零代词只有 52 例，其中 51 例零代词出现在后续的主语位置，1 例出现在后续的宾语位置；回指 O1 的零代词有 100 例，其中 88 例出现在后续的主语位置，12 例出现在宾语位置。当先行语环境中有 S3 和 O3 时，回指 S3 的零代词只有 21 例，都在后续的主语位

置；回指 O3 的零代词有 39 例，其中 1 例在后续的主题位置，37 例
在后续主语位置，1 例在宾语位置。另外一个重要现象是，当存现宾
语为先行语时，无论先行语是 O1 还是 O3，在后续主题和主语位置上
出现零代词的数量是最多的，共有 126 例，后续宾语位置上出现零代
词的数量很少，一共只有 13 例。存现宾语零形回指典型的 O—S 位置
关系在 Jiang（2004：123）已引起了注意。对于存现宾语 O—O 位置
关系的零形回指，Jiang 虽然没有进行比较和分析，但在讨论存现主
语为先行语的语料时，也有所涉及。

五　存现结构中的注意观和图形—背景关系

本研究发现，存现宾语的主题性和高可及零形回指现象与该位置
在存现结构中的重要性有关。为此，我们从认知语言学的图形—背景
关系和注意观两方面对存现结构以及其中的宾语所在的位置的重要性
进行分析。要进行这些分析，我们首先要看一下存现动词的语义特
点。为此，我们对"有"之外的存现动词进行了统计，列表如下。

表 7 - 5　　　　　　　"有"之外的存现动词语料列表

序号	存现动词	所在语篇简称	先行语所在段	先行语在段内的编号	先行语数据号
1	响起	敬老会上	6	12	468
2	耸立着	天安门	6	3	551
3	摆着	南京菜场	4	2	790
4	建成	我国治沙	2	10	906
5	埋葬	一座汉墓	3	2	949
6	填塞	一座汉墓	4	5	951
7	画	文字	7	6	2257
8	画	文字	7	11	2259
9	撑起	报复	8	9	3508
10	起了	报复	9	2	3511
11	立起	报复	10	13	3523
12	照出	报复	14	221	3627

序号	存现动词	所在语篇简称	先行语所在段	先行语在段内的编号	先行语数据号
13	蹲着	春蚕	8	3	3849
14	来了	春蚕	13	8	3900
15	蠕动着	春蚕	17	12	3916
16	染涂着	竹山房	10	27	4430
17	挂着	竹山房	12	7	4478
18	露着	竹山房	17	13	4528
19	驻有	卖酒女	4	2	4588
20	来了	卖酒女	8	4	4663
21	派来	卖酒女	10	11	4717
22	来	卖酒女	11	17	4772
23	伸过来	十八岁出门	5	13	4984
24	盖	夜的眼	7	56	5093
25	成了	美丽奴羊	7	52	5699
26	通	小饭店	2	2	5784
27	分出	小饭店	2	11	5788
28	间杂着	小饭店	2	26	5795
29	夹裹着	小饭店	5	83	5899
30	来了	小饭店	6	22	5923
31	来上	小饭店	6	75	5947
32	占据	小饭店	11	5	6044
33	走出	小饭店	11	28	6054
34	嵌进	小饭店	13	23	6098
35	倚着	小饭店	24	6	6321
36	镶着	小饭店	25	4	6323
37	涂着	小饭店	25	11	6326
38	露出	小饭店	27	53	6383
39	留下	小饭店	27	90	6400

　　为了便于查找，我们列出了以上动词的数据编号等信息。从存现动词"有"以及以上列表中的动词语义来看，这些动词都有引出某

个要说的人或事，或者向读者介绍某个人或者事情的意思。认知语言学认为，语言的语法结构反映现实世界中的结构和人对现实世界中的各种关系的认知，因此，语法结构中具有图形—背景关系。（Ungerer & Schmid，1996：158）图形即所要描写的对象，背景是其环境。对图形的选择决定于注意的焦点、移动的方向、观察的方位等因素。从注意的焦点来看，存现动词的意义都是引起读者注意所要说出的人或事情，例如，"从前有座山""墙上挂着画"，要引起人们注意的是"山"和"画"，人们要关心的也是"山"和"画"的进一步信息。因此，从认知语言学的图形—背景关系以及注意观来看，存现动词具有建立语篇结构中的图形或者引入话语的关注点的作用。这就是为什么该类动词所引入的宾语在下文被提及的频率高，以及在下文使用零形回指的可能性增大的重要原因。如果我们再结合存现句的主语的情况来看，就更能进一步对于存现句宾语的认知地位予以肯定。

　　下面我们从认知语言学的图形—背景关系来考察存现结构的构式以及其中的图形。根据认知语言学的观点，语言中表示方位关系（locative relations）的结构也体现为一种图形—背景关系。（赵艳芳，2001：149）在这种结构中，如果有一个成分是表示运动的物体，而另外一个成分是表示静态的物体，那么，运动的物体就是图形，与之相关的静态物体就是背景。如果两个参与成分都是静态物体，那么，相对更为有形、更为具体的物体是图形。因此，在以下第一句中，"balloon"是图形，"house"是背景；在第二句中，"house"是图形，"grass land"是背景：

(31) The balloon is over the house.

(32) The house is on the grass land.

　　由于图形—背景关系在语言中常常反映为介词构成的语法关系，因此，认知语言学的学者们认为语言中的介词是体现图形—背景关系的重要语法手段。又由于句子中的主语常常是图形，而图形又是认知语言学凸显观和注意观中最突出的对象或焦点，人们认为语言中的主语是体现图形的主要方式。然而，如果我们把上面的两个句子倒装过来，就可以发现一些变化：

（33）Over the house is the balloon.

（34）On the grass land is the house.

这时，图形出现在句子的后部，背景出现在句子的前面。位置变换了，而英语的句法结构仍然没有变。但是，如果我们把以上倒装结构译成汉语：

（35）房子的上空有一个气球。

（36）草地上有一栋房子。

那么，不仅图形出现在句子的后部，而且，根据汉语的语法，这是宾语，而不再是主语。这就是汉语的存现句。可见，汉语存现句的宾语表达的就是认知结构中的图形，而主语表达的却是背景。这就是汉语存现句的认知语法构式。对于存现句的主语与其宾语相比，是否更体现为背景这一问题，我们还可以充分利用本研究中的语料进行比较。试看以下存现句的主语和宾语（为了直观，主语和宾语均以划线方式标示，并对语句中的标点符号与内容稍作删除。下标相同的数字表示同指关系）：

（37）会场上$_1$又一次响起了热烈掌声$_2$，Ø$_2$对这种无微不至的关怀表示衷心的感谢。

（38）扩建后的广场上$_1$矗立了几百座高大的乳白色的灯座$_2$，Ø$_2$有葡萄状的，Ø$_2$有玉兰形的，Ø$_2$有莲花状的，Ø$_2$有棉桃状的。

（39）这里$_1$摆着一个样品专柜$_2$，Ø$_2$陈列着当天出售的三四十种蔬菜样品，样样标有价格。

(40) 从甘肃省西端的敦煌县沿腾格里沙漠南缘向东延伸$_1$，已建成一条长达 1600 多公里的防护林带$_2$，$Ø_2$为防御风沙灾害，$Ø_2$保护农田创造了有利的条件。

(41) 这座古墓$_1$埋葬女尸一具$_2$，$Ø_2$外形基本完整。

(42) 木椁四周及上部$_1$填塞木炭$_2$，$Ø_2$厚 30 至 40 厘米，$Ø_2$共约 10000 多斤。

(43) 船上$_1$画九条短线$_2$，$Ø_2$表示九个人$_3$，$Ø_3$乘船。

(44) 他们的心脏之间$_1$画一条线$_2$，$Ø_2$连系着 Ø……

(45) 入夜后渔船上$_1$都掌起灯火$_2$，$Ø_2$千点万点，$Ø_2$与天上的星光上下映照。

(46) 西北天$_1$忽然起了乌云$_2$。渔人$_3$知 $Ø_2$是风头，$Ø_3$便快快落帆 $Ø_3$收网。

(47) 那船上$_1$立起一个高身的汉子$_2$，$Ø_2$一头撞下水去，……

(48) 一盏昏红的煤油灯$_1$照出几个粗皮大手的汉子$_2$，$Ø_2$围坐在一张桌子上。

(49) 就在那边$_1$蹲着又一个茧厂$_2$，$Ø_2$远望去隐约可见那整齐的石"帮岸"。

(50) 忽然那边田里$_1$跳跃着来了一个十来岁的男孩子$_2$，$Ø_2$远远地就喊着：……

(51) 那条穿村而过的小溪旁边$_1$蠕动着村里的女人和孩子$_2$，$Ø_2$工作着，$Ø_2$嚷着，$Ø_2$笑着。

(52) 石阶，地砖，柱础，甚至板壁上$_1$都染涂着一层深深浅浅的黯绿$_2$，$Ø_2$是苔尘。

(53) 东墙上$_1$挂着四幅大锦屏$_2$，$Ø_2$上面绣着"竹山房唱和诗"，$Ø_2$边沿上密密齐齐地绣着各色的小蝴蝶，……

(54) 门上那个扇叶小窗$_1$露着一个鬼脸$_2$，$Ø_2$向我们张望；……

（55）在皆东$_1$驻有一个公费医疗队$_2$。Ø$_2$说是队，其实Ø$_2$只有一位助理医生和两个看护……

（56）皆东$_1$正巧来了个汉人大夫$_2$，Ø$_2$在街上撑起个布篷，Ø$_2$摆开药摊子，Ø$_2$说是什么病都能治。

（57）皆东卫生院$_1$派来一个山区流动医疗队$_2$，Ø$_2$正好在前一天赶到此地。

（58）忽然小寨$_1$来电话$_2$，Ø$_2$说有一个景颇女人$_3$，Ø$_3$难产。

（59）（他$_1$）将头从里面拔出来，Ø$_1$并伸过来一只黑乎乎的手$_2$，Ø$_2$夹住我递过去的烟。

（60）（在这里$_1$）可能还要盖两间平房$_2$，Ø$_2$可能是食堂，当然Ø$_2$也可能是公共厕所，……

（61）亮光$_1$成了一色的白$_2$，Ø$_2$在太阳底下一闪一闪，Ø$_2$像电压很高的一股电流，Ø$_2$攥在这个精壮汉子的手里。

（62）弄堂两头$_1$通马路$_2$，Ø$_2$都是这城市的交通干衢，……

（63）它$_1$是条颇为宽阔的弄堂，从中Ø$_1$又分出一些支弄$_2$，Ø$_2$就像它的横街。

（64）弄内有一些中小型工厂，一所学校$_1$，Ø$_1$间杂着住宅$_2$，Ø$_2$大多是些棚户，Ø$_2$也有几幢砖木的，勉强可称为洋房的楼房。

（65）这冷里$_1$却又夹裹着一股子热$_2$，Ø$_2$向人招手似的。

（66）他们还互相照应铺面，一家$_1$来了主顾$_2$，另一家$_3$便出面接应Ø$_2$，……

（67）总归是人家$_1$的地盘，Ø$_1$喊人Ø$_1$喊得应，Ø$_1$来上了一大帮$_2$，Ø$_2$简直是明火执仗。

（68）它$_1$占据有三四间临时房屋的铺面$_2$，Ø$_2$打通了，Ø$_2$做成一个。

（69）从门里$_1$走出一个绿花红柳的小姐$_2$，Ø$_2$招手停车用餐……

（70）墙布接缝的地方$_1$则嵌进了泥灰$_2$，Ø$_2$成了一条条的黑线。

（71）藤靠椅上₁倚着一个少妇₂，Ø₂怀里抱着一只猫。

（72）袖口₁也镶着蕾丝₂，Ø₂宽宽地滑到肘部，……

（73）手指上₁也涂着指甲油₂，Ø₂鲜艳欲滴的。

（74）（他₁）摘去厨师帽，Ø₁露出了头发₂，Ø₂是刺猬式的男女通行的新款式，Ø₂喷了摩丝。

（75）像他这样的手艺人₁走遍天下 Ø₁都不怕的。Ø₁留下这小饭店₂，Ø₂亮着些晦暗的灯光，和晦暗的声气，Ø₂匍匐在弄堂的夜晚里。

不难看出，以上 39 例存现句的主语绝大多数表示方位、处所、范围、来源等，与宾语位置上引入的实体相比，主要是提供背景信息，因此，从认知语言学的图形—背景关系来看，这些成分所表示的是认知结构中的背景。在语料中，"有"构成的存现句的主语也多表示背景信息，例如：

（76）公园里₁有愈来愈多的青年人₂Ø₂聚众 Ø₂跳交谊舞、Ø₂用电子吉他伴奏。

（《夜的眼》第 4 段）

可见，从语法构式看，存现结构的宾语是图形，是表达的关注点，在表达中具有更高的凸显性，从而在语篇中取得了更高的主题性地位。

第三节　"把" +NP 位置的凸显性与零形回指

长期以来，汉语的"把"字结构是学界讨论的热点。但是，联系回指进行的研究很少。由于"把"字结构中的指称成分在下文中多使用代词、指示成分或名词进行回指，这使得其零形回指现象在以往的研究文献中未见论述。本研究的语料调查发现，"把"字结构中的指称成分也有使用零形回指的情况，甚至出现长距离零回指。其零形指代一般出现在下文的主语、宾语和主题位置，其照应能力强于其环境中的旁语。本研究认为，"把"字结构中的指称成分能够采用零形回指，是由于"把"的强调作用使其凸显，使其获得次主题地位决定的。本研究一方面揭示"把"字结构零回指这一事实，另一方面，本研究的结论可以使得类似于该位置上的指称成分在回指的先行语等级序列的排序中考虑前移。

　　"把"字结构的零形回指是指在语篇的下文使用零代词回指"把"字引入的指称成分的现象。学界对于零形回指的讨论多关注主语、主题、宾语以及近年来对主语的属格语位置上的指称成分的研究。"把"字结构的零形回指尚未有论述。陈平（1986）对于不同的句法位置上出现的回指形式进行统计时，将"把字后"作为其中的一个位置（另外的几个位置是：动词前、动词后1、动词后2、兼语、旁语），统计了这个位置上所使用的回指形式，没有考察这个位置上的先行语（Chen，1986：129）。Jiang（2004）在研究零回指的先行语和回指语位置关系时，将"把"字后的名词成分作为被强调的宾语，列入宾语类进行统计，没有进行单独的统计（2004：62－63，165－166）。Hu（2008：93，98）对于零代词出现在主语、宾语、介宾、主题位置和先行语做主语、宾语、主题、介宾、后置宾语进行了统计，其中，"把、给、叫、让"所引导的成分被列入介宾成分（2008：79，83），但没有具体讨论这些成分的零回指情况。然而，包括可及性理论、中心理论，以及当前所探索的其他回指解析算法在内，其中的参数设定和名词成分等级序列的排序都涉及回指成分所在的位置及其与先行语之间的位置关系（许余龙等，2008，2013）。"把"字结构是现代汉语的重要句法结构，对其零形回指问题进行探讨，对于进一步认识汉语的零回指现象以及回指解析算法中的成分排序重新设定都具有重要意义。本研究基于所搜集到的语料进行以下初步探讨。

一 "把"字结构的零形回指及其位置

语料显示，在多数情况下，"把"字结构中的指称成分，或者在下文不出现回指，或者使用代词、指示词语或名词进行回指。因此，"把"字结构的零形回指用例不算丰富。从本研究的语篇语料中，我们共获得 131 例兼有"把"字结构和零回指的语料，这些语料都是在上文有"把"字结构并在下文有零回指。例如：

(77) 有一天，$\underline{我}_1$无端地觉得某种时机成熟了，$\emptyset_1$便异想天开地要把$\underline{我的床}_2$让给$\underline{它}_3$，$\emptyset_3$睡，$\emptyset_1$想以此来感动它，…… (《索债者》第 3 段)

(78) $\underline{高二}_1$望见刘五之后，$\emptyset_1$没有把$\underline{脚步}_2$放慢，$\emptyset_1$却也没有放快 $\emptyset_2$；……

(《报复》第 14 段)

例 (77) 的上文有"把$\underline{我的床}_2$"，下文有"$\emptyset_3$睡，$\emptyset_1$想"两个位置上的零代词，分别指代上文提到的"它"和"我"。例 (78) 的上文有"把$\underline{脚步}_2$"，下文有"$\emptyset_1$却也没有放快 $\emptyset_2$"两个位置上的零回指，分别指代上文提到的"高二"和"脚步"。

在我们的 131 例语料中，回指"把"字结构中的 NP 的零回指数量不多，仅占 35 例，但回指关系却比较复杂，大致情况如下：

第一类是"把"字结构中的指称成分在后续小句或动补结构的主语位置出现零代词回指，这一类共有 11 例，例如：

(79) $\underline{它}_1$不像婆罗门那样排斥异己，$\emptyset_1$不把$\underline{社会}_2$分割得 $\emptyset_2$七零八碎。

(《原始佛教的历史起源问题》第 48 段)

(80) $\underline{他们}_1$把$\underline{社会上不同阶级不同阶层人民的权利、义务}$，甚至生活细节₂都刻板地规定下来，$\varnothing_2$不得逾越。

（《原始佛教的历史起源问题》第 10 段）

例（79）的"分割得"后面有一个动补结构"七零八碎"，零回指出现在动补结构的主语位置 $\varnothing_2$，所指代的是前面"把"字结构中提到的"社会"，即，"社会七零八碎"。例（80）的第二个小句主语位置出现零回指，指代前面"把"字结构中提到的内容。

分析这一类例子，我们看到，这里的动补结构有的是汉语语法书中所说的谓词结构，有的则是加词结构；这里的后续小句与先行语所在的结构之间总有逗号或者句号相隔。零回指几乎都是在"把"字结构紧挨着的动补结构或小句的主语位置上出现，只有一个例外，出现了两处零回指，都在后续的主语位置，一个是主句的主语，另一个是宾语从句的主语。前一个不是回指"把"字结构中的指称成分，后一个才是回指"把"字结构的。将在下文分析。

第二类是"把"字结构中的 NP 在后续小句或动补结构的宾语位置出现零代词回指，这一类共有 23 例，具体分为以下几种情况：

（81）小翠₁把粽子₂包完 $\varnothing_1$ 蒸 $\varnothing_2$ 在锅里，$\varnothing_1$ 架上柴火；……

（《报复》第 25 段）

（82）他₁规规矩矩地主动把票子₂送到售票员手里，售票员连接都没接 $\varnothing_2$。

（《夜的眼》第 4 段）

（83）她₁想起父亲曾经说过的这句话，$\varnothing_1$ 便把那只母羊₂放到一座高坡上，$\varnothing_1$ 打算 $\varnothing_1$ 回去时 $\varnothing_1$ 再带走 $\varnothing_2$。（《两个蒙古族小姑娘同暴风雪搏斗一昼夜保护了羊群》第 5 段）

以上例（81）代表第一种情况，是在"把"字结构之后紧接着的动补结构的宾语位置出现零代词，回指"把"字结构中的指称成分。与此同时，在动补结构的主语位置也出现零代词，而且，一律回指前面的主语位置上的成分；例（82）代表第二种情况，是在"把"字结构之后紧接着的后续小句的宾语位置出现零代词，回指"把"字结构中的指称成分。关于这一种，有的时候后续小句主语位置上有另外一个明示的指称实体，有的时候也是零代词，该零代词也都回指前面的主语（如上例78）；例（83）代表第三种情况，较为特殊，"把"字NP的零回指没有出现在紧接着的小句中，而是相隔了一个或多个小句之后，才出现在接下来的小句的宾语位置，出现了长距离零回指现象。

这一类语料的前两种情况有一个共同点。当后续宾语位置上的零代词回指"把"字结构中的NP时，主语位置上也多出现零代词，且多回指"把"字结构所在的句子的主语成分，形成较有规律的平行移步式零回指关系。与此相一致的是，即使以上第三种情况，在由于其他小句相隔而出现长距离"把"字NP的回指时，这种平行对应关系也基本得到保持，仍然是主语位置的零代词由前面的主语位置上的指称成分保持着联系，宾语位置则插入了其他明示成分，从而将"把"字NP的零回指推移到接下来的宾语位置，显示出"把"字结构乃至汉语零形回指总体上较清楚的规律性。

第三类是"把"字结构中的指称成分在后续小句的主题位置上出现零回指，这一类只有1例。这一类的情况和第一类很相近，只是后续小句有一个明示的主语：

（84）（她$_1$）立刻就要丈夫$_2$ Ø$_2$把一个小包$_3$交给赵启明。Ø$_3$里面有米面饽饽、葵花籽，Ø$_3$还有……

（《买酒女》第9段）

在以上例子中，"把"字引入的"一个小包"在后续句的主题位置采用了零代词回指，该句已有一个存现主语"里面"。之所以认定这个位置上有一个零代词回指前面的"一个小包"，是根据我们在第四章确立的标准，即主题的延续性，由于其后的小句还是关于"小包"。

上述语料表明，不仅"把"字结构中的指称成分有零回指现象，而且还有长距离零回指现象。零回指所出现的位置包括主语、主题、宾语。当"把"字NP的零回指出现在后续的宾语位置，而后续主语位置也是零代词时，出现平行移步式零回指关系。而且，"把"字结构中的指称成分的长距离零回指也是平行推移的。

二 "把"字结构零形回指的照应强度

由于汉语的零回指是公认的高可及性标示语（许余龙，2000），零回指的使用可以说明其先行语的高可及性，因此，在汉语中，出现在主题、主语、主语的修饰语等位置上的指称对象很容易在后续语句中使用零回指，而宾语的修饰语和旁语则不然（蒋平，2003等）。在这一框架下，我们来看一看"把"字结构中的指称成分的照应强度。

（一）低于主语

我们在上一节提到，在我们的语料中有一个例外的例子。该例子中有两处零回指，都出现在后续的主语位置，一个是主句的主语，一个是宾语从句的主语：

> (85) 西方学者$_1$一般把它$_2$叫作"共和国"，Ø$_1$也只是说明Ø$_2$与世袭君主制不同而已。
>
> （《原始佛教的历史起源问题》第9段）

有趣的是，两个主语位置上的零代词，前一个对应于先行语环境中的主语，后一个对应于先行语环境中"把"字结构中的指称成分。这说明，在竞争先行语地位时，主语位置上的指称成分强于"把"字结构中的指称成分。

另外，我们从131例兼有"把"字结构和零回指的语料中看到，当这些语料的上文都有"把"字结构并在下文都出现了零回指的时候，回指"把"字结构中的指称成分的零回指数量仅有 35 例，回指主语、主题的有 93 例，回指旁语的只有 2 例。在数量上看，主语、主题位置上的指称实体明显占多数，说明这些位置上的指称实体竞争先行语的强度大于"把"字结构中的指称成分。

在零形回指的平行推移关系上也显示出主语和主题位置上的成分的强照应性。当出现平推的零形回指时，总是前面出现过的主语对应后面主语位置的零代词，而"把"字结构中的指称成分对应宾语位置的零代词，因而，"把"字结构中的指称成分接近宾语的地位。

（二）强于旁语

前面说到，在我们的语料中也有两例零代词回指前面出现过的旁语，而不是回指"把"字结构中的指称成分。例如：

(86) 有的人$_1$把江西工业$_2$比作破车$_3$，Ø$_3$走还可以，如果 Ø$_3$
跑，Ø$_3$就会散架子。

（《江西一年间》第 3 段）

上例中的零代词回指前面句子中的旁语"破车"而不是"把"字结构中的 NP，后面三个小句都是对"车"的阐述。之所以出现零代词回指前面的旁语，是因为这里出现了比喻，比喻需要讲完，这才使得旁语有机会在下文得到延伸。可见，旁语成为先行语是有特定的条件的，这就是为什么本研究的数据中，当先行语环境中有主语和"把" NP 的时候，只有两例零代词回指前面的旁语。我们可以由此确定，当先行语环境中具有"把" NP 和旁语时，"把"字结构中的指称成分强于旁语。

（三）原因分析

Tsao（1987）提出，汉语中的句子可以有不止一个主题，可以有大主题、次主题和参主题。他曾讨论汉语将宾语从动词后的位置提至动词前的位置的现象，认为汉语中的"把"字就是具有把动词后的成分提至动词前的作用，并认为这种被提升的成分具有次主题地位。

根据 Tsao（1987）的这一观点，我们认为，"把"字结构中 NP 的次主题地位增强了该结构中的 NP 的可及度。这应该是使得其在下文获得零代词回指的重要原因。

三　"把"字结构零形回指的排序问题

根据上文分析，我们认为，"把"字所引入的 NP 就其主题性强度来看，不应列入旁语类别，也不应列在主语和宾语之外的"其他"类或者介宾行列，而应该至少排在宾语之列。根据它在零形回指中近于宾语而又强于宾语的种种迹象，在考虑零形回指的先行语排序时，我们考虑将其置于宾语甚至宾语之前的位置。本研究关于"把"字结构的零形回指的分析，进一步证明"把"字所引入的 NP 的重要性和主题性以及"把"本身的句法功能，不仅能够引起学界更为广泛地关注汉语的零形回指，也进一步加深学界对"把"字句法功能的认识。

第四节　生命性与零形回指先行语的分体裁考察

以往研究对零形回指先行语的生命性已有一些关注，但未有过数据统计。本研究基于所收集的语料，对零形回指先行语的生命性进行了分体裁统计，以了解零形回指先行语生命性特性的总体情况、与体裁的关系，以及与零形回指的关系。

表 7-6　　　　　　　　零形回指先行语的生命性

生命性类别	语篇类型						小计	比例
	新闻语篇		学术语篇		叙事语篇			
A	1025	51.61%	426	30.47%	2244	74.38%	3695	57.725%
I	740	37.26%	693	49.57%	716	23.73%	2149	33.573%
C	173	8.71%	268	19.17%	15	0.50%	456	7.124%
L	47	2.37%	7	0.5%	41	1.36%	95	1.484%
T	0	0%	4	0.29%	1	0.03%	5	0.078%

续表

生命性类别	语篇类型						小计	比例
	新闻语篇		学术语篇		叙事语篇			
W	1	0.05%	0	0%	0	0%	1	0.016%
合计	1986		1398		3017		6401	100%

注：A 表示有生命的实体；I 表示无生命的实体或事件；C 抽象概念；L 场所；T 时间；W 天气。

以上统计数据显示，除了学术语篇之外，零形回指的先行语最主要的是生命性的实体，其次是无生命的实体或事件，再次是抽象概念。场所、时间和天气很少成为零形回指的先行语。从数量最多的两种指称对象的类型来看，生命性的实体和无生命的实体或事件无论在三种不同的语篇中，还是在总体比例上，都占绝对数量。

首先，我们发现，在本研究的 6401 例零形回指中，共有 3695 例零回指的先行语是生命性的实体，占总数的 57.725%，这个数字已经能够说明零形回指总体上或最主要的是回指具有生命性的实体。但是，我们也发现了生命性实体在体裁上的差异，即在不同的体裁中，生命性实体的零形回指数量有差异。在新闻语篇中，生命性实体担任零形回指先行语的数量是 1025 例，占该体裁零形回指总数的 51.61%；在学术语篇中，生命性实体担任零形回指先行语的数量只有 426 例，只占该体裁零形回指总数的 30.47%；在叙事语篇中，生命性实体的数量最高，达 2244 例，占该体裁零形回指总数的 74.38%。这个统计结果非常有意义，不仅说明了零形回指的生命性具有体裁差异，而且显示，在三种体裁中，学术语篇零形回指的生命性最低，叙事语篇最高，新闻语篇居中。有意思的是，新闻语篇生命性实体的零形回指数量几乎是三种体裁的平均数，而且，在新闻语篇中关于非生命性的实体或事件担任零形回指先行语的数量比例中，我们再次看到了类似于平均数的现象。所以，结合非生命性的实体或事件担任零形回指先行语的数量和比例来看，叙事语篇是典型的由生命性实体担任零形回指先行语的语篇，新闻语篇主要是生命性的实体，但是，非生命性的实体或事件担任零形回指先行语的比例也很高，学术语篇则是非生命性的实体或事件担任先行语的比例最高，达到了49.57%，其次才是生命性的实体，为30.47%。

三种体裁的零形回指先行语在生命性上的差异显然与体裁的特点密切相关。新闻语篇的报道不仅要以人物为主，向读者详细说明事件的原委也是报道的主要任务。这就是为什么在新闻语篇中这两种类型的先行语比例都高。学术语篇不关注人物的进展，而以研究对象、问题或研究目标为主题，因此，生命性实体的零形回指数量和比例都不高。叙事语篇以人物刻画和人物的活动为叙述的主体，因而，生命性的实体被关注的频率最高，这也是为什么其生命性实体的零形回指比例最高，几乎接近其零形回指总数的75%，而它的非生命性实体或事件的零形回指比例却与之相差甚远，只有23.73%。

从数据的总体情况看，汉语零形回指先行语的生命性排序很清楚，可以形成以下等级体系：

A > I > C > L > T > W

（A 有生命的实体；I 无生命的实体或事件；C 抽象概念；L 场所；T 时间；W 天气）

从三种体裁的内部看，新闻语篇除了前两类实体之外，其余非生命性的实体担任零形回指先行语的数量都很少，抽象概念只有8.71%，场所只有2.37%，表示时间的先行语为0，表示天气的先行语只有1例。新闻语篇中出现一定数量的抽象概念担任先行语，原因可能是新闻语篇还包括了一些理论探讨。表示场所的实体在新闻语篇中较其他两类语篇的场所实体（分别为0.5%和1.36%）更多地担任先行语，是因为新闻报道提供事件发生的地点是一个首要任务，读者对此信息有需求。学术语篇除了前两类先行语之外，第三类实体，即抽象概念的数量也不少，有268例，占该类语篇零形回指总数的19.17%，约为该类语篇零形回指总数的五分之一。这显示，学术语篇零形回指的先行语主要有三大类：生命性、非生命性的实体与事件、抽象概念。这与其他两类语篇有所不同。学术语篇其余三种实体的零形回指很少，场所只有 7 例，时间 4 例，没有表示天气的先行语。叙事语篇的指称实体几乎集中在前两类，如果说新闻语篇中的抽象概念和场所还有一些零形回指的话，那么，叙事语篇除了表示场所的指称实体还有 1.36% 担任先行语，其余基本上就是前两类。

　　因此，从语篇差异来看，新闻语篇零形回指的先行语主要是生命性实体、非生命性实体和事件两大类，同时还包括一部分抽象概念和场所；学术语篇零形回指的先行语主要有生命性实体、非生命性实体或事件、抽象概念三大类；叙事语篇零形回指的先行语主要是生命性实体、非生命性实体或事件。不难判断，三种体裁的共有特点是，零形回指的先行语以前两类为主体。而三种体裁加起来数量最多的是，有生命的实体担任零形回指的先行语。

第八章

平行性、层次性与零形回指

第一节　零形回指的平行性

Jiang（2004）和 Duan（2006）等学者都曾提到过回指的平行性，并讨论和尝试应用了句法位置的平行性进行回指的解析。本研究基于数据统计发现，零形回指的平行性不仅在于句法位置，而且还有结构平行以及分层次平行，为此，我们进行以下的分析和探讨。

一　句法位置平行

零形回指的平行性首先体现为其先行语和回指语的句法位置平行。这方面有相当丰富的语料。例如，主语位置的先行语最主要的是在后续主语位置出现零代词回指；在语料中这种情况共有 4476 例，占了零形回指总数约 70% 的比例（参见第五章）。宾语位置的先行语虽然主要的是在后续主语位置出现零代词回指，但是宾语位置上的零形回指也不少，主题和主语的修饰语的情况也与宾语差不多，除了最主要的是在后续主语位置出现零形回指之外，就是平行位置上的回指。各举例如下（画线部分为先行语，带背影的 Ø 表示平行位置的零形回指）：

(1) 我就这样从早晨里穿过，现在 Ø 走进了下午的尾声，而且 Ø 还看到了黄昏的头发。

（《十八岁出门远行》）

（2） 我明明告诉过你，五块钱一荤两素，六块钱两荤一素，
七块钱两荤两素$_1$，你自己放弃了 $\emptyset_1$，我$_2$也不能硬塞给
你 $\emptyset_1$，你少要了 $\emptyset_1$ $\emptyset_2$也不退钱的。 （《小饭店》）

（3） 这艘远洋货轮是用最新的技术装备起来的，它全长
169.9公尺，$\emptyset$ 载货量达 13400 吨，$\emptyset$ 排水量为 22100
吨，$\emptyset$ 能在封冻的区域破冰航行。

（《第一艘万吨巨轮下水》）

（4） 她们的皮肤也已经养白得差不多了，$\emptyset$ 指甲修尖了。不
过 $\emptyset$ 要比她们的老板娘，$\emptyset$ 还要加几把劲。

（《小饭店》）

以上例（1）是主语—主语位置的平行回指，先行语和零代词都
在主语位置。上文说过，该平行位置的回指数量最高，有 4476 例。
例（2）是宾语—宾语位置的平行回指，先行语是直接宾语，零代词
也在宾语位置。该平行位置的零形回指在语料中有 180 例。例（3）
是主题—主题位置的平行回指，先行语和回指语都在主题位置，在语
料中共有 54 例。例（4）是主语修饰语—主语修饰语位置的平行回
指，共有 10 例。

在语料中，除了以上单一位置的平行回指之外，还有双位平行回
指。例如：

（5） 当部队官兵把这些礼物送到各家各户时，人们$_1$把这些
物品$_2$顶到头上，$\emptyset_1$ 捧 $\underline{\emptyset}_2$ 在怀里，$\emptyset_1$ 长久地抚摸着
$\emptyset_2$，……

（《我边防部队撤出军事要塞西山口情形》）

在以上例子中，有两个不同的先行语，都在下文出现零回指。一
个是主语位置的先行语"人们"，在后续主语位置出现零代词回指；
另一个是宾语位置的先行语"这些物品"，在后续宾语位置出现零代

词回指。此外，我们的语料中还有近似的双位平行，即先行语和回指
的位置不完全一致，但是很接近。例如：

(6) 他$_1$把手放在小宝的"和尚头"$_2$上 Ø$_1$摩着 Ø$_2$，他的被穷
苦弄麻木了的老心里勃然又生出新的希望来了。

（《春蚕》）

上例也有两个不同的先行语，一个在主语位置，一个在旁语位
置。主语位置的先行语在后续主语位置出现零代词回指，旁语位置的
先行语则在后续宾语位置出现零回指，构成了"S$_1$—OBL$_2$，S Ø$_1$—O
Ø$_2$"位置关系的双位零形回指。在这个格局中，虽然前后位置不是完
全的一致，但也显示出位置上的平行性，旁语位置上的指称对象得到
了一定的提升，而在后续的宾语位置出现零形回指。究其原因，我们
发现，在这个例子中，前一结构是主句，后一结构是动补结构，可能
因为后一结构是从属结构，才会出现在宾语的位置上用零代词去回指
前面旁语位置上的先行语。

二　结构层次平行

结构层次平行是指零形回指在语句的结构层次上出现平行关系。
可分为主层次平行和次层次平行两种情况。例如：

(7) 他们争论的焦点，Ø 不在刘五的改变，这个$_1$他们都了
解 Ø$_1$；Ø 却在高二的异常，这个$_2$他们不明白 Ø$_2$。

(8) 原告与被告争论的焦点，Ø 是东史郎日记中记载的其上
司桥本光治$_1$将中国人装入邮局麻袋$_2$，Ø$_1$浇上汽油，Ø$_1$
捆上手榴弹，Ø$_1$点着 Ø$_2$后 Ø$_1$扔 Ø$_2$进水塘的事实是否
存在。

(9) 他开始叙述自己的来意，Ø 说两句 Ø 又等一等，Ø 希望
小伙子$_1$把录音机的声音$_2$关小一些，Ø 等了几次 Ø 发现

Ø₁没有关小 Ø₂的意思，Ø 便径自说下去。

在以上例（7）中，带背影的"Ø"都在主结构中，而且都在主语位置，构成主结构平行回指；在以上例（8）中，带背影的"Ø"都出现在次层次的结构中，先行语"桥本光治"也在次层次结构中，而且都在主语位置，构成次层次结构中的平行回指；例（9）的情况更复杂，有两个层次的平行回指，一个是主结构中的，先行语为"他"，在主语位置，零代词都出现后续主结构的主语位置；一个是次层次结构中的平行回指，先行语是"小伙子"和"录音机的声音"，是次层次结构的主语和宾语，零代词也出现在后续次层次结构的主语和宾语位置，其间相隔了主结构主语位置上的指称成分。顺序上出现了一定的交叉。

三　零形回指的平行推移与延续

这是指零形回指在以上所述的平行状态下，在语篇表达中的推移与延续，形成回指链。这在以上例（2）、（5）、（7）、（9）等已有所见。零形回指的这种平行推移虽然单线型的较为多见，但双层次零形回指推移也很多，有时形成很长的语篇结构。例如：

（10）衡阳市委、市政府提出"需要就是政策，服务就是环境"，Ø 对投资项目各环节开辟"快速通道"，Ø 全程免费代理；Ø 并推行"属地报关、口岸验放"区域通关模式，Ø 开设粤港澳直通车，Ø 大大方便了投资客商。　　　　　　　　　　（《产业承接布新局》）

（11）她听说考察队₁要到皆东去，Ø 立刻就要丈夫₂ Ø₂把一个小包₃交给赵启明₄。Ø₃里面有米面饽饽、葵花籽，Ø₃还有些什么在山里人看来是十分稀贵的小吃食。Ø 说要麻烦他₄ Ø₄带 Ø₃到皆东，Ø₄送 Ø₃给卫生院的李淑惠同志。　　　　　　　　　（《卖酒女》）

以上前一例是单线的零形回指平行推移，先行语只有"衡阳市委、市政府"，在语篇片段中一直平行延续。后一例是复杂结构的零形回指平行推移，有两个层次结构，一个是第一句和第三句构成的主层次，内里还有多个从属结构；另一个是中间句子构成的起说明作用的次层次，零形回指在这两个层次上都有延续。在主层次上出现的是以"她"为叙述中心的远距离的零形回指平行推移。如果基于话语的宏观视角，以下结构中的零形回指也可以看作一种平行推移：

（12）西方学者₁一般把它₂叫作"共和国"，∅₁也只是说明∅₂与世袭君主制不同而已。

（《原始佛教的历史起源问题》）

以上句子中的第二个零代词是动词"说明"之后的内嵌从句的主语，看上去不能与前面的先行语"它"构成平行，但是，如果我们从宏观结构来看，将"说明"之后的成分都看作主句动词的宾语，那么，也构成一定意义上的结构平行性。

四　反指中的平行

除了以上平行回指之外，在语料中，我们发现，零形反指也多是平行性的，以主语位置的平行为主，而且，除了少数情况之外，反指基本上是平行性的。例如，以下语句中的反指和先行语都在主语位置：

（13）∅ 得知这些变化，温家宝说，太湖治理的成效是太湖区域经济结构调整的重要标志。

（《让经济发展更具有可持续性和竞争力》）

本研究的语料分析还发现，零形反指一般出现在前置的次层次结构中，而且，出现零形反指的次层次结构主要有两种，一种是第四章所说的 FAD1（出现在主句结构之前的从属状语结构），一种是 FAD2（出现在主句结构之前的从属定语结构）。除了后一种结构中的零形反指会出现位置上的变化之外，其余最多是在主语、主语修饰语、主题之间有所变换（这些将在下文讨论），而以主语—主语位置关系的平行回指最为常见。

五 平行性的标记

本研究发现，在很多情况下，零形回指的平行性具有形式上的标记。一种是功能词标记，功能词标记有不同的类型，另一种是动词标记。例如：

(14) 如果<u>我们</u>从个别性的善中发现道德价值的基础，那么，由于这些善的个别性，它们只有着相对的性质，这是不能作为道德价值的源头的。于是 Ø 要想找到道德价值的最高根源，Ø 就应该超越这些个别性的善。

（《孟子道德学说的美德伦理特征及其现代省思》）

(15) <u>我们</u>$_1$必须有阶级观点和民族观点。在不同的民族居住的地区内，在不同的阶级里，生活情况就决不会一样。<u>这种观点</u>$_2$，Ø$_1$其他时候也要有 Ø$_2$，……

（《原始佛教的历史起源问题》）

在以上第一个例子中，功能词语"如果"、"那么"和"于是"标示着语篇结构的平行性，因此，先行语"我们"能够越过一些中间结构和小句，延续到"于是"所在句的主语位置；第二个例子的结构平行标记不仅有动词"有"，另外还有一个功能词语"也"，共同帮助维持着语篇结构的平行性，也保持了先行语"我们"在语篇中的长距离零形回指平行推移。

第二节 零形回指的层次性

以往的研究以及本研究的语料数据反复显示，语言中的回指关系不是线性的，而是与语言表达的结构层次有密切的联系。为此，我们先要分析语言表达的层次性。

一 话语的多种层次结构

话语的层次性指的是语篇中前后相连的小句与小句之间的语义结构层次关系。已有研究证明，话语的组织不仅按照线性顺序前后排列，而且按照层次性展开。从本研究的语料看，话语的结构根据语法和语义关系，可分为多个层次，有主层次、次层次和更低的层次。最多可达三到四个层次。从结构顺序看，可以有次层次在主层次之前、在主层次之后、插入在主层次之间三种情况。在主层次之前的次层次有状语结构和前置定语结构；在主层次之间的次层次又分为插入结构、内嵌结构、内置定语从句结构；在主层次之后的次层次分为内嵌结构、补语结构、状语结构等。例如：（灰色部分表示次层次的结构）

(16) Ø 为避免与周边地区产生恶性竞争，衡阳市依托自身特色产业，Ø 打造错位竞争发展优势。

（《产业承接布新局》）

(17) 在此，孟子不仅强调了美德的内在性，即善端$_1$是先天固有的，所以 Ø$_1$ 为美德塑造提供了基础，同时，Ø 也强调在美德塑造的过程中 Øf 又必须遵守一定的道德规范，Øf 使美德本身$_2$Ø$_2$不会流于空泛，这又为美德塑造提供了具体的方法。

（《孟子道德学说的美德伦理特征及其现代省思》）

(18) 三名老师傅面对 Ø$_1$站在跟前的江根田$_1$，Ø 一问一答地

考了 $\emptyset_1$ 近两个小时。

（《厂长当徒工》）

（19）上半年重庆实现增加值2320.47亿元，$\emptyset$ 增长 12.5%。
（《怎么看中西部……》）

（20）他们还组织了12 个治沙队$_1$，$\emptyset_1$ 对全国沙漠地区进行了考察，$\emptyset_1$ 掌握了沙漠地区的基本情况，$\emptyset_1$ 为群众性治沙工作创造了有利条件。（《我国治理沙漠……》）

以上第一例的次层次结构出现在主结构之前；第二例的次层次结构都出现在语句的中间，有两部分，第一部分是一个插入结构，由功能词语"即"引入，第二部分是一个宾语从句内嵌结构，构成动词"强调"的宾语；例（18）的次层次结构也在中间，是一个内置的定语从句结构；例（19）和（20）的次层次结构都出现在语句的主结构之后。不同的是，例（19）只有一个次层次结构，起补充说明作用，例（20）有两种次层次结构，一种是"$\emptyset_1$ 对全国沙漠地区进行了考察，$\emptyset_1$ 掌握了沙漠地区的基本情况"，对主结构的内容进行补充说明，另外一种是最后的一个小句，是表示结果的次层次结构。从以上这些例子看，语言表达中的层次结构非常丰富，特别是，在进一步扩大语篇的上下文之后，层次关系实际情况更为复杂。

以上例子还显示，话语的层次结构对于回指的距离间隔和位置关系都有影响。这在以往的研究中也有一些讨论。Fox（1987）认为，任何对回指的研究都必须考虑语篇的层次结构。Chen（1986）持有同样的观点。两位学者都分析了语句中的层次关系。Fox 从层次的角度讨论了英语语篇和会话中的代词回指，包括英语会话中的长距离代词回溯现象（pop back reference）。Chen 也依据语句的等立关系和非等立关系讨论了汉语的零形反指和位置发生改变的零形回指。蒋平（2003）讨论了话语的层次结构变化与零形回指的关系。我们发现，除了已有的讨论之外，与话语的层次性有关的零形回指关系变化还有一些其他情况，为此进行以下分析。

二　层次性与零形回指的换位

首先，和 Chen（1986）以及陈平（1987）的研究一样，我们看到，零形回指的位置变换与话语的结构层次变化有关。比较典型的位置变换是：1）先行语在宾语位置，零回指在后续的主题或主语位置（O—T/S 位置关系）；2）先行语在主语位置，零回指在后续的宾语或旁语位置（S—O/OBL 位置关系）。此外还有先行语在宾语的修饰语或旁语位置，零回指在主语或主题位置（OM/OBL—T/S 位置关系），虽然这一种类的数量不多。我们首先看一下先行语为宾语，零代词为后续主语或主题的情况。在我们的语料中，O—T/S 位置关系的零形回指在语料中共有 656 例（含 11 例 O—T 位置关系），主要有以下几种表现形式：

(21) 这座古墓埋葬<u>女尸一具</u>，∅ 外形基本完整。

　　　（《一座两千一百多年以前的汉墓在长沙市郊出土》）

(22) 忽然<u>小寨</u>$_1$来<u>电话</u>$_2$，∅$_2$说有一个<u>景颇女人</u>$_3$，∅$_3$难产。

　　　　　　　　　　　　　　　　　（《卖酒女》）

(23) 干冰播撒在云层上，∅ 使<u>云体</u>$_1$，∅$_1$局部冷却，云滴增大，大雨就会倾降下来。

　　　　　　　　　　　　　　（《我们能呼风唤雨》）

(24) 《文言常用八百字通释》收"<u>把</u>"作动词，∅ 意为"拿"，"捏"，"抓"。

　　　　　　　　　　（《是无动把字句还是一种行事句》）

(25) 受访学生中，<u>65.88 %</u>$_1$支持<u>在校期间参与创业</u>$_2$；<u>10.31 %</u>$_3$表示反对 ∅$_2$，∅$_3$认为 ∅$_2$浪费学习时间，∅$_2$得不偿失。

　　　　　　（《75% 大学毕业生有创业热情，2% 有行动》）

(26) （<u>长影</u>）决心拍摄出一批 ∅$_1$反映当下农村面貌、农民命运、乡俗民风等健康向上、农民喜闻乐见的<u>优秀农村题材影片₁，Ø 提出了力争用 5 年左右时间 Ø 实现年产 100 部胶片电影和数字电影的目标。

（《"长影"突围，不走寻常路》）

在以上例子中，前两个例子都是存现结构引入的宾语在下文的主题或主语位置出现零形回指，带背影的零形式表示回指成分的位置；例（23）代表动补类动词引入的宾语在下文的主语位置出现零形回指，这一类的动词很多，回指的数量也很多，本研究进行了专门统计（参见第四章）；例（24）宾语位置的先行语在后续的补充说明结构的主语位置出现零形回指；例（25）是在后续内嵌宾语从句的主语位置采用零代词回指；例（26）是反指，零形回指出现在前置定语从句的主语位置。分析这些例子的结构，我们发现，其中都有语篇结构层次变化，零代词都出现在次层次结构的主题/主语位置。确切地说，前四个例句都属于零代词出现在次层次起补充说明作用的结构中，其中又分为存现结构、动补结构和补充说明结构；例（25）属于零代词出现在内嵌的宾语从句结构中，例（26）属于零代词出现在前置的定语从句结构中。这些都比目前已知的情况更为复杂，尤其是后两类，是以往研究未曾讨论过的。

下面我们分析先行语在主语位置，零回指在后续的宾语或旁语位置的情况。关于 S—O 位置关系的零形回指，Jiang（2004）做过一个分析。在分析其语料中的 21 例 S—O 位置关系的零回指时，Jiang 发现，其中 9 例先行语所在的小句谓语采用了表示判断意义的"是"，6 例采用了形容词谓语句，4 例采用的是描述句。另外，研究者还发现，这种回指结构的前一句常常只有主语，没有宾语。Jiang 因而认为，如果把先行语环境中的判断句、形容词谓语句和描述句看作层次相对较高的语义结构，那么就可以对汉语 S—O 位置关系的零形回指做出如下解释。即结构层次较高的主语位置上的成分可以在后续结构层次较低的宾语位置采用零形回指。Jiang 的例句包括：

（27）<u>起坯的活儿</u>是一种集体劳动，一个人是干不成 Ø 的。

（28）<u>这个问题</u>比较重大，不知高玉华如何回答 Ø。

（2004：124）

在本研究中，S—O/OBL 位置关系的零形回指在语料中不多，共有 37 例（含 1 例 S—OBL 位置关系），有以下几种表现形式：

（29）这到底是<u>一个词</u>Ø 还是两个词构成的一个词组呢？在语言学界中曾经有人讨论过 Ø。

（《试论成词的客观法则》）

（30）当光荣的<u>中国人民志愿军代表团</u>乘火车到达北京的时候，中共中央副主席，全国人民政协主席，国务院总理周恩来和中央机关在北京的所有负责人都到车站欢迎 Ø。   （《首都 20 万人欢迎凯旋英雄》）

（31）我想<u>他的驾驶室里</u>$_1$应该也有 Ø$_2$，那么我$_3$一坐进 Ø$_1$去Ø$_3$就可以拿起 Ø$_2$来 Ø$_3$吃 Ø$_2$了。

（《十八岁出门远行》）

以上前两个例子都是先行语在主语位置，回指在后续宾语位置，第三例先行语在主语位置，回指在旁语位置。根据 Jiang（2004）的观点，第一例可以认为是由于先行语在更高的层次结构，而出现后续宾语位置上的零形回指。但是，我们看到，例 30、31 却都是反过来的。因此，更客观的解释只能是结构层次发生变化而产生上述位置变化，未必都是从高的结构层次到低的结构层次。

除了以上两大类之外，与结构层次变化有关的还有 OM/OB—S/T 位置关系的零形回指，共有 22 例。例如：

（32）<u>阎罗王</u>追还"陈老爷家"的金元宝横财，Ø 所以败得这么快。   （《春蚕》）

（33）北京空气达标天数从 1998 年的<u>100 天</u>$_1$、Ø$_1$ 占全年的
27.4%，Ø 增加到 2008 年的<u>274 天</u>$_2$、Ø$_2$ 占 74.9%，
10 年增长了 47 个百分点。

（《奥运绿荫长留北京》）

在以上两例中，后续小句一个是表示结果，一个是补充说明。因此，零形回指位置的变化仍然与结构层次发生变化有关。

在分析语料中的各种次层次结构时，我们也发现，并不是所有的层次变化都引起零形回指位置的变动。例如，出现在主句结构之前的从属状语（FAD1）、出现在主句结构之后的从属状语（BAD）、插入的状语结构（IAD）、插入句（INS）和出现在主句结构后面的内嵌结构（EBAD）基本不影响零形回指的句法位置。例如，以下句子中的"破方凳"出现次层次内嵌小句的宾语位置，其零代词可以出现在后面主层次的宾语位置：

（34）<u>陈杲</u>发现门前有一个<u>破方凳</u>$_1$，Ø 便搬过来 Ø$_1$，Ø 自己坐下了。

（《夜的眼》第 14 段）

出现在主句结构之前的从属定语（FAD2）和出现在主句结构前的从属定语包含着状语或包含着另外一个定语（FAD3）绝大多数不引起零形回指位置变化，只有当该定语结构所修饰的中心成分是宾语的时候，才出现零形回指位置变化。

综合以上分析，我们认为，出现在主句结构之后的从属补语（BADC）是主要的引起零形回指位置变化的次层次结构，其在功能上主要起补充和说明作用。

三　层次性与零形反指

前面说到，在我们的语料中，有两类次层次结构中出现零形反

指。一种是在 FAD1（出现在主句前的从属状语结构），另一种是在 FAD2（出现在主句前的从属定语结构）。除了后一种会出现位置上的变化之外，其余最多是在主语、主语修饰语、主题之间有所变换，而以主语—主语位置关系的平行回指最为常见。在以往研究中，前一种已有讨论（如 Chen，1986；Jiang，2004；蒋平，2004），后一种尚未有论述。下面我们根据语料中获得的零形反指不同的位置情况各举一例进行分析：

（35）Ø 啤酒再喝多些，<u>他们</u>就要闹事了。Ø 先是用家乡话相骂，Ø 骂到后来 Ø 就动手。　　（《小饭店》）

（36）虽然 Ø 在这半个月来也是半饱而且 Ø 少睡，Ø 也瘦了许多了，<u>他</u>的精神可还是很饱满。　　（《春蚕》）

（37）Ø 从事思想政治教育教学和研究的<u>教师、学生</u>的数量也达到了相当规模。

　　　　　（《探析思想政治教育学科发展的新趋势》）

（38）Ø 不能这样做的<u>人</u>，Ø 就是自暴自弃。

　　　　　（《孟子道德学说的美德伦理特征及其现代省思》）

（39）三名老师傅面对 $Ø_1$ 站在跟前的<u>江根田</u>$_1$，Ø 一问一答地考了 $Ø_1$ 近两个小时。　　（《厂长当徒工》）

（40）这是 Ø 从事音乐工作二十多年的<u>陈德山</u>的第三个儿子，他要把他们都培养成优秀的音乐家。

　　　　　（《1957 年的第一小时》）

反指以主语—主语位置关系最多，在上文已有例子，不再重复。在这里，前两个例子是 FAD1 结构中的零形反指，例（35）是先行语在主语位置，零代词出现在前面的主题位置；例（36）是先行语在主语修饰语位置，反指的零代词在前面的主语位置，而且，在该例的 FAD1 结构中出现三次连续反指，都在主语位置。后四个例子都是 FAD2 结构中的零形反指，也在不同的位置。例（37）是先行语在主语的修饰语位置，零反指在前面定语从句的主语位置；例（38）是先行语在主题位置，零反指在前面的主语位置；例（39）是先行语在主句的宾语位置，零反指在前面定语从句的主语位置；例（40）则是先行语在主句的宾语修饰语位置，零反指在前面的定语从句的主语位置。总体来看，零反指的位置比较固定，而其先行语的位置有一定的灵活性，特别是 FAD2 反指类型中的先行语，不仅有主语修饰语、主题位置，还有宾语和宾语修饰语位置。

四　层次性与零形回指的断续及长距离回指

通常情况下，零形回指与先行语多在相邻的句子或小句。从本研究的语料来看，大多数情况也是如此。我们在第五章第一节的分析中已经说到，在本研究的 6401 例语料中，共有 5121（4854 + 267）例零形回指的先行语出现在前后相连的小句，出现在前一小句的有 4854，出现在后一小句的有 267 例。约占总数量的80%。可见，前后小句是零形回指最典型的距离。其次是同一小句内，即先行语和零回指出现在同一小句内，共有 533 例，这也是零形回指的一个典型的距离。另外一个典型的距离是前后句，即先行语和回指语出现在前后相连的句子中，其间没有其他句子或者小句间隔。这种情况的零形回指在我们的数据中共有 383，出现在前一句的有 380，出现在后一句的有 3 例。把这些加起来看，零形回指在这三种相邻语句单位中使用的总数量达到了 6037 例，占了总数的 94%。

但是，语料中也还有先行语不在相邻的前一句/小句的用法，主要包括第五章第一节表格中所列的"隔段、隔句、隔小句"三种距离，先行语没有出现在相邻的语句中。其中，有段落间隔的零形回指有 1 例，有句子间隔的有 24 例，有小句间隔的 333 例。另外，在前后段距离的 6 例零形回指中，用相邻语句关系看，其中 5 例是先行语在前一句，回指出现在紧接着的后一句，没有句子或小句间隔，只是不在同一段而已，也有 1 例是有小句间隔的零形回指。我们发现，这些有距离间隔的零形回指有的情况十分复杂，虽然这在总数据中是很小的一部分。面对这种情况，如果我们要对零形回指的先行语获得正确的确认，还必须首先考虑对先行语所在的小句的正确确认。

　　关于汉语的长距离零形回指，陈平（1987）曾讨论在先行词和回指对象中间插入的但不影响后续回指对象使用零形式的句子，认为这种句子在语义结构上一般都具有以下特征：一、插入句在语式里要么从属于先行词所在的句子，要么从属于回指对象所在的句子，它不能以等立的身份与这些句子同时成为某个语式的论元；二、插入句本身的结构不能太复杂。许余龙（2003）在使用零形回指的语料验证他的回指确认模式时，也提出对于某些先行语不在相邻的前一句/小句的零形回指现象要进行语义结构层次分析。Jiang（2004）也对其语料中的86例长距离零形回指进行了分析，发现其中的大多数（83例）发生在中间句/小句的语义结构层次更低而两边句/小句的结构层次相对更高的话语结构中，即零代词可以跨越语义结构层次相对更低的句子/小句回指前面的先行语。而且，在长距离零回指中，先行语和零代词的前后位置往往是平行的。蒋平（2004）发现，在语句中，如果主从结构都有零代词回指的话，就会出现双层次零指现象。例如：

（41）

S, S（O）S（O）S　　冯云卿₁四面张罗着，直到姨太太₂换好了衣服，Ø₂坐上了打电话雇来的汽车，Ø₂头也不回地走了后，Ø₁这才有时间再来推敲关于女儿的事情。　　　　　　　　　　　　　　　　　　　　（蒋平，2004：27）

　　在以上例句中，第一个小句中的先行语"冯云卿"在第五个小句的主语位置以零形式回指，中间隔了三个小句。间隔的三个小句"直到姨太太换好了衣服，坐上了打电话雇来的汽车，头也不回地走了后"是次层次结构，处于从属地位，内部也有零代词保持对"姨太太"的回指，其左右两边的小句处于更高的语义结构层次，其中的零代词构成长距离零形回指。

分析本研究语料中的长距离零形回指及其间隔的句/小句的结构层次，我们发现，长距离零形回指与话语的结构层次变化有重要关系，但是，我们也注意到，并不是所有的中间结构都处于从属层次或都是简单的结构，另外，并不是所有的长距离零形回指都是平行推移的。首先，我们看上例（7、8、9、11、14、15、17、18），这些例子中都有长距离回指。例（7）是主语—主语位置的长距离回指，中间隔了一个小句"这个$_1$他们都了解 $Ø_1$"，是从属层次的小句；例（8）是旁语—宾语位置的长距离零形回指，中间隔了两个小句"$Ø_1$浇上汽油，$Ø_1$捆上手榴弹"，内部也有零形回指，但是，这两个小句与长距离回指的结构是并列关系的；例（9）的主结构和次结构都有长距离回指，相间出现，主结构的长距离回指都在主语位置，次结构"小伙子$_1$把录音机的声音$_2$关小一些""$Ø_1$没有关小 $Ø_2$的意思"都是宾语从句，其主语和宾语位置上都有长距离零形回指，是次层次结构中的长距离零形回指；例（11）的主结构是主语—主语位置的长距离零形回指，但是，中间夹了宾语位置的先行语"一个小包"引起的在次层次的主语出现的零形回指关系"把一个小包$_3$交给赵启明$_4$。$Ø_3$里面有米面饽饽、葵花籽，$Ø_3$还有些什么在山里人看来是十分稀贵的小吃食"。例（14）的情况和例（7）一样，中间结构也是次层次，只是比较长，是一个复合结构"那么，由于这些善的个别性，它们只有着相对的性质，这是不能作为道德价值的源头的"。例（15）的长距离回指中间也夹了一个句子"在不同的民族居住的地区内，在不同的阶级里，生活情况就决不会一样"。但是，难以判断这是不是次层次结构的句子；例（17）的长距离回指也在主语—主语位置，其中的间隔结构是次层次"即善端$_1$是先天固有的，所以 $Ø_1$为美德塑造提供了基础"，内部还有零形回指；例（18）被看作长距离回指，是因为在主句结构中插入了一个定语从句结构，主句的回指是在主语—主语位置，但其中的从句回指是在宾语结构的主语位置和主句结构的宾语位置，情况较为复杂。我们从这些例子已经看到，虽然长距离零形回指主要在主语—主语位置，但是，也有其他位置，如旁语、宾语位置；虽然夹在长距离零形回指中间的结构主要是次层次的，但是，也有其他层次，如并列结构；而且，中间结构并非总是简单结构。另外，长距离零形回指并非总是在主结构。为此，我们有必要对语料中的长距离零形回指进行系统的分析。

　　首先，和以往学者的研究和分析结果一样，长距离零形回指主要是发生在主结构，夹在中间的结构是从属层次的，先行语和零代词的位置主要在主语—主语、宾语—宾语，但是，和以往学者不同的是，我们发现，也有其他位置的，而且，中间成分也可以分为几种类型。例如（带背影的 Ø 表示长距离零形回指）：

（42）它眼睛里只有光$_1$，一种很柔和很绵软的带着茸毛的亮光$_1$，Ø$_1$朝屠夫忽闪几下，Ø 转身走开，Ø 一直走出林带，Ø 走向青草地。　　　　　（《美丽奴羊》）

（43）高二的拳头擎在空中，棺材进了坟，Ø 老停在那儿！
　　　　　　　　　　　　　　　（《报复》）

（44）各个菜摊上的蔬菜，Ø 都经过加工整理，白菜剥去了菜帮，芹菜摘去了根，胡萝卜和鲜茄洗得干干净净，边荸荠也剥了皮。如果顾客$_1$没有时间挑选 Ø，Ø$_1$可以把菜单交给营业员，……　（《南京菜场……》）

（45）这一现象的原因首先是国家对中西部地区的扶持政策效果开始显现；其次，中西部地区都还处在工业化的初期和中期，重化工业、装备制造业等基础工业和基础设施建设的推进$_1$，Ø$_1$为中西部地区的工业发展带来了强大的动力；同时，中央在农业政策上的倾斜$_2$，Ø$_2$也推动了中西部地区的农业$_3$Ø$_3$较快发展。当然，Ø 也得益于中西部地区$_4$抓住自身特点和优势，Ø$_4$在危机中找到了发展的机遇。

（《怎么看中西部地区的"快"》）

在以上例子中，中间结构都是次层次的，长距离回指都在主结构，位置却有几种，例（42）是主题—主语位置，例（43）是主语—主语位置，例（44）是主语—宾语位置，例（45）是主语修饰语—主语位置。另外，中间成分虽然都是次层次结构，但是不仅有长有短，而且，作用有所不同，例（42）的次层次"$Ø_1$ 朝屠夫忽闪几下"是宾补结构；例（43）是比喻或拟状；例（44）是细节分解或提供具体细节；例（45）是原因说明。

另外，和以往研究不同的是，长距离零形回指可以发生在次层次结构或交叉结构中，中间间隔的可以是主结构。例如：

（46）我想着笭筐里装的肯定是水果$_1$。当然 $Ø$ 最好是香蕉。我想他的驾驶室里$_2$应该也有 $Ø_1$，那么我$_3$一坐进 $Ø_2$ 去 $Ø_3$ 就可以拿起 $Ø_1$ 来 $Ø_3$ 吃 $Ø_1$ 了。

（《十八岁出门远行》）

（47）路灯当然是一下子就全亮了的。但是陈杲总觉得 $Ø$ 是从他的头顶抛出去两道光流。　　　（《夜的眼》）

（48）他一连跑了好几个菜场 $Ø$ 都没买到（香菜）$_1$，最后 $Ø$ 赶到同仁街菜场，$Ø$ 一看$Ø_1$也卖完了。菜场值班主任张长发$_2$请他$_3$，$Ø_3$ 留下地址，$Ø_2$ 答应下午一定负责送到 $Ø_1$。　　　（《南京菜场……》）

（49）她身上着火$_1$了。在旁边的工友劝她 $Ø$ 赶快到外面 $Ø$ 去弄熄 $Ø_1$，……　　　（《向秀丽……》）

以上例（46）的长距离先行语是"水果$_1$"，是从属结构中的宾语，长距离零代词的第一个是在后续从属结构的宾语位置，第二个是在后续主结构的宾语位置，出现了宾语位置的"次—次—主"结构关系的长距离零形回指；例（47）的先行语"<u>路灯</u>"在主结构的主语位置，长距离零形回指出现在后续主结构之后的从属句的主语位置，出现了主语位置的"主—次"结构关系的长距离回指；例（48）的先行语"$Ø_1$"（香菜）是从属结构的主语，长距离零形回指在最后的主结构宾语位置，出现了主语—宾语位置的"次—主"结构关系中的长距离零形回指；例（49）先行语"<u>火</u>$_1$"是主结构的宾语，零代词出现在后面次层次补语结构的宾语位置，出现了宾语位置的"主—次"结构关系中的长距离零形回指。

语料分析发现，长距离零形回指还可以发生在平行结构中，且有多种位置关系。例如：

（50）<u>姐妹俩</u>踏着深雪 Ø 跟着羊群 Ø 艰难地走着。<u>妹妹玉荣</u>的小脸已经冻肿了，但<u>她</u>$_1$依然倔强地跟着羊群 $Ø_1$ 奔跑。Ø 约莫走了三四个钟头，天色渐渐黑下来，不远处现出三间被雪封盖着的房子。

　　　　　　　　　　　　　　（《两个蒙古小姑娘……》）

（51）<u>赵启明</u>$_1$从寨子里走过，<u>大人小孩</u>$_2$都会从窗口探出头来 $Ø_2$ 招呼 $Ø_1$："……"　　（《卖酒女》）

（52）她对<u>这位助理医生的指责</u>$_1$，一向不加理睬，［Ø 最多默默地苦笑一下］c，Øc 算是表示她听见了 $Ø_1$。

　　　　　　　　　　　　　　　　　（《卖酒女》）

在以上例子中，不仅长距离零形回指除了主语—主语位置之外，还有主语—宾语、旁语—宾语位置，而且，夹在中间的结构也不是次层次的结构。在例（50）的先行语"<u>姐妹俩</u>"和长距离零代词之间，有一个关于"妹妹玉荣"的语句，很难确定它就是次层次结构的语句；其他两例的中间结构更是可以确定为主结构。

不仅如此，零形反指中也有长距离形式的，例如：

（53）Ø 为了使<u>广大适龄儿童</u>$_1$Ø$_1$ 都有机会 Ø$_1$学习文化，<u>拉</u>
　　　<u>萨军管会</u>最近又帮助<u>各居民委员会</u>$_2$，Ø$_2$ 采用民办方式
　　　Ø$_2$ 兴办了 19 所文化学校。

（54）而 Ø 不能帮助边远的小镇的<u>人们</u>$_1$，Ø$_1$ 得到更多、更肥
　　　美的羊腿的<u>民主</u>则只是奢侈的空谈。

　　以上例子中，一个是 FAD1 结构中的反指，一个是 FAD2 结构中的反指。带背影的零代词与先行语之间间隔了一到两个小句，零代词反指后面主句结构中的主语，间隔的小句都是次层次的结构。

　　综上所述，长距离零形指代与语句的层次结构有关，但是，其中的层次变化和位置关系等比以往所了解的情况更为复杂多样。而且，长距离零指代，除了层次性因素之外，还有平行性甚至主题性等因素的作用。

第三节　指向宾语的零形回指

　　本研究的数据与分析显示，零形回指的位置变换更多地出现在先行语为宾语的情况下，而结构层次变化是其主因，同时，先行语为宾语的零形回指中还有一部分与结构的平行性有关。为此，我们从层次性和平行性的角度，对指向宾语的零形回指进行专门分析。通过语料分析，我们发现，指向宾语的零回指有四种情况：1）先行语为前一小句的宾语，零回指为后一小句的主语；2）先行语为前一小句的宾语，零回指为后一小句的宾语；3）先行语和零代词为同一小句中的宾语；4）先行语和零代词为主句的宾语和从句的主语。这些又分为同层次和次层次回指两种。同层次回指具有回指同位且不被其他零回指越过的特点，次层次回指具有回指异位和被其他零回指越过的特点。分析这些规律有助于我们在回指解析中对指向宾语的零形回指的识别。

一　指向宾语的零形回指的类型

指向宾语的零回指尚未有过专论，但在有的研究中已有涉及。石定栩（1998）在讨论汉语式主题以及什么样的成分在主题链中能够控制后续同指名词的删除或代词化的问题时，认为处于动词后位置上的名词词组显然也可以控制主题链中同指名词的删除或代词化，例如：

> （55）我认识卢学尧，∅ 长得又高又瘦，∅ 成天眯着个眼，∅ 说起话来唾沫乱飞，∅ 没完没了，人人见了 ∅ 都讨厌 ∅ 。　　　　　　　　　　　　　　　　（1998：55）

对于这种情况，石定栩（1998）和 Shi（1989）部分参照 Li & Thompson（1981）的观点，提出：如果第一个小句有个处于句首位置的主题，那么主题链中所有同指名词词组的删除，一定是由这个名词词组控制；如果第一个小句没有明显的主题，那么该句的主语、直接宾语（包括"把"的宾语）、主语的所有格修饰语都可以控制主题链中的同指名词词组删除。

陈平在探讨汉语零形回指的适用范围时，也涉及先行语为宾语的例子：

> （56）他还有个弟弟，∅ 当兵的。
> （57）小田已经找到了合适的对象，∅ 在燕山公社。
> 　　　　　　　　　　　　　　　　　　　　（1987：375）

以上例子中的"卢学尧"、"弟弟"和"合适的对象"均是第一小句的宾语和后续零回指的先行语。这些例子均表明，汉语存在着宾语控制后续小句同指名词词组删除的事实。但是，对于以上例中的零代词为什么指向前一小句的宾语而不是主语，没有人进行解释。

从自然语言处理的角度，本研究在语料收集中将出现在动词（包括存现句的动词）后并与动词有联系的指称成分（包括零形式）定为宾语位置的指称词语。如果这个词语在后续小句中被回指，则这个词语就是宾语位置的先行语。语料分析发现中，指向宾语的零回指数量不算多，共837例，但形式各异，综合起来有以下四种：

第一种：先行语为前一小句的宾语，零回指为后一小句的主语，前后以句号、逗号、冒号、破折号等隔开。例如：

（58）就在那边，蹲着又一个茧厂，Ø 远望去隐约可见那整齐的石"帮岸"。

（59）老陈老爷见过洋鬼子：Ø 红眉毛，Ø 绿眼睛，Ø 走路时两条腿是直的。

（60）从甘肃省西端的敦煌县沿腾格里沙漠南缘向东延伸，已建成一条长达1600多公里，经过16个县（市）的防护林带，Ø 为防御风沙灾害，Ø 保护农田创造了有利的条件。

这一种又可分为三类。第一类的先行语几乎都是由表示存现意义的动词引出，包括"有、是、开着、停着、站着、蹲着、躺着、跳跃着、蠕动着、跑来、传来、走来、走进、走出"等，这些动词前面多出现表示方位、时间或地点的词语或者空位；第二类的回指语所在的小句在内容上几乎都是性状形容或描述；第三类的回指语所在的小句多表示补充、说明、解释等。

第二种：先行语为前一小句的宾语，零回指为后一小句的宾语，前后以句号或逗号隔开。例如：

（61）这时候有一个壮健的小伙子正从对岸的陆家稻场上走过……四大娘一眼看见 Ø，就丢开了"洋种"问题，高声喊道："……"

（62）他向来没有反对过林佩珊的任何主张，现在他也不能
反对 Ø，他只能对着林佩珊……

（63）他₁偷眼打量吴芝生的神色₂，Ø₁看明白了 Ø₂并没有什
么异样……

这一种也分为三类：1）先行语由存现句动词引出，零回指所在
的小句主语位置上有另外一个指称成分（例61中的"四大娘"）；2）
先行语由及物动词引出，零回指所在的小句主语位置上有一个有形的
指称形式（如代词）回指前小句的主语（例62中的"他"）；3）先
行语由及物动词引出，零回指所在的小句主语位置上有另外一个零形
式回指前面小句的主语（例63中的"Ø₁"）。

第三种：先行语和零代词为同一句内的宾语，主要由"拿、取、
搬、要"之类的动词或介词引出：

（64）他们拿那些渐渐身体发白而变短了的"宝宝"在亮处
照着 Ø，看是"有没有通"。

第四种：先行语和零代词为主句的宾语和从句的主语。其先行语
前面的动词主要有"安排、不等、逼（着）、驳斥、抱怨、拔（了）、
称赞、伺候、承、出动、等（待）、待、得益于、截止、建立、集
中、加快、揭露、看（着）、看见、夸（奖）、开展、发动、扶持、
赋予、反对、妨碍、吩咐、放、发现、判断、新装、吸引、宣判、吸
纳、吸收、需要、学（习）、响起、听到、提醒、托（付）、邀请、
邀集、允许、用、引（导）、引得、引领、依靠、严禁、诱惑、压
得、组织、支援、支持、支撑、值得、阻止、嘱（咐）、整合、撞"
等以及使动意义（"叫、让、使"）的动词。例如：

（65）老通宝满脸恨意，看着这小轮船来，看着它 Ø 过去，
直到 Ø 又转一个弯，Ø 呜呜呜地又叫了几声，就看不

见了。

二 指向宾语的零形回指的结构特点

归纳以上四种类型，先行语与指向宾语的零代词的位置关系有两种：1）宾语—宾语；2）宾语—主语。但是，仅仅了解这些还不够。一方面我们还不清楚什么时候宾语位置的零代词回指前面的宾语，什么时候主语位置的零代词回指前面的宾语；另一方面，由于回指主语的零代词也主要出现在这两个位置，因此，必须进一步探讨。

（一）层次关系

从结构上看，宾语为先行语的零回指跟小句的结构层次有密切关系，可以从层次上进一步分析。采用 Fox（1987）和陈平（1987）的分析模式，指向宾语的零回指所在的小句和先行语所在的小句之间具有两种语义结构关系。一种是等立关系，一种是主从关系。先看以上语料中的第二种类型，以（62）为例：（小句按先后顺序依次以 a、b、c 等字母表示）

（66）他向来没有反对过<u>林佩珊的任何主张</u>，现在他也不能反对 Ø，他只能对着林佩珊……

从结构层次看，上例的三个小句之间按照顺连语式连接，相互之间是等立关系。顺连的语式所带的论元无数量限制，但顺序需要按时间先后排列，不能颠倒。同样的分析不难得出，以上第二种类型的其他例句也是顺连语式。语料中的第三种类型，由于先行语和回指语在同一小句内且同为等立谓词右边的论元，关系也是等立的。

　　语料中的第四种类型稍显复杂，先行语是主结构的宾语，同时在语法上又兼为次层次的主语，是一个兼语成分。考虑指称的关系和次层次句法结构的需要，我们在兼语成分之后添加了零代词，作为后续结构的主语。因此，在指称意义上，这里出现了从属结构的主语位置上的零代词，指代前面主句结构的宾语位置上的指称对象。

　　关于语料中的第一种类型的语式，我们可做如下结构层次分析，例如：

　　（67）老陈老爷见过<u>洋鬼子</u>：Ø 红眉毛，Ø 绿眼睛，Ø 走路时两条腿是直的。

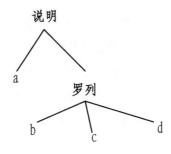

　　上例的小句 a 与后续诸小句之间是说明关系。根据陈平（1987：373），说明关系的语式带一主一从两个论元，主部在前，从部在后。语义上，从部对主部的内容进行补充、说明、细说、分解，或提供进一步的信息。由此，b—d 整体上构成上一语式的从属成分，而相互之间是等立关系。同样的分析不难得出，第一种类型的其他例句的情况也是如此。

　　归纳起来，从层次关系看，语料中第二、第三两种类型的先行语与零回指出现在等立关系或平行关系的结构中，语料中第一、第四两种类型的先行语与零代词出现于主从关系的结构中，其零形式出现于更低的语义结构层次。

　　（二）层次与零回指的异位

　　从上述分析中已经看到，层次关系的改变影响到先行语与回指语的位置关系。在等立关系的语式中，先行语和零回指出现于平行位置，指向宾语的零代词出现在后续宾语位置上。在主从关系的语式中，先行语与零回指不处于平行位置，后续主语位置上的零代词回指前面宾语位置上的先行语。根据这种情况，我们可以定出一条零形回指的识别规则：在等立关系的语式中，即当先行语所在的小句与零代词所在的小句处于相同的语义结构层次时，主语位置的零代词回指前面主语位置上的先行语，宾语位置的零代词回指前面宾语位置上的先行语；在非等立关系的语式中，当零代词所在的小句位于主结构之后并作为表示说明意义的从属成分时，主语位置的零代词回指前面宾语位置的先行语，宾语位置的零代词回指前面主语位置的先行语。这样，我们不仅对指向宾语的两种零回指的位置作了明确的分辨，也把指向主语的零回指与指向宾语的零回指分开了。试分析陈平的一个例子：

(68) 娃娃$_1$老爱跟着她$_2$，$\emptyset_2$走到哪，$\emptyset_1$跟到哪。（1987：375）

从结构关系看，以上例子中，回指语所在的小句提供先行语所在小句的具体内容，即"跟"的方式，起说明作用，因此处于更低的语义结构层次。与此相应，回指出现异位，主语位置的零代词"$\emptyset_2$"回指前面小句的宾语。上例如果变为：

(69) 娃娃$_1$老爱跟着她$_2$，$\emptyset_1$缠着$\emptyset_2$要这要那。

则回指语所在的小句与先行语所在的小句前后顺连，构成等立关系的结构。其结果是，零回指与先行语同位，句中的两个"$\emptyset$"平行回指前面的先行语。以同样的方法分析例（55—57）石定栩和陈平的例子，同样得出，例中的零回指所在的小句处于更低的语义结构层次，因而，零回指与先行语出现异位。

（三）层次与零回指的界限

层次分析的另一个重要意义在于，它关系到指向宾语的零回指的界限和范围的确定。即在出现连续使用零形式的情况下，是否所有的零形式都回指同一个指称实体的问题。例如，上例（65）：（为了便于分析，例句补齐空位并重复如下）

（70）（a）<u>老通宝</u>₍满脸恨意，（b）Ø₍看着<u>这小轮船</u>₍来，（c）Ø₍看着<u>它</u>ⱼ（d）Øⱼ过去，（e）直到Øⱼ又转一个弯，（f）Øⱼ呜呜呜地又叫了几声，（g）Ø₍就看不见Øⱼ了。

以上例子曾在蒋平（2003：48）关于回指的位置与层次的讨论中有过分析，但是蒋平没有讨论零回指的界限问题。表面上看，小句（b—g）主语位置上均有零代词，但它们并不回指同一个先行语。小句（d—f）的零代词回指前面宾语位置上的先行语"它"，小句（g）主语位置上的零代词回指（a—c）的主语。界限产生的依据就是层次关系变化。根据前面的层次关系分析，（d—f）是次层次结构中的小句，其主语位置上的零代词回指同一层次中的主语或上一层次中的宾语，在计算次层次结构时，只能算到（f）为止。（g）是与主结构处于同一层次的小句，因此它的零主语须与主结构（a—c）的主语平行，它的零宾语也与主结构的宾语同指。这样就产生一个高的零形回指层次，出现零代词跨越中间的若干小句回指前面的先行语。被跨越的恰好是次层次的小句和次层次的零形回指。

由上可见，语句的层次变化关系到零形回指的界限。在出现连续使用零形回指的情况下，如果零代词所在的小句存在主从关系之分，必须将从属结构中的零代词的回指范围与主结构中零代词的回指范围区分开来；如果是等立关系的语式，则可以根据平行回指原则，相同位置上连续出现的零代词一般都会指同一个指称实体，没有界限或范围问题。

三　指向宾语的零形回指的识别

上述分析使我们了解了层次性与零回指的同/异位以及与零回指的界限之间的关系，据此，对于汉语指向宾语的零回指，我们可以提出如下识别方式：

1）如果先行语所在的小句/结构与零回指所在的小句/结构为等立语义关系，则先行语和零回指平行出现于宾语位置。这包括语料中的第二、第三类型；

2）如果先行语所在的小句/结构与零回指所在的小句/结构为主从语义关系，且零回指出现在后续的、起说明作用的、处于更低语义层次的小句中，则后续主语位置的零代词回指前面宾语位置上的先行语。这包括语料中的第一、四类型。

要指出的是，并不是所有的主从关系的语式都具有以上特性，只有主部在前、从部在后并表示说明关系的语式才具有以上特性。

与上相关的是如何判定一个小句是否处于次层次结构并表示说明关系，这除了借助语式本身的概念，还需要借助其他可操作的手段。陈平（1987：375）认为，语言中的破折号具有指示插入成分的性质的作用，表明在语义结构中它同前面和后面的句子不属于同一语式。因此，破折号可作为一个检测手段。另外，从语料看，冒号（如例59）也可用以检验后续小句是否为说明成分。当然，并不是所有的句子都有这些标志。由于在语义上，这种小句往往表示性状、补充、说明、细说、分解等意思，而且在表达上多可用破折号引入，因此我们也可以用能不能加"——"来测试后续小句是否为次层次并且表示说明关系。例如，对于前述的例（58），可采用：

（71）就在那边，蹲着又一个茧厂——Ø 远望去隐约可见那整齐的石"帮岸"。

又例如，前述例（65）可变为：

（72）老通宝满脸恨意，看着这小轮船来，看着它Ø过
　　去——直到Ø又转一个弯，Ø呜呜呜地又叫了几
　　声——就看不见了。

此外，还可以根据先行语前面的动词的特点判定后续小句的层次。例如，语料第一类型中所使用的存现动词以及第四类型中所使用的动词。这些词语的后面往往是从属关系的小句。最后，在形式上，还可以用能不能给这些动词后的宾语加指示词语"这、那"来检验这个成分是否为后续零回指的先行语。

四　小结

石定栩（1998：55）在提出"句子的主语、直接宾语（包括'把'的宾语）、主语的所有格修饰语都可以控制主题链中同指名词词组的删除或代词化"时，没有分析什么时候零代词与主语同指，什么时候与宾语同指。因而，他认为，像下面这样的句子中，后续句删除的主语既可以是前面提到过的"邹昆"，也可以是"王颖"，因为第一个小句的主语、宾语都有可能控制后续同指名词词组的删除，只有上下文才能区分。

（73）邹昆以前教过王颖，Ø后来出了名，Ø当了大学老师。
　　（1998：55）（例子中的零代词标记符Ø是笔者加上去
　　的）

采用本研究的观点，上句的语式如果是说明关系，则后续小句主语位置上的零代词回指前面小句的宾语；如果是等立关系，则平行回指前面小句的主语。上句是个极端的例子，本身是个歧义句，没有提供足够的信息显示前后的语义关系。但是，语式具有递归性，除了可以带各种小句做论元之外，还可以带其他语式做论元，使自己成为更高层的语式，管辖更低层的语式。被管辖的语式的小句之间，语义关

系可以通过上一层语式来推定。这样，上例的语义结构关系可以在更上一层的语式或语篇结构中得到确定。借助这种递归性，我们在分析中又多了一种宏观的判定手段。

许余龙（2002：36）根据 Ariel（1990，1994）的可及性理论和 van Hoek（1997）以认知为基础的回指规约机制中的观念参照点（conceptual reference point）和领地（dominion）两个概念，提出了一个建立主题堆栈、运行期待主题和副主题的回指确认机制。其运行方式是：在语篇处理的某一刻，如果遇到一个回指语，那么在这一刻之前刚进入堆栈的主题，也就是处于堆栈顶端的那个主题，将被作为这个回指语的最佳先行语候选者来尝试回指确认。如果这个候选者的性、数等语义特征与回指语不匹配，那么将堆栈中它下面的一个主题换上来，作为回指语的最佳先行语候选者，而原来那个主题则被取代，如此往复，直到找到正确的先行语。为了提高主题确定的准确性，许余龙（2002：32—33，1996）对 Halliday（1994）的主题进行了修正。我们发现，对于候选者的确定，光看性、数等语义特征与回指语的匹配与否还不够，譬如类似于以上石定栩的例子。而且，汉语是形态不发达的语言，性、数特征并不明显。其次，关于先行语的主题性问题，有时，上文反复提到的一个主题也不能充当后续零回指的先行语，而新出现在宾语位置的成分却可以是先行语。对此，我们的分析提供了一个性、数以外的确定先行语与回指语匹配的方式——回指语的层次。

第四节　余论

Jiang（2004）曾经对照层次性的观点，分析了其语料中 139 例 O－S 位置关系的零形回指，发现其先行语所在的小句与零形式所在的小句多处于不同的语义结构层次。一种是前一句/小句为一般陈述性的句子，后一句/小句对前面陈述的内容作进一步说明。这种用法共 57 例。第二种是前一句/小句使用动词"有"，这一种共 39 例。第三种虽然不使用"有",但也是表达存现意义的动词。第四种是前一句/小句使用了动词"是",而这里的"是",根据 Li & Thompson(1981：154)以及沈家煊(1999)的观点,是表示存现意义的"是",因此,其所构成的句子也是存现句。这一种共有 25 例。Jiang(2004)因此认为,O-S 回指关系中的先行语所在的句子/小句多数是存现句(见表 8-1):

表 8-1　O-S 位置零形回指的先行语环境(Jiang,2004：123)

57	非存现句—说明
82	存现句—说明 39 存现动词"有" 25 存现动词"是" 18 其他存现动词
139（总计）	

除了 O-S 位置关系之外,Jiang(2004)还发现,O-T 位置关系中的先行语所在的小句与零回指所在的小句之间具有类似的语义结构层次,例如:

> (74) 她到现在还记得很明白的是五六年前在土地庙的香市中看见一只常常会笑的猴子,Ø 一口的牙齿多么白!
>
> （Jiang,2004：126)

O-T 位置的回指在 Jiang(2004)的语料中共有 9 例,具体用法如下:

表 8-2　O-T 位置零形回指的先行语环境(Jiang,2004：127)

4	非存现句—说明
5	存现句—说明 3 存现动词"是" 2 其他存现动词
9（总计）	

根据以上分析，Jiang（2004）因此认为，O—T/S 位置关系零形回指的产生多与先行语和回指语所在小句的结构层次变化有关。产生这种位置变化主要是以说明关系构成的结构。

我们从中看到的是，除了层次关系之外，零形回指位置的变化还有主题性因素在其中的影响，因为表 8 – 2 中很多数据都显示，存现句引入的宾语是这些回指关系中主要的先行语，而存现动词引入的宾语在以往研究以及我们第七章的分析中都被认定为主题性很高的成分。因此，我们可以说，除了层次性之外，主题性对于零形回指位置的变化也有重要作用。

不仅如此，我们发现，长距离零形回指除了层次性因素之外，也有主题性的作用。例如，以下三句中的长距离零形回指（带背影的Ø），除了主题性因素的作用之外，无法用层次进行解释：

（75）他$_1$父亲留下来的一分家产$_2$就这么变小，Ø$_2$变作没有，而且Ø$_1$现在负了债。

（76）她$_1$脸色惨白，Ø$_1$头发$_2$还浸在河水里Ø$_2$一飘一散的，Ø$_1$两臂死死抱住一扇竹门。

（77）小姐们$_1$将搓抹布的脏水$_2$泼在门前路上，Ø$_1$也不让着路人的脚，谁泼上Ø$_2$谁活该。

以上前两例中，长距离零形回指的先行语恰好是句子的主题，第三个例子的先行语也是汉语界及本研究在第七章所讨论的次主题。有时，先行语未必是句子的主题，而是语篇的主题，这也会是长距离零形回指的形成因素。例如：

（78）等在你身后的一名顾客却提醒你道：你还可以要一样素菜$_1$呢，因为Ø至少是一荤两素。于是你便向那小姐交涉。这时候，这小姐突然间变得滔滔不绝，她$_2$呱呱呱，Ø$_2$一连气地说着，意思是，你自己没要Ø$_1$，我明

明告诉过你，五块钱一荤两素，六块钱两荤一素，七
块钱两荤两素，你自己放弃了 $\varnothing_1$，<u>我</u>$_3$也不能硬塞给
你 $\varnothing_1$，你少要了 $\varnothing_1$ $\varnothing_3$也不退钱的。

在这个例子中，如果说，第二个长距离零形回指还可以解释为是
因为它与前面一个零代词之间的结构是次层次的（"五块钱一荤两
素，六块钱两荤一素，七块钱两荤两素"），那么，第一个长距离零
代词与前面的先行语"<u>一样素菜</u>$_1$"之间的成分却无法解释。这里的
长距离零形回指是由于语篇片段所讨论的主题是小饭店卖盒饭之事。
在我们的语料中，语境主题或篇章主题导致的长距离零形回指还有一
些，有时距离跨度很长。例如：

(79) 她答应 $\varnothing$ 很快就来。<u>景颇人</u>$_1$带起雨伞，$\varnothing_1$想去催请 $\varnothing$
一下。$\varnothing_1$到了河边，<u>他</u>$_1$才省悟到，原是由于夜来一场
大雨，河水漫了槽，$\varnothing$ 根本没法过来了。

(80) <u>公社党委书记龙涛</u>骑马 $\varnothing$ 赶来 $\varnothing$ 告诉大家："<u>两个孩
子</u>$_1$得救了，正在矿区医院里，384 只羊仅冻死了 3
只。"牧民们闻讯之后，个个喜出望外。<u>新宝力格公
社干部</u>$_2$立即骑马 $\varnothing_2$前去矿区医院 $\varnothing_2$慰问 $\varnothing_1$。

(81) 但对于<u>我</u>，<u>它</u>$_1$并无半点要来亲近 $\varnothing$ 的表示，$\varnothing_1$仍是我
行我素，$\varnothing_1$饿了 $\varnothing_1$就叫，$\varnothing$ 拿东西给它……

以上第一例的"她"在最后的次层次主语位置出现零形回指，第
二例的"两个孩子"在最后的宾语位置出现零形回指，第三例的
"我"在最后小句的主语位置出现零形回指。都难以用层次性进行解
释，而是与语篇或语境的主题有关。第一例的"她"是故事的第一
主人公，也是语篇片段中谈论的焦点。第二个例子中的"两个孩子"
也是故事的主人公，先行语有很强的主题性。第三个例子中的"我"
是故事的叙述者兼主人公，该故事采取第一人称的叙述角度，因此，

这些长距离零形回指均以语篇主题性为主要原因。

　　综上所述，平行性和层次性是产生汉语零形回指的位置变化和长距离零形回指的主要因素。一般来说，后续主结构中的零代词往往与前面主结构中的指称对象相联系，而且多以平行回指为主。次层次结构中的零代词或者与其前的次层次结构中的指称对象相联系，或者回指就近的更高层次宾语位置上的指称成分。同时，还有少量其他形式的出现在主次结构层次之间的长距离零形回指。另外，平行性和层次性不是零形回指位置变化和距离变化的唯一原因，语句的主题性和语篇主题都会带来一定量的回指位置变化和长距离零形回指。

第九章

零形回指的解析验证

第一节 基于数据库的零形回指解析试验

基于前述分析，我们对数据库中的 6401 例汉语零形回指的先行语进行计算机解析。

一 解析过程

首先，根据本研究所建立的零形回指先行语位置等级序列，我们在解析零形回指先行语的第一步是运行先行语的句法位置排序。由于在先行语环境中均有主题和主语位置上的指称对象的情况下，零代词多回指主题位置上的指称对象，我们采取的第一条解析规则是：无论零代词的位置，将其先行语解析为其所在的小句/句的主题或者相邻的前一句/前一小句的主题。运行这一条规则，我们共得到 780 例零形回指先行语的确认。反指的 T 和长距离的 T 位置上的先行语得不到确认，有 48 例。操作如下：

SELECT a_syn_pos FROM ZA – 3 WHERE a_syn_pos = " T" and ds = 0 and dc = 0

（ZA – 3 是数据库的名称，a_syn_pos 指先行语的位置，ds = 0 and dc = 0 表示句子和小句的距离间隔都等于 0，即，主题位置的先行语在同一句的同一小句内。共获得在 T/T2/T3/T4 位置的先行语 517 例，其中，T2 占绝大多数，少量在 T3/T4 位置，极个别在 T 位置。）

SELECT a_syn_pos FROM ZA – 3 WHERE a_syn_pos = " T" and

ds ＝ 0 and dc ＝ 1

（主题位置的先行语在同一句内的前一小句。结果为：先行语在 T/T1/T4 位置，极个别在 T2/T3 位置，共有 229 例，其中，T1 的数量最多，少量在 T 位置）

SELECT a_syn_pos FROM ZA－3 WHERE a_syn_pos ＝ " T" and ds ＝ 1 and dc ＝ 0

（主题位置的先行语在相邻的前一句内。结果为：先行语在 T/T1/T4 位置，共有 27 例）

SELECT a_syn_pos FROM ZA－3 WHERE a_syn_pos ＝ " T" and ds ＝ 1 and dc ＝ 1

（主题位置的先行语在相邻的前一句内的前一小句。结果为：先行语在 T/T1/T4 位置，有 7 例）

其次，由于当先行语环境中没有主题，而有主语和存现动词引入的宾语（O1 或者 O3）时，零代词多回指存现动词引入的宾语位置上的指称对象，我们运行句法位置排序，采取的第二条解析规则是：无论零代词的位置，将先行语解析为相邻的前一句/前一小句的存现动词引入的宾语。运行这一条规则，我们得到共 133 例先行语的确认。只有 6 例长距离的 O1/O3 位置上的先行语得不到确认。操作如下：

SELECT a_syn_pos FROM ZA－3 WHERE a_syn_pos ＝ " O1" and ds ＝ 0 and dc ＝ 1

（O1 位置的先行语在同一句内的前一小句，共有 85 例）

SELECT a_syn_pos FROM ZA－3 WHERE a_syn_pos ＝ " O3" and ds ＝ 0 and dc ＝ 1

（O3 位置的先行语在同一句内的前一小句，共有 37 例）

SELECT a_syn_pos FROM ZA－3 WHERE a_syn_pos ＝ " O1" and ds ＝ 1 and dc ＝ 0

（O1 位置的先行语在相邻的前一句内，共有 3 例）

SELECT a_syn_pos FROM ZA－3 WHERE a_syn_pos ＝ " O3" and ds ＝ 1 and dc ＝ 0

（O3 位置的先行语在相邻的前一句内，共有 0 例。为了简便起见，以下对于解析结果为 0 的操作不再记录。）

SELECT a_syn_pos FROM ZA－3 WHERE a_syn_pos = " O1" and ds = 1 and dc = 1

（O1 位置的先行语在相邻的前一句内的前一小句，共有 4 例）

SELECT a_syn_pos FROM ZA－3 WHERE a_syn_pos = " O3" and ds = 1 and dc = 1

（O3 位置的先行语在相邻的前一句内的前一小句，共有 4 例）

当先行语环境中没有主题，没有 O1 或者 O3，只有主语、主语的属格语、宾语和其他位置的指称对象时，根据本研究第七章的讨论，主语属格语位置的指称对象的生命性使得该位置上的指称对象更优先成为零代词的先行语。因此，我们结合生命性排序规则，将先行语解析为相邻的前一句/前一小句的主语属格语。共得到 49 例先行语的确认。有 15 例未得到确认。操作如下：

SELECT a_syn_pos FROM ZA－3 WHERE a_syn_pos = " SM" and ds = 0 and dc = 1

（SM 位置的先行语在同一句内的前一小句，共有 45 例）

SELECT a_syn_pos FROM ZA－3 WHERE a_syn_pos = " SM" and ds = 1 and dc = 0

（SM 位置的先行语在相邻的前一句内，共有 1 例）

SELECT a_syn_pos FROM ZA－3 WHERE a_syn_pos = " SM" and ds = 1 and dc = 1

（SM 位置的先行语在相邻的前一句内的前一小句，共有 3 例）

根据本研究的第八章所讨论的零形回指位置的平行性，我们运行句法位置的平行性规则：将主语/主题位置的零代词解析为回指主语位置的先行语。得到共 3908 例先行语的确认。操作如下：

SELECT a_syn_pos FROM ZA－3 WHERE a_syn_pos = " S" and r_syn_pos = " S/T" and ds = 0 and dc = 1

（S 位置的零代词，先行语在同一句内相邻的前一小句的 S 位置，

共有 3704 例。T 位置的零代词，先行语在同一句内相邻的前一小句的 S 位置，共有 113 例)

SELECT a_syn_pos FROM ZA – 3 WHERE a_syn_pos = " S" and r_syn_pos = " S/T" and ds = 1 and dc = 0

(S 位置的零代词，先行语在相邻的前一句的 S 位置，共有 58 例。T 位置的零代词，先行语在相邻的前一句的 S 位置，共有 2 例)

SELECT a_syn_pos FROM ZA – 3 WHERE a_syn_pos = " S" and r_syn_pos = " S/T" and ds = 1 and dc = 1

(S 位置的零代词，先行语在相邻的前一句内的前一小句 S 位置，共有 30 例。T 位置的零代词，先行语在相邻的前一句内的前一小句 S 位置，共有 1 例)

以同样的方式，运行句法位置的平行性规则，将宾语位置的零代词解析为回指宾语位置的先行语，得到共 123 例先行语的确认。操作如下：

SELECT a_syn_pos FROM ZA – 3 WHERE a_syn_pos = " O" and r_syn_pos = " O" and ds = 0 and dc = 1

(O 位置的零代词，先行语在同一句内相邻的前一小句的 O 位置，共有 118 例)

SELECT a_syn_pos FROM ZA – 3 WHERE a_syn_pos = " O" and r_syn_pos = " O" and ds = 1 and dc = 0

(O 位置的零代词，先行语在相邻的前一句的 O 位置，共有 3 例)

SELECT a_syn_pos FROM ZA – 3 WHERE a_syn_pos = " O" and r_syn_pos = " O" and ds = 1 and dc = 1

(O 位置的零代词，先行语在前一句内相邻的前一小句的 O 位置，共有 2 例)

此外，基于本研究关于结构层次变化对反指、换位回指及长距离回指的影响，我们运行层次性规则，以进行 FAD1/FAD11，FAD2/FAD21，BADC/BADC1/BADC2 结构中的零形回指先行语的解析。运行层次性规则，将 FAD1/FAD11 结构中的零代词解析为回指其后相邻的小句或句结构中的主语/主语的属格语/主题位置上的先行语，以解析近距离零形反指的先行语，共得到 173 例先行语的确认。操作如下：

SELECT a_syn_pos FROM ZA – 3 WHERE r_clau_lev = " FAD1" and a_syn_pos = " S" and ds = 0 and dc = – 1

（先行语在同一句内相邻的后一小句的 S 位置。本操作所获得的结果中，也包括了 FAD11 以及先行语在 SM 位置的零代词，共有 169 例）

SELECT a_syn_pos FROM ZA – 3 WHERE r_clau_lev = " FAD1" and a_syn_pos = " T" and ds = 0 and dc = – 1

（先行语在同一句内相邻的后一小句的 T 位置。本操作所获得的结果中，也包括了 FAD11 结构中的零代词，共有 4 例）

同理，将 FAD2/FAD21 结构中的零代词解析为回指其后的相邻小句或句结构中的主题/主语的属格语/主语位置上的指称对象。这是对另一种结构中的近距离零代词反指的解析，共获得 92 例先行语的确认。操作如下：

SELECT a_syn_pos FROM ZA – 3 WHERE r_clau_lev = " FAD2" and a_syn_pos = " S" and ds = 0 and dc = – 1

（先行语在同一句内相邻的后一小句的 S 位置。本操作所获得的结果中，也包括了先行语在 SM 位置的零代词，共有 53 例）

SELECT a_syn_pos FROM ZA – 3 WHERE r_clau_lev = " FAD2" and a_syn_pos = " T" and ds = 0 and dc = – 1

（先行语在同一句内相邻的后一小句的 T 位置，共有 39 例）

进一步运行层次性规则，将 BADC/BADC1/BADC2 结构中主语/主题位置的零代词解析为先行语在其前的相邻的 NUC 结构中的宾语位置，共获得 396 例先行语的解析。操作如下：

SELECT a_syn_pos FROM ZA – 3 WHERE r_clau_lev = " BADC" and a_clau_lev = " NUC" and a_syn_pos = " O" and ds = 0 and dc = 1

（先行语在同一句内相邻的前一 NUC 小句的 O 位置，共有 392

例，已经减去其中回指 O1、O3 的 99 例，以避免重复计算）

SELECT a_syn_pos FROM ZA-3 WHERE r_clau_lev = "BADC" and a_clau_lev = "NUC" and a_syn_pos = "O" and ds = 1 and dc = 0

（先行语在相邻的前一 NUC 句的 O 位置，共有 1 例）

SELECT a_syn_pos FROM ZA-3 WHERE r_clau_lev = "BADC" and a_clau_lev = "NUC" and a_syn_pos = "O" and ds = 1 and dc = 1

（先行语在前一句内相邻的前一 NUC 小句的 O 位置，共有 3 例）

二 解析结果

通过运行以上几种规则，我们共解析了 5654 例零形回指的先行语，约占本研究数据总数的 88.3%。只有 747 例零形回指的先行语未得到解析，具体情况将在下文分析。解析结果可列表如下（见表 9-1）：

表 9-1　　　　　　　基于数据库的零形回指先行语解析结果

先行语位置	零代词位置	数量	零代词的结构层次	零代词位置	先行语的结构	先行语位置	数量
T	不限定	780	FAD1/FAD11	不限定	不限定	S/SM/T	173
O1/O3	不限定	133	FAD2/FAD21	不限定	不限定	S/SM/T	92
SM	不限定	49	BADC/BADC1/BADC21	S/T	NUC	O	396
S	S/T	3908					
O	O	123					
合计	5654						

表 9-1 分为左右两列，左边的是基于先行语位置的特征和位置的平行性进行解析的结果，右边是基于零代词所在句/小句的结构特征进行解析的结果。其中，"零代词为主语/主题，先行语为相邻的句/小句中的主语"规则所解析的先行语的数量最多，符合我们在语料分析时所进行的数据统计情况。这一条规则的运行范围也最广，它不仅包括先行语和回指语都出现在主层次的这些位置上的零形回指，也包括先行语和回指语都出现在次层次的这些位置，甚至先行语出现在

主层次的主语位置而零代词出现在次层次结构的主语/主题位置的零形回指。这也符合我们的数据分析情况，因为我们分析发现，除了出现在后续 BADC 结构中的零代词产生句法位置变化之外，其余后续的次层次结构一般不改变回指的位置。因而，这一规则可以广泛应用，同时，我们对于产生回指位置变化的 BADC 结构，又运行了一条层次性规则进行补充。

需要说明的是，以上解析有两条共同的基本规则。一条是距离规则：先行语在同一小句内或在相邻的句或小句中。这一规则的确定是基于我们对零形回指距离特征的统计（参见第五章表 5-1），我们发现，汉语的零形回指绝大多数出现在这种距离中，包括反指在内，因此，我们对反指的解析也采用了这一距离特征，当然，这不利于解析零形回指和反指的长距离指代关系。另外一条共同的规则就是概率规则：选择概率高的特征作为规则运行的基础。无论是基于先行语的位置及位置的平行性，还是基于零代词所在结构的层次，这些选择的背后都有概率作为支撑，当然，这不利于对概率低的零形回指关系的解析。以这两条作为基础规则，加上上述具体特征的考虑与运用，我们才得以获得对数据库中 88.3% 零形回指先行语的解析。

三　问题分析

上文提到，在我们的数据库中，有 747 例零形回指的先行语未得到解析。归纳起来，有三大类，第一类是上文提到的长距离零形回指，第二类是上文提到的概率低的零形回指关系，第三类是特征难以规定或运行起来与其他规则冲突的零形回指。

长距离零形回指共有 359 例，包括 25 例长距离反指在内。虽然我们的研究发现，它们的使用大多数具有规律性，其零形回指关系主要建立在核心结构或者主层次结构，可以用层次性规则进行解析，但是，我们在实际操作中不能这样做，因为运行这一条规则将与上述所说的近距离规则冲突。例如，如果将主层次结构的主题/主语位置的零代词解析为先行语在其前的主层次结构的主题/主语位置，这与我们前面所运行的"如果先行语环境中没有 T、O1、O3，先行语在上文最近的 S 位置"有冲突，甚至破坏原有的解析结果。因此，我们没能对长距离零形回指进行解析。

概率低的零形回指关系和特征难以规定的零形回指共有 388 例。概率低的零形回指关系是指相对于表 9-1 中所列的关系而言，出现的频率低。例如，由于在先行语环境中均有主题和主语位置上的指称对象时，零代词多回指主题位置上的指称对象，我们设定：无论零代词的位置，将其先行语解析为其所在的小句/句的主题或者相邻的前一句/前一小句的主题，就会出现一小部分在这一语境下回指主语或宾语的零代词得不到解析。同样，在将零代词的先行语解析为 O1、O3、SM 时，也有一小部分零代词在这一语境下回指的是主语。在将 S/T 位置的零代词解析为回指相邻的前一句/前一小句的 S 时，未能解析的多为先行语在 O 位置的零代词，但这一问题在运行 BADC 层次结构规则时，基本得到解决。在将 O 位置的零代词解析为回指相邻的前一句/前一小句的 O 时，未能解析的是少量先行语在 S 位置的零代词。同理，在运行两条反指解析规则时，也有少量先行语不在主语/主语的属格语/主题的零形回指得不到解析。

特征难以规定的零形回指是指先行语在宾语的属格语位置和先行语在旁语位置的零形回指（参见第五章表 5-4）。这两种关系的零形回指难以设定规则。即使设定规则，运行起来也与其他规则产生冲突。例如，回指宾语的属格语的零代词有 5 例出现在主语位置，有 1 例出现在宾语位置，由于数量问题，规律性不显著，我们很难为宾语的属格语位置上的先行语设定一条规则。如果我们设定其宾语位置的零代词回指相邻句/小句中出现的宾语属格语，那么，这一条立即与上述一条更为普遍的规则"O 位置的零代词回指相邻句/小句的 O 位置的先行语"冲突。其余设定也有同样的问题。

以上解析办法虽然获得了很好的结果，由于是基于规则的运行，难免出现机械性、冲突、不够灵活。例如，长距离零形回指的规律是显然的，但是，我们无法在不破坏其他规则的情况下，在系统中运行一条相应的规则对其中的先行语进行解析。此外，采用规则进行先行语的解析也难免有规则之外的难以穷尽的地方。

第二节　零形回指的计算机自学习解析尝试

由于采取规则的设定进行零形回指解析的办法具有一定的机械性，缺乏智能化程度，为了尝试更为科学的方法，本研究将数据库中的零形回指进行归类，对归类后的具体实例进行了标注，以进行零形回指的机器学习回指解析试验。

一　特征的确定与标注

本研究按照句法位置、回指关系、回指距离、层次结构、回指顺序等特征对数据库中的零形回指的先行语进行归类。通过归类，我们获得了 108 例共 124 类零形回指的语料（见附录）。根据零形回指的整个数据所显示出的特征，我们对这 108 例语料进行标注，包括四个主要的特征类型，标注采用 txt 文本文件格式，以便计算机识别。标注内容如下。

1. NP 的类型：

以 NP 表示名词词语；DM 指示词语；PP 人称代词；IP 不定代词；RP 反身代词；ZP 零代词；ZT 有两个先行语的零代词；ZF 模糊零回指或泛指；ZC 反指零代词；ZCT 有两个先行语的反指零代词；ZE 外指或无指的零形式；DS 小句充当的先行语。

2. NP 的句法位置：

主题位置：TM 为主题的属格语；T1 为与主语之间没有隔离符的主题；T2 为带逗号的 NP 充当的主题；T3 为带逗号的 PP 充当的主题；T4 为句子型主题。主语属格语位置：SM 表示主语的属格语。主语位置：S 普通主语、S1［“有”之前的主语］、S2［“是”之前的主语］、S3［其他存现动词之前的主语］。同位语位置：AP 表示同位语；OM 表示宾语的属格语。宾语位置：O 普通宾语、O1［“有”之后的宾语]、O2［"是"之后的宾语］、O3［其他存现动词之后的宾语］、O4［"把"、"将"、"连"引出的 NP］、OI 间接宾语、OD 直接宾语。旁语位置：OBL 表示。

3. NP 的性：

A 生命性；I 无生命性；C 概念；L 场所；Y 时间或气候（由于原有符号 T 表示时间，与句法位置的符号雷同，而改为 Y 表示时间或气候）；U 未定性。

4. NP 所在的小句在全句或语篇片段中的结构层次：

FAD1 表示出现在前的从属状语；FAD2 表示出现在前的从属定语；FAD3 表示出现在前的从属定语包含着状语或包含着另外一个定语；FAD11 表示出现在前的更低次层次的状语；FAD21 表示在前的更低次层次的定语。BAD 表示在后的从属状语；BAD1 表示在后的次层次从属状语；BADC 表示在后的从属补语；BADC1 表示在后的次层次的从属补语；BADC2 表示在后的更低次层次的从属补语。NUC 表示核心结构；NUC1 表示次层次的核心结构。EBAD 表示在后的内嵌结构；EBAD1 表示在后的次层次的内嵌结构。IAD 表示插入的状语结构；IAD1 表示次层次插入的状语结构。

语料的归类按照先行语的位置排列，最后一类是零形反指语料。标注的方式部分举例如下（其余见附录）：

先行语为 T 的零形回指，共有 26 例：

> (1) NP－S－A－NUC－1（杨勇上将）称赞 NP－O－A－NUC－2（祖国首都的民兵）／
>
> ZP－T1－U－BADC－2（＊）NP－S－C－BADC－3（阵容）雄壮整齐／，
>
> ZP－S2－U－BADC－2（＊）是 NP－O2－C－BADC－4（祖国一支强大的后备力量）／。

先行语为 S 的零形回指，共有 40 例：

(2) NP – OBL – Y – NUC – 108（今天下午八时半），NP –
S – A – NUC – 109（装配工人们）就怀着 NP – O – C –
NUC – 110（兴奋心情）／

ZP – S – U – NUC – 109（＊）走上了 NP – OBL – L –
NUC – 111（总装配线两旁）

NP – O – I – NUC – 112（各自的岗位）／。

有 SM 干扰成分的先行语为 S 的零形回指，共有 5 例：

(3) NP – SM – A – NUC – 325（边防部队）的 NP – S – A –
NUC – 326（医生和卫生员）还背着 NP – O – I – NUC –
327（药包）／

ZP – S – U – NUC – 326（＊）在 NP – OBL – L – NUC –
328（村庄里）为 NP – OBL – A – NUC – 329（居民）
进行 NP – O – I – NUC – 330（最后一次治疗）／。

先行语为 SM 的零形回指，共有 5 例：

(4) 于是 NP – SM – A – NUC – 347（老通宝和阿四）的
NP – S – I – NUC – 348（谈话）打断／，
ZP – S – U – NUC – 347（＊）都出去"捋叶"／。

先行语为 O 的零形回指，共有 14 例：

(5) PP – S – A – NUC – 370（我）明明告诉过 PP – OI – A –
NUC – 371（你），NP – OD – I – NUC – 372（五块钱一
荤两素，六块钱两荤一素，七块钱两荤两素）／，
PP – S – A – NUC – 373（你自己）放弃了 ZP – O – U –
NUC – 372（＊）／，

PP－S－A－NUC－374（我）也不能硬塞给 PP－OI－A－NUC－375（你）ZP－OD－U－NUC－372（＊）／，PP－S－A－NUC－376（你）少要了 ZP－O－U－NUC－372（＊）／

ZP－S－U－NUC－374（＊）也不退 NP－O－I－NUC－377（钱）的／。

此外，还有先行语为 OM 的零形回指，共 3 例；先行语为 OBL 的零形回指，共 5 例；先行语为两个指称位置的，共 1 例；最后是零形反指，共 9 例。

二　规则与原则

我们对于试验使用了三种规则和一条基本原则，包括：

1. 先行语的句法位置排序规则：

T1/T2/T3/T4 > O1/O3 > S/S1/S2/S3 > SM > O/O2/O4/OD > OI > OM > OBL/AP/TM/

2. 生命性排序规则：

A > I > C > L > Y

3. 层次性规则，包括：

FAD1，NUC，BAD，EBAD 互相之间及同类之间，平行解析零形回指，前后方向消解；

FAD11，NUC1，BAD1，EBAD1 互相之间及同类之间，平行解析零形回指，前后方向消解；

FAD2，FAD3，FAD21，NUC1，BADC，BADC1，BADC2 同类之间平行解析零形回指；

FAD2 与 NUC 之间，FAD3/FAD21 与 NUC1 之间，向后消解至"的"后 NUC/NUC1 的第一个成分；

NUC 与 BADC，BADC 与 BADC1，BADC1 与 BADC2 之间，就近向前消解至第一/二个成分；

IAD，IAD1 内部平行消解。

4. 基本原则：采取以单个语句（小句/句）为单位的临近距离推进回指解析，除非遇到 FAD1，FAD2，BAD，EBAD，BADC，IAD 出现在 NUC 之间，或 FAD11，FAD3，FAD21，BAD1，BADC1，BADC2，IAD1 出现在 NUC1 之间，则越过这些结构，向前进行解析。

具体做法是，我们将以上四种标注内容输入训练语料库，构成特征集，共有 109 个特征。用这些特征对语料进行训练之后，再尝试采用以上规则与原则解析语料中的零形回指，所使用的特征包括：

glm（formula = MATCHNP + PP + IP + RP + TM + T1 + T2 + T3 +

SM + S + S1 + S2 + AP + OM + O + O1 + O2 + O3 + O4 + OI +

OD + A + I + C + L + FAD1 + FAD2 + BAD + BAD1 + BADC + BADC1 +

NUC + EBAD + IAD + DISTANCE + T1. 1 + SM. 1 + S. 1 + S1. 1 +

S2. 1 + S3. 1 + O. 1 + O1. 1 + OD. 1 + OBL. 1 + I. 1 + FAD1. 1 +

BAD. 1 + BAD1. 1 + BADC. 1 + BADC1. 1 + NUC. 1 + EBAD. 1 + S：S. 1 +

S2：S2. 1 + O：O. 1 + T1：T1. 1，family = " binomial "，data = feature）

三　结果分析

我们的 108 例文本语料中共有 1230 个待解析的零形回指。我们使用的方法叫作 Logistic Regression，汉语翻译成逻辑回归或二元逻辑回归。这个模型的作用是根据语料中标出的信息，形成一个模式，判断某个名词短语是否是某个零形回指的先行词。经过初步试验，我们获得了 82.3% 的正确率（1012/1230）。具体情况如表 9 - 2：

表 9 - 2　　　　　　　　　　带特征名的运算结果

Coefficients：			
Estimate Std. Error z value Pr（> | z | ）			
（Intercept）	6. 198e + 00	7. 483e - 01	8. 283	< 2e - 16 ***

续表

NP	−3.800e+01	2.879e+03	−0.013	0.989468
PP	−3.770e+01	2.879e+03	−0.013	0.989551
IP	−3.620e+01	2.879e+03	−0.013	0.989967
RP	−1.948e+01	4.893e+03	−0.004	0.996823
TM	−1.642e+01	8.823e+02	−0.019	0.985156
T1	1.431e+00	6.898e−01	2.074	0.038080 *
T2	3.183e+00	5.421e−01	5.872	4.31e−09 ***
T3	2.927e+00	1.494e+00	1.959	0.050083.
SM	1.367e+00	5.743e−01	2.380	0.017332 *
S	−1.198e+00	5.641e−01	−2.124	0.033670 *
S1	2.934e+00	9.846e−01	2.980	0.002881 **
S2	4.696e−01	1.216e+00	0.386	0.699367
AP	−1.552e+01	2.783e+03	−0.006	0.995551
OM	6.224e−01	7.981e−01	0.780	0.435452
O	1.075e+00	4.893e−01	2.198	0.027962 *
O1	3.327e+00	6.816e−01	4.881	1.06e−06 ***
O2	1.007e+00	8.167e−01	1.233	0.217401
O3	1.913e+01	2.281e+03	0.008	0.993308
O4	2.605e−01	9.193e−01	0.283	0.776903
OI	−8.405e−01	1.240e+00	−0.678	0.497756
OD	3.602e+00	1.086e+00	3.315	0.000915 ***
A	1.745e+01	7.277e+02	0.024	0.980868
I	1.632e+01	7.277e+02	0.022	0.982108
C	1.520e+01	7.277e+02	0.021	0.983337
L	1.509e+01	7.277e+02	0.021 0.983457	
FAD1	1.799e+01	2.786e+03	0.006	0.994849
FAD2	1.584e+01	2.786e+03	0.006	0.995463
BAD	−4.921e−01	4.839e+03	0.000	0.999919
BAD1	2.528e+00	3.944e+03	0.001	0.999489
BADC	1.739e+01	2.786e+03	0.006	0.995020
BADC1	3.248e+00	3.049e+03	0.001	0.999150

续表

NUC	1. 762e + 01	2. 786e + 03	0. 006	0. 994953
EBAD	1. 792e + 01	2. 786e + 03	0. 006	0. 994868
IAD	3. 950e − 01	3. 796e + 03	0. 000	0. 999917
DISTANCE	− 1. 584e − 01	2. 603e − 02	− 6. 086	1. 16e − 09 ***
T1. 1	2. 410e − 02	4. 268e − 01	0. 056	0. 954964
SM. 1	1. 106e + 00	1. 364e + 00	0. 811	0. 417519
S. 1	− 2. 197e + 00	4. 016e − 01	− 5. 472	4. 44e − 08 ***
S1. 1	− 1. 943e + 00	6. 475e − 01	− 3. 001	0. 002695 **
S2. 1	− 1. 363e + 00	5. 116e − 01	− 2. 664	0. 007728 **
S3. 1	− 1. 684e + 01	2. 281e + 03	− 0. 007	0. 994107
O. 1	− 1. 805e + 00	3. 245e − 01	− 5. 564	2. 64e − 08 ***
O1. 1	− 2. 880e + 00	1. 211e + 00	− 2. 377	0. 017435 *
OD. 1	− 9. 619e − 01	8. 940e − 01	− 1. 076	0. 281931
OBL. 1	− 2. 317e + 00	1. 164e + 00	− 1. 990	0. 046578 *
I. 1	− 1. 633e + 01	7. 485e + 02	− 0. 022	0. 982598
FAD1. 1	− 6. 564e − 01	5. 874e − 01	− 1. 117	0. 263829
BAD. 1	− 2. 616e + 00	1. 186e + 00	− 2. 207	0. 027349 *
BAD1. 1	− 1. 441e + 00	1. 155e + 00	− 1. 248	0. 212040
BADC. 1	− 1. 991e + 00	3. 778e − 01	− 5. 269	1. 37e − 07 ***
BADC1. 1	− 2. 089e + 00	5. 247e − 01	− 3. 981	6. 87e − 05 ***
NUC. 1	− 2. 104e + 00	3. 657e − 01	− 5. 754	8. 71e − 09 ***
EBAD. 1	− 1. 801e + 00	3. 897e − 01	− 4. 621	3. 82e − 06 ***
S：S. 1	2. 909e + 00	4. 785e − 01	6. 079	1. 21e − 09 ***
S2：S2. 1	1. 679e + 00	1. 755e + 00	0. 957	0. 338703
O：O. 1	− 9. 655e − 03	5. 967e − 01	− 0. 016	0. 987091
T1：T1. 1	1. 548e + 01	2. 261e + 03	0. 007	0. 994537

……

Signif. codes： 0 ' * * * ' 0. 001 ' * * ' 0. 01 ' * ' 0. 05 '. ' 0. 1 ' ' 1
(Dispersion parameter for binomial family taken to be 1)

Null deviance：1483. 6 on 1229 degrees of freedom
Residual deviance：1010. 3 on 1172 degrees of freedom

AIC：1126. 3
Number of Fisher Scoring iterations：16

Accurate rate on the training data is 82. 3％. 1012/1230.

　　以上运算，作为初试，取得了较理想的效果。一方面，我们获得了对零形回指解析 82.3% 的正确率，可以基本反映我们的设计是有效的，思路是正确的。另一方面，更重要的是，运算结果也向我们显示出哪些特征具有显著作用，哪些特征不具有显著作用，有利于我们进一步研究和测试。在上述运算结果中，如果某个特征后面有一颗星号，说明该特征是在 0.05 水平上显著，两颗星号说明在 0.01 水平上显著，三颗星号是 0.001 水平上显著，星越多，我们越有把握相信这个特征对指代消解有影响。如果该特征的 eastimate 是正数，说明影响是正相关的。如果是负数，是负相关的。根据这个标准，我们看到，Intercept（切分方式）、T2、O1、OD、DISTANCE（距离）、S.1、S1.1、S2.1、O.1、BADC.1、BADC1.1、NUC.1、EBAD.1、S：S.1 特征都是最为有效的特征，其次，T1、SM、S、S1、O、S1.1、S2.1 等也是很有效的特征。这些特征都是本研究中重点分析和考虑的因素，从而证明本研究的成果在计算机应用上的可行性。当然，由于测试语料是按类别选取的，数量比较小，更理想的做法是在训练文本的基础上训练出一个 model，然后再在新的测试语料上进行测试。目前的这一试验至少可以说明，我们所选择的特征对零形代词的消解有比较可靠的影响。

第十章

零形指称中的模糊性

本研究的语料分析发现，虽然在多数情况下，零形回指的先行语是确定的，但是，也存在着一些所指对象不确切、不具体的情况，即所指对象存在这样或那样的模糊性。在语料中，除了常见的无指和泛指之外，指代的模糊性还表现为存在两种或两种以上的所指对象、所指对象被避讳、所指语义含混、所指对象语法关系和逻辑关系模糊等方面。语句结构关系的模棱两可是导因之一，此外，零形式本身的空泛、语言自身的模糊性、使用者的逻辑思维习惯和主观意图都是导因。对有关问题的探讨有助于更深入地认识汉语中的零形指代现象、指称的模糊性和语言的模糊性。

指称及指称关系的模糊性引起过一些学者的注意。黄奕等（2007）的英汉对比研究发现，汉语和英语第一人称代词的使用都具有模糊性，且两种语言中的第一人称代词在模糊指称的类型和语用功能上具有相似性。黎千驹（1996）认为，人称代词的模糊性表现在三个方面：1）表复数的人称代词所指数量不明确；2）单复数同形；3）人称的多样性，即表第一人称的代词并非总是指第一人称，其他人称代词也有类似的情况。蒋跃等（2010）根据实例调查，分析了人称代词模糊用法的权势作用。王军（2009）通过代词回指关系的研究提出了回指的模糊性，认为回指与先行语的对应关系并非总是具体和明确的，并基于实例分析，讨论了两种形式的代词模糊回指。但是，零形回指的模糊性尚未引起重视。

第一节　问题的提出

零形回指的模糊性乃至指称的模糊性的有关研究在国内外都不多见。国内关于语言的模糊性的研究多集中于语义、词语的模糊性、模糊限制语、数字表达的模糊性、概念模糊、语法模糊、模糊与翻译、语境、语用、修辞等的关系，以及报刊、学术、法律等文本中的模糊，论及指代或回指模糊问题者少。国内的零形回指研究，由于零代词本身的空洞和不确定这一不争的事实，而未对其指称对象的模糊性予以关注。然而，回指确认作为与目前机器翻译研究及自然语言的语码转换问题有着重要关系的研究对象，将其中的所指对象的模糊性这一事实揭示出来，有助于引起对回指确认方式的再思考。

第二节　指称确切观和指称的模糊性

无论是以 Chomsky（1981）为代表的形式派关于约束关系和控制关系的讨论，还是 Ariel（1990）等人以认知为基础的语篇回指研究，这些研究总是以上下文或语境中可以找到确切的所指对象或先行语作为先行条件，即认为回指成分与先行语之间存在着确切的指代关系。两种研究模式都试图在这一前提下为指代词语找回先行语或所指对象。然而，虽然多数指代关系可以获得确定的先行语，语言中的指称也还存在不少指称对象模糊的情况，应引起高度的重视。Halliday & Hasan（1976：14）在讨论衔接与连贯时提到，指称不只是直接的替换关系。国内黄奕等（2007）、张春泉（2005）、黎千驹（1996）、高原（2003）等的研究分析了人称的互换与变换等所产生的模糊性，并结合礼貌原则等讨论其语用效果。俞洪亮（2002）认为，阅读过程是一个智力过程，其中，代词的指称不再是篇内原先的具体所指，而是读者心理表征中的指称对象。他引用 Brown & Yule（1983：202）的例子说明这种对象的可变性，并讨论了叙事体语篇中代词所指的模糊性。王军（2009）明确提出回指的模糊性。

　　应该说，回指确切说框架下的研究，由于在语料的选取上优先确定为上下文可以找到先行语的那一部分语料，尚未针对指称关系中诸如无指、泛指、外指、指称模糊等棘手的问题。随着回指确认研究的深入，语料使用面的扩大，回指的模糊性势必成为研究焦点。目前，语言的模糊性已被视为语言的形式化和计算机自然语言处理中的一个巨大挑战。相应地，指称的模糊性问题也不能例外。本研究的语料分析显示，在汉语中，作为最缺乏具体的表现形式的零形回指的所指对象也存在种种形式的模糊性。这不仅是由于该回指形式的空泛而客观所致，也有主观原因及其他因素，以下具体讨论。

第三节　零形指称的模糊性

一　模糊性的定义与概念

　　关于语言的模糊性，有两个概念，一是传统所说的"模棱两可"或"词不达意"，词义的不确切性或语言表达的非确切性；一是依据美国控制论专家 Zadeh 发表的论文《模糊集合》（1965）所建立的模糊集合数理概念，即范畴中的成员之间存在着从精确到模糊的排列、接近度和渐变关系。就零形指代的模糊性而言，它包括指称对象的无指、泛指、所指对象含混或模棱两可等，是指当一个零代词对应两个或两个以上的先行语或所指对象，或者没有确定的所指对象以及所指对象含混的现象。它不是泛指零代词由于形式上的空洞，先行语普遍需要进行确认这一概念上的模糊。在零形指代的各种模糊指称中，本研究更多地关注零回指的对象不具体、不明确、难以确定或存在两个或以上的可能性的问题，一种在上下文及语境中也难以确定或澄清的情况。王军指出，"尽管目前回指研究经历了从形式到认知的跨越，但有一点自始至终不变的是，无论哪一类回指释义，终极目标仍然是要把某一个真正的所指对象找出来，……。人们很难想象会存在这样一种情形，即通过某一规则的运作，所获得的结果是一个模棱两可的回指先行成分，换句话说，该成分既可能不是唯一的，也可能是无法明确确定的。而且，人们即使在无法确定时，也没有想到这是语言本身的问题"。(2009：2)

国外关于英语代词的研究中，也一直有人注意到代词指代的不确定性。其中就有关于著名的"E-类代词"（E-type pronoun）、"驴子句"（donkey sentence）、"考试句"（examination sentence）和"支票句"（paycheque sentence）等问题的讨论：

> （1）If *any man* owns a donkey，he beats it.
>
> （Geach，1968）
>
> （2）*No one* will be admitted to the examination，unless he has
>
> registered four weeks in advance. （Bosch，1983）
>
> （3）The man who gave *his paycheque* to his wife was wiser than the
>
> man who gave it to his mistress. （Karttunen，1969）

例（1）这种句子后来被广泛地称为"驴子句"。Geach（1968：128）认为，该类句子中的代词"he"是一个约束变量，受到"any man"的约束，但是，其具体指称的范围是不确定的。例（2）这种句子被称作"考试句"，有好几个小类。其特点是，句子中的先行语没有具体的指称对象，数量概念也不能转移到回指语，其中的代词不可能受到先行语数量的约束，因此，其所指是不确定的。例（3）这种句子被称为"支票句"，句子中的代词所指对象与先行语的所指对象已不是同一实体，因此，其所指也是模糊的。

上述代词指代的模糊性系概念发生变化或被偷换造成的。这一类模糊在上下文或语境中多少还能有一个与之对应的先行语。在国内的研究中，也还有讨论语用因素，如虚指、避忌、礼貌、权势等因素产生的无确切先行语的模糊指代情况。（如黎千驹，1996；高原，2003；张春泉，2005；黄奕等，2007；王军，2009；蒋跃等，2010）这些都是关于代词模糊指称的讨论。汉语零形指代的模糊性也存在各种情况。

二　零形指代的模糊指称现象分析

通过对汉语叙事语篇与新闻语篇中的有关语料的分析，我们发现，零形指代的模糊性首先较多地体现为无指和泛指（Ø 表示零形指代，Øw 表示无指，Øf 表示泛指），例如：

> (4) 然而现在呢，他莫名其妙地坐了好长时间的车，Ø 要按一个莫名其妙的地址 Ø 去找一个莫名其妙的人 Ø 办一件莫名其妙的事。其实事$_1$一点也不莫名其妙，Ø$_1$很正常，Ø$_1$很应该，只是他$_2$办起 Ø$_1$来 Ø$_2$不合适罢了，Øw 让他$_2$ Ø$_2$办这件事还不如 Øw 让他$_2$ Ø$_2$上台 Ø$_2$跳芭蕾舞，Ø$_2$饰演《天鹅湖》中的王子。（《夜的眼》第 7 段）
>
> (5) 皆东街口上，Ø 有棵大青树。这树下摆了几家甜酒摊。甜酒$_1$，你们都是知道 Ø$_1$的，四川话叫作醪糟。要是 Øf 想吃得 Øf 讲究点，Øf 揭锅前 Øf 打进两个鸡蛋。（《卖酒女》第 2 段）

例（4）的两个 Øw 在上下文或语境中没有先行语或所指对象，属于无指。例（5）的四个 Øf 在上下文或语境中也没有具体的所指对象，但可以泛指吃甜酒的人。这两种用法较为常见，在语料中构成数量较多的所指对象模糊的零代词，本文要着重讨论的是以下的一些情况。

（一）所指对象的连带与不连带问题

所指对象的连带与不连带问题是指零代词的所指对象在上下文中可以包含一个与某个对象相牵连的其他成分，也可以不包含这个成分，存在两种可能性。例如：

（6）刘五要娶她的头三天晚上，半夜三更里，高二约了一群好汉 Ø 来抢亲。Ø 把她从妈的炕上拖下来，她只吓的哭。 （《报复》第 2 段）

以上例子中的零代词是指"高二"一个人，还是指"高二和一群好汉"？两种可能性都有。"一群好汉"是与"高二"这个行动主体相牵连的成分。下面的例子中也有同样的问题：

（7）幸亏对门张大嫂子带出孩子 Ø 到场上玩，小翠才敢喘出一口气。 （《报复》第 3 段）

（8）赵启明$_1$已经把受人之托的事忘了个一干二净。他$_1$提着景颇人那份礼物，Ø$_1$和刀含梦并肩默默地出了街口。Ø$_2$到了僻静处，刀含梦悄声问道："……"

（《卖酒女》第 15 段）

在例（7）中，Ø 有两种指代可能，可以指"孩子"或"张大嫂子与孩子"。例（8）的 Ø$_2$也有两种可能，可以前指"他（赵启明）和刀含梦"，也可以根据句读关系而考虑反指，指后面出现的"刀含梦"。

这一类模糊回指的共同特点是，都有一个表示牵连关系的词语（第一个例子中的"约了"，后两个例子中的"带出"和"和"）使得被牵连成分可以共同参与事件或活动。因此，这一类指称模糊与先行语环境中出现了表示牵连意义的词语有关。在语料中，这类意义的词语还有"与"、"跟"、"同"、"组织"、"帮助"、"陪"、"带着"、"领着"等。

（二）所指对象可以是某个实体或小句

在这一类模糊回指中，零代词既可以指代上下文提到的某个实体，也可以指某个小句所表达的内容或事件。例如：

（9）等你再想重见他时，Ø 已经是没可能的了。

（《卖酒女》第 14 段）

（10）他₁睁开眼 Ø₁ 向屋子里看了一眼，Ø₁ 明白这是他的家。Ø₁ 把头在枕上动了动，Ø 大概是表示感谢大家救他的意思，Ø₁ 又把眼闭上了。　　　（《报复》第 14 段）

上例（9）的 Ø 可以指前面提到的"你"，也可指前面小句"你再想重见他"所表达的意思。例（10）的第四个零代词可以指"他"，更可以指前面小句"Ø₁ 把头在枕上动了动"所表示的行为。下面的例子也有同样的问题：

（11）她₁搬到离楼十几米远孤零零的小屋 Ø₁ 去住，Ø 倒也不错，Ø₁ 省得经常和楼里的住户打头碰面，互相₂不敢搭理，Ø₂ 都挺尴尬。（《高女人和她的矮丈夫》第 11 段）

（12）阿多₁早已偷偷地挑开"山棚"外围着的芦帘 Ø₁ 望过几次了。小小宝₂看见 Ø，Ø₂ 就扭住了阿多，Ø₂ 问……

（《春蚕》第 63 段）

上例（11）的第二个 Ø 指的是"她"，还是指"搬家"？两种都可能。如果考虑语义，则更指"她₁搬到离楼十几米远孤零零的小屋 Ø₁ 去住"这件事情，如果考虑上下文主题的延续性，则可以认为是指"她"，因为后面的小句继续谈论的主题还是"她"。例（10）也存在类似的主题延续问题。例（12）的第二个零代词可以指前面出现过的"阿多"，也可以指"阿多早已偷偷地挑开'山棚'外围着的芦帘 Ø 望过几次了"所表达的事件。

（三）所指对象存在两个不同的个体

与本节的第一部分不同的是，这里的零代词所指对象没有连带与不连带关系，而是两个独立的个体。零代词可以指代这两个个体中的任何一个。例如：

（13）<u>张三</u>₁把脚放在冲床开关上 Ø₁踏下去 Ø₁一直不松开，一直到一张铁皮上冲得都是洞洞眼了 Ø₁才松开踏板 Ø₁换一张铁皮。　　　　　　　　（《一天》第13段）

（14）Ø 正在无可奈何，幸亏有人送了<u>他</u>一顶"<u>漏斗户主帽</u>₁，Ø 也就只得戴上 Ø₁，Ø₁横竖不要钱。

（《陈奂生上城》第2段）

在例（13）中，前两个 Ø 可以指代"张三"，也可以指"脚"。考虑上下文主题的延续性，可以认为是指"张三"；考虑语义关系，则这里更可能指"脚"，即，"脚踏下去一直不松开"。例（14）的最后一个零代词 Ø₁可以指"帽子"，也可以指"别人"。下面的例子也有同样的问题：

（15）这时<u>我</u>₁想逗<u>它</u>₂ Ø₂玩一玩，Ø₁就搓了<u>一个纸团</u>₃，Ø₁用线吊着 Ø₃，Ø₄在它面前甩来甩去，Ø₁颇有讨好它的味道。　　　　　　　　（《索债者》第1段）

（16）<u>她</u>₁陪姑姑住守这所大屋子已二十多年，Ø₁跟姑姑念诗念经，Ø₁学姑姑 Ø 绣蝴蝶，<u>她</u>₁自己说 Ø₁不要成家的。

（《竹山房》第9段）

在以上例子中，（15）的 Ø₄可以指"我"，表示"我"在它面前甩东西，也可以指"纸团"，表示"纸团"在它面前甩来甩去，因为动词"甩"可以采用运动的实体做主语。例（16）的第三个零代词 Ø 可以指"姑姑"，也可以指"她"，因为有可能是"姑姑"绣蝴蝶，而"她"跟着学，也可以是"她"学着绣蝴蝶。原因是，"学"这一类动词在语义上允许其后有两种指代关系。

（四）所指对象被隐讳

所指对象被隐讳是指零代词所指称的对象或事件虽然只有一种可能性，但是，在上下文或语境中由于某种原因，没有被确切说出，而是以隐蔽、隐射、暗示、淡化等方式间接提及。例如：

> (17) ……但是太阳出山时四大娘₁到溪边汲水，Ø₁却看见六宝₂Ø₂满脸严重地跑过来Ø₂悄悄地问道："昨夜二更过，三更不到，我远远地看见那骚货从你们家跑出来，阿多跟在后面，他们站在这里说了半天话呢！四阿嫂！你们怎么不管事呀？"
>
> 四大娘₁的脸色立刻变了，Ø₁一句话也没说，Ø₁提了水桶Ø₁就回家去，Ø₁先对丈夫说了Øy，Ø₁再对老通宝说Øy。老通宝₂气得Ø₂直跺脚，Ø₂马上叫了阿多₃来Ø₂查问Øy1。但是阿多不承认Øy。老通宝₂又去找六宝₄Ø₂询问Øy2。六宝₄是一口咬定了Ø₄看见Øy的。
>
> （《春蚕》第 59—60 段）

在以上例子的第二段中，Øy 所表示的是上文大约涉及的但没有被确切说出的一件事情，即所指对象被隐讳。在没有被确切说明的情况下，这件事情却反复使用零代词指代，使得所指对象模糊不清。究其原因，零代词在这里的模糊用法与男女之事不便直说有关，具有遮丑避讳的意思。（注意：例中的 Øy1 和 Øy2 还具有另外一层模糊指代关系，除了可以指以上所说的事件之外，还可以分别指"阿多"和"六宝"。）下面的例子也有类似的情况：

> (18) 这以后便是这悲惨故事的顶峰：一个三春天气的午间，冷清的后园的太湖石洞中，祖母₁因看牡丹花，Ø₁拿住了一对仓惶失措的系裤带的顽皮孩子。这幕才子佳人的喜剧闹了出来，人人夸说的绣蝴蝶的小姐一时连丫头也要加以鄙夷。放佚风流的叔祖₂虽从中尽力撮合周旋 Øy，但 Øy 当时究未成功。
>
> （《竹山房》第 4 段）

（19）母亲₁自然怂恿我们₂ Ø₂去Øy。Ø₁说我们₂是新结婚，
　　　　Ø₂也难得回家一次。二姑姑家₃孤寂了一辈子，如今
　　　　Ø₃如此想念我们……　　　　（《竹山房》第5段）

在语义上，例（18）的Øy不直指上文出现过的"这幕才子佳人的喜剧"，而隐指故事中那对青年男女的婚事。青年男女的婚事本来不必含蓄，但是，此事由于与故事前面发生过的事情有关，当时算是在一个不光彩的前提下来谈论的，因而采用了隐蔽的指代方式。例（19）的Øy用于隐指"二姑姑家"。在故事中，"二姑姑家"在第二段提到过，到故事的第五段的时候，早已被替换掉了。然而，从故事开始所渲染的气氛，以及作者后来追述"二姑姑家"发生的"闹鬼"事件来看，作者眼里的"二姑姑家"有着浓厚的神秘气息，采用零代词远指"二姑姑家"，而不愿意直接提之，既有对所指对象进行回避隐蔽的意思，也有加重神秘气息的作用。当然，由于故事所叙述的主题"竹山房"，就是"二姑姑家"，也可以说，这里的零代词能够被使用与所指对象的主题性有关。但是，由于这样长距离（前后相隔三段）的零代词在我们18万汉字的语料中仅此一例，而且是在这种气息之下出现的，避讳应该是其主要原因。

（五）所指对象语义含糊

所指对象语义含糊是指零代词所指称的对象语义概念不清晰。例如：

（20）……他₁都不记得了；Ø₁只记得吴书记₂好像已经完全
　　　　明白了他的意思，Ø₂便和驾驶员一同扶他上了车，车
　　　　子开了一段路，Ø₃叫开了一家门（机关门诊室），Ø₃
　　　　扶他₁Ø₁下车Ø₁进去，Ø₁见到了一个穿白衣服的人₄，
　　　　Ø₁晓得Ø₄是医生了。　　　（《陈奂生上城》第6段）

以上例子中，Ø₃的所指对象语义含糊，概念不清晰。既可能指代

"吴书记"或者"驾驶员",也可能指代"吴书记和驾驶员",上下文没有明示。这种情况又不同于我们开头所说的无指和泛指,它有一定的指代对象,只是由于某种主观和客观原因而没有被清楚地说出来(例如,此处由于"他"处在高烧和昏睡中,客观上不能够清楚地知道事情发生的每一个细节)。下面的例子也有类似的情况。其中的两个Ø从上下文看,大致的所指范围是"小饭店"所在的街区,但是具体地看,又无确切的所指对象:

> (21) 可现在,Ø全乱了。棚户动迁,Ø盖起了新工房。
> (《小饭店》第3段)

(六) 所指对象语法关系模糊

所指对象语法关系模糊是指零代词由于其所在的小句存在两种可能的语法关系或语法关系模糊不定而产生两种可能的回指。例如:

> (22) 老通宝揣着一架"蚕台"从屋子里出来。这三棱形家
> 伙的木梗子₁有几条Ø₁给白蚂蚁蛀过了,Ø怕的不牢,
> Ø须得修补一下。　　　　　(《春蚕》第28段)

> (23) 街道₁为了创收,Ø₁也为了解决无业人员的饭碗,Ø₁便
> 在原先上街沿的地方搭起了两排临时房屋₂,Ø间成店
> 铺₃,Ø租给下岗的或待业的居民₄Ø₄做买卖。
>
> 　　　　　　　　　　　(《小饭店》第3段)

例(22)的后两个Ø,因为它们所在的小句兼两种可能的语法关系,主动关系和隐含被动关系,而有两种指代的对象,可以指前面提到的"老通宝",也可以指"几条木梗子"。小句所表达的意思可以是"老通宝怕木梗子不牢,老通宝须得修补一下木梗子",也可以是"木梗子怕的不牢,木梗子须得修补一下"。例(23)第4、第5小句中的两个Ø也因为它们所在的小句兼有主被动关系而可以指"房屋"

或 "街道"。在语料中，这种兼表主动和隐含被动关系的结构所产生的模糊也很常见，其中的动词总是能兼容两种语法关系。拿例（22）的两个动词来说，我们除了可以造出很多以施事者为主语的句子外，也可以说出很多如 "这种桌椅怕不牢"、"这种材料怕不耐用"、"这房间须得布置一下"、"这件事情须得处理一下" 的句子。有时，隐含被动关系是由于某些介词的介入形成的：

(24) 围着马场的竹篱外面，睡着滇缅通商的灰色大道₁，Ø₁蜿蜒地从群山里面伸了下来，Ø₁又蛇也似地爬了上去。路边蔓延着的含羞草上，流动着三两点暗绿的萤火₂，Ø 用电光触去，它们便没入草间了。（《我诅咒你那一笑》第 30 段）

例（24）的最后一个 Ø 也因为它所在的句子可以兼表主动和隐含被动关系而出现两种指代可能。根据隐含被动关系，Ø 近指 "萤火"，根据主动关系，Ø 外指故事的叙述者 "我"。这里的被动关系是由于介词 "用" 的使用而形成的。

所指对象的语法关系模糊主要是零代词所在的小句兼有主被动关系引起的，但也有另一种情况：

(25) Ø₁照见包着黑布帕子的男子的头，【电光₁便在那粗糙的脸部上面，游戏三四分钟】，Ø 让这位心急的绅士₂Ø₂饱饱地看个够。同时 Øs 利用他₂那醉了的糊涂心情，Øs 便略带打趣的调子问 Ø₂："⋯⋯"

（《我诅咒你那一笑》第 26 段）

上例中的第二个零代词 Ø 可以指叙述者 "自己" 或者 "电光"。"自指" 的原因是下文出现的关联成分 "同时"，由于 "同时" 后面出现的是叙述者 "我"，与此相关联，前面也应指 "我"。Ø 可以指

"电光"是因为上文出现的"照见",与此相关联,Ø 可指"电光",形成"电光照见……,让……"的排列。零代词在这里的回指模糊是由于它所在的小句在结构上可以与前面的小句关联,也可以与后面的小句关联。此外,这里还有另外一重模糊,这个零代词还可以指前面句子所表达的事件,即【】中的内容。这一类模糊在前面已分析过。

（七）所指对象逻辑关系模糊

所指对象逻辑关系模糊是指零代词所指代的对象因为逻辑问题而产生模糊。例如：

(26) 大院里<u>没人</u>敢和她说话,Ø 却都看见了她红肿的眼皮。

（《高女人和她的矮丈夫》第 10 段）

例句中的 Ø 从回指关系看,指的是前面提到的"没人",但从逻辑关系看,所指不能确定,因为如果替代进去,说"没人看见了她红肿的眼皮",不符合逻辑。零代词的这种模糊用法还有以下情况：

(27) 然而<u>伤口</u>$_1$红肿化脓了,Ø$_1$不久转为高烧,Øs 吃了<u>很多药</u>$_2$ Ø$_2$都不顶用,Øs 只好住进医院 Øs 吊盐水针,Ø$_3$还差一点就变成了急性肾炎什么的,……

（《索债者》第 6 段）

(28) <u>那女孩</u>注射后 Ø 没见效,Ø 反倒有些恶化了。

（《卖酒女》第 11 段）

例 (27) 有两处逻辑关系不清。Ø$_1$如果指代前面提到的"伤口",则"伤口"转为"高烧",在逻辑上说不通。Ø$_3$按照叙述的顺序看下来,无论指代前面的"伤口",还是近处提到的作者自己"Øs",逻辑上都说不过去,使得回指难以确定。例 (28) 的两个 Ø 如果顺着前面的小句延续下来而指代"那女孩"的话,逻辑上也讲不通，造成回指的模糊性。

第四节　小结

综上所述，汉语零形指代在指称上存在着不同情况的模糊性。本研究的语料分析显示，这些模糊性多由语法语义关系、语义概念、逻辑关系、语用因素、语法结构关系和语篇关系等因素造成的。究其原因，有客体（所指对象的模糊性）、主体（表达者的主观意愿）、工具（语言和结构关系的不确定性和多样性）、汉语逻辑思维习惯、概念和范畴等方面的因素。

零形指代的模糊性进一步表明，语言的表达并不总是追求确切性。更值得注意的是，这些模糊性的存在，并没有造成语言理解上的障碍或问题。这可能说明，语言的解码也具有一定的模糊性。如果人类的阅读理解尚且如此，那么，计算机对自然语言的处理模式势必应该做相应的考虑，也应该考虑模糊解码方案。尤其是，随着回指研究的进一步深入，那些包括间接回指、泛指、无指和外指等目前尚未考虑的语料，将被逐渐纳入解决的范围。这将进一步增加有关问题的复杂性和不确定性，而使得回指及指称确认走向模糊解码方案。

第十一章

结　论

第一节　主要发现

本研究经过对汉语零形回指不同体裁的语料的采集，在认知功能语言学的框架下，对这些语料进行标注并对其中的距离、位置、生命性、主题性、平行性、层次性等因素进行研究和分析，基于研究和分析建立起零形回指的数据库，并基于数据库所记录的零形回指特性和规律对先行语进行了成功的解析试验，同时在新的智能化回指解析系统中对本研究的代表性语料进行解析尝试。至此，本研究对所获得的成果和发现进行以下总结。

1. 关于零形回指在汉语三种不同体裁中的个性和共性。研究发现，叙事语篇的零形回指最多，学术语篇的最少。从回指的位置看，新闻语篇的最简单，其次是学术语篇，叙事语篇的零形回指最复杂。从位置关系上看也是如此。另外，三种体裁还在回指关系的各自特色、指称对象的生命性和非生命性、抽象回指、无指等方面呈现出差异性。然而，它们有着重要的共性，包括：三种体裁的零形回指位置都以主语为主，其他位置上的零形回指都很少。在先行语方面，三种体裁也都是主语占据绝对数量，共有 4643 例。其次是宾语位置，共有 837 例。再次是主题位置，共 828 例。其他位置上的先行语都很少。在回指的位置关系上，三种体裁都以 S—S 位置关系的零形回指最多，而且，排在前三位的都是 S—S，T—S，O—S，排在第四位的都是 O—O 位置关系的零形回指。其他位置关系的零形回指很少，约为 6%。最后，在三种体裁中，叙事语篇的零形回指最具有代表性，从而说明，以往研究选择叙事语篇作为研究的材料有一定的代表性，也可以说明，零形回指的解析，就书面语而言，无须考虑分体裁解析。

2. 汉语零形回指的距离特征。在 Ariel（1988，1990）的研究体系中，先行语和回指语之间的距离是衡量先行语可及性的第一因素。我们发现，汉语零形回指也一样。距离是最重要的因素。在以往研究的基础上，本研究对距离的统计做了调整，分为：隔段（先行语和回指语所在的段落之间还有别的段落间隔）、前后段（先行语和回指语在相连的前后段落）、隔句（先行语和回指语所在的句子之间还有别的句子间隔）、前后句（先行语和回指语在相连的前后句子）、隔小句（先行语和回指语在同一句子，但是之间还有别的小句间隔）、前后小句（先行语和回指语在同一句子，并且在相连的前后小句）、小句内（先行语和回指语在同一小句内）。统计发现，汉语的零形回指绝大多数出现在先行语为前后小句的语境中。其次是同一小句内，即先行语和零回指在同一小句内。第三个典型的距离是前后句，即先行语和回指语出现在前后相连的句子中，其间没有其他句子或者小句间隔。加起来看，零形回指在这三种相邻语句中使用的总量达到了6037 例，占了总数的 94%。这为零形回指先行语的解析提供了极为重要的信息。

3. 句法位置上，本研究发现，如果说距离可以体现汉语零形回指使用的基本面貌，位置规律则更为突出。汉语零形回指的先行语最集中地出现在主语位置，占总数的 72.5%。其次是宾语位置和主题位置，分别为 13.07% 和 12.9%。主语的修饰语位置有一些先行语（共 64 例）。旁语和宾语修饰语位置有少量先行语，分别为 23 例和 6例。没有发现其他位置的先行语。汉语的零代词更是集中在主语位置，共有 5916 例，占了总数的 92.4%。还有一个重要的发现是，零代词在其他位置出现的机会特别少，宾语位置和主题位置有一些零代词，分别为 274 例（4%）和 198 例（3%）。只有 10 例零代词出现在主语的修饰语位置，3 例出现在旁语位置。其余位置没有零代词的使用。

就位置关系看，先行语和回指语都出现在主语位置的零形回指最多，共有 4476 例。其次是主题—主语位置的零形回指，共有 722 例。这两种合计有 5198 例，占零形回指总数的 81% 以上。类似的位置关系还有主题—主题，共 54 例，主语—主题，共 130 例。与前两种加起来，共有 5382 例，占了回指总数的 84%。其余位置关系的零形回指数量不多，却有几种是以往未曾讨论过的。例如，"主题—旁语"、"主语—旁语"、"宾语—旁语" 位置关系的零形回指，本研究各有 1 例；"主语修饰语—主题" 位置的零形回指，本研究有 2 例，"宾语修饰语—宾语" 位置的零形回指，本研究有 1 例，此外还有 "旁语—主题" 和 "旁语—主语" 位置关系的零形回指。因此，本研究语料的扩大，获得了更多未知的零形回指位置关系。

在位置关系中，我们还发现了比较出格的两类。一类是先行语出现在宾语修饰语或旁语位置的零形回指。这些位置在语篇表达中很不凸显，成为零形回指的先行语的可能性非常小。另外一类是零代词出现在旁语位置，其先行语分别出现在主题、主语和 "把"、"将"、"连" 引入的 NP 的位置上。这些先行语的位置在语篇表达中是比较凸显的，可能说明，零形回指在旁语位置的使用，至少其先行语要足够突出。

4. 零形回指句法位置的排序。综合对零形回指位置的分析和比较，我们参照 Keenan & Comrie（1977）的句法可及性等级体系，在以往研究的基础上，获得了对汉语零形回指先行语的句法位置排序的修正：

$$T > O1/O3 > SM > S > O > OBL/OM$$

以上等级体系的重要性不仅是把 Keenan & Comrie（1977）关于定语从句化的句法位置等级体系进一步扩展运用到零形回指的研究，更重要的是，在新的体系中，不仅主语的修饰语排到了主语的前面（以往的研究或者把它笼统地作为属格语，列在旁语之后，或者作为其他类，列在序列的最后，最好的是将它排在主语的后面），宾语的修饰语与旁语并列（以往的研究或者通通算作其他类，列在最后，或者将宾语修饰语排在旁语前面），而且单独考虑了存现结构的宾语，并置于以上等级中仅次于主题的地位。

王德亮（2004）在基于中心理论的零形回指研究中，运用了"主题＞主语＞宾语＞其他"排序，结合其他规则的运用，取得了较好的回指确认结果。段嫚娟等（2009）对中心理论的排序进行了改进，吸收了将 SM 靠前排列的做法，取得了更好的效果。相信本研究基于大量数据分析获得的位置等级序列的进一步优化更有利于中心理论的回指解析。

5. 零形回指的生命性与主题性。以往研究对零形回指先行语的生命性已有一些讨论，但未有过详细统计。本研究对此进行了分体裁统计发现，除了学术语篇之外，零形回指的先行语最主要的是生命性的实体，其次是无生命的实体或事件，再次是抽象概念。场所、时间和天气很少成为零形回指的先行语。从数量最多的两种指称对象来看，生命性的实体和无生命的实体或事件无论在三种体裁中，还是在总体比例上，都占绝对数量。在本研究的 6401 例零形回指中，共有 3695 例先行语是生命性的实体，占总数的 57.725%。内部存在一定的体裁差异。新闻语篇中，生命性实体担任先行语的数量是 1025 例，占该体裁零形回指总数的 51.61%；学术语篇中，生命性实体担任零形回指先行语的数量只有 426 例，占该体裁零形回指总数的 30.47%，排第二位，比例最高的是非生命性的实体或事件担任先行语，达到了 49.57%；在叙事语篇中，生命性实体的数量最高，达 2244 例，占该体裁零形回指总数的 74.38%。

三种体裁的零形回指先行语在生命性上的差异与体裁的特点密切相关。新闻语篇的报道不仅要以人物为主，向读者详细说明事件的原委也是报道的主要任务。这就是为什么在新闻语篇中这两种类型的先行语比例都高。学术语篇不关注人物的进展，而以研究对象、问题或研究目标为主题，因此，生命性实体的零形回指数量和比例都不高。叙事语篇以人物刻画和人物的活动为叙述的主体，因而，生命性的实体被关注的频率最高，这也是为什么其生命性实体的零形回指比例最高。然而，在总体数量上看，汉语零形回指先行语的生命性排序很清楚，可以形成以下等级体系：

$$A > I > C > L > T > W$$

（A 有生命的实体；I 无生命的实体或事件；C 抽象概念；L 场所；T 时间；W 天气）

生命性和主题性有内在联系，基于这两方面，本研究成功地解释了为什么在句法位置的等级体系中，主语的修饰语和存现结构的宾语位置可以靠前，以及"把"、"将"、"连"所引入的成分可以成为零代词的先行语。

本研究发现，主语的属格语能够优先于同等条件下的主语是因为它所表达的指称对象的生命性。生命性带来了主语属格语在认知框架上的凸显性。由于生命性实体的运动性和方向性，较之非生命的、静态的、抽象模糊的实体引起更多的注意，更容易成为表达的出发点及关注点而成为先行语。因而，主语属格语的优先排序得到了认知语言学的凸显观和图形—背景观的支持。

存现动词引入的宾语在过去多作为一般的宾语处理，直到近些年关于主题引入方式的研究对这一类宾语的主题性提出了新的看法。我们不仅发现，当先行语环境中有存现句 S 和 O 时，零代词更多地回指O，而且发现，这是由于存现宾语的认知地位决定的，并从认知语言学的图形—背景关系的角度进行了成功的解释。

汉语介词引导的 NP 在下文很少用零形回指，"把"、"将"、"连"是例外。这也是由于这些成分的强调作用及所引导的 NP 的次主题地位决定的。

6. 平行性和层次性。首先，本研究发现，零形回指的平行性有句法位置平行性和语篇结构平行性两方面。一般来说，语篇结构平行，句法位置则平行。句法位置变化，语篇结构一定出现了不平行。比较典型的位置变换是：1) 先行语在宾语位置，零回指在后续的主题或主语位置（O—T/S 位置关系）；2) 先行语在主语位置，零回指在后续的宾语或旁语位置（S—O/OBL 位置关系）。

关于层次性，我们发现，并不是所有的层次变化都引起零形回指位置的变动。这与以往的看法不同。出现在主句结构之前的从属状语（FAD1）、出现在主句结构之后的从属状语（BAD）、插入的状语结构（IAD）、插入句（INS）和出现在主句结构后面的内嵌结构（EBAD）基本不影响零形回指的位置。出现在主句结构之前的从属定语（FAD2）和出现在主句结构之前的包含着状语或包含着另外一个定语的从属定语（FAD3）绝大多数也不引起零形回指位置变化，只有当该定语结构所修饰的中心成分是宾语的时候，才出现零形回指位置变化。综合各方面的分析，我们发现，出现在主句结构之后的从属补语（BADC）是主要的引起零形回指位置变化的次层次结构，其中又分为存现结构的补语、动补结构和补充说明结构，零代词往往出现在这些结构的主题/主语位置，先行语出现在其前的上一层次的宾语位置。

虽然从总体上看，零代词出现位置变化是由于其先行语出现在更高的结构层次，也有反过来的，多出现在 S—O 类型的换位回指中。因此，与以往观点不同的是，本研究对零形回指的换位更客观的解释是结构层次发生变化而产生的，未必都是从高的结构层次到低的结构层次。

关于平行性和层次性，还有两个重要的现象是，反指多出现在平行的位置，但多不是平行的结构。有两类次层次结构中出现零形反指。一种是在 FAD1（出现在主句前的从属状语结构），一种是在 FAD2（出现在主句前的从属定语结构）。

长距离零形回指多与平行性和层次性有关。一般来说，后续主结构层次中的零代词往往与前面主结构中的指称对象相联系，而且多以平行回指为主。次层次结构中的零代词，或者与其前的次层次结构中的平行位置的指称对象相联系，或者回指就近的更高层次宾语位置上的指称成分。这是主要规律。但是，我们也发现少量其他形式的出现在主次结构层次之间的长距离零形回指。还有，虽然长距离零形回指主要在主语—主语位置，但是，也有其他位置，如旁语、宾语位置；虽然夹在长距离零形回指中间的结构主要是次层次的，但是，也有其他层次，如并列结构，而且，中间结构并非总是简单结构；另外，长距离零形回指并非总是在主结构，也有次层次结构及交叉出现的长距离零形回指。这都是以往研究未曾注意的现象。

最后，平行性和层次性不是零形回指位置变化和距离变化的唯一原因，语句的主题性和语篇主题都会带来一定量的回指位置变化和长距离零形回指。

基于层次性的主要表现，我们为零形回指先行语的解析建立了层次性规则。

7. 对零形回指模糊性的揭示，并以具体的实例从多方面论述其模糊性的主观原因和客观原因。

8. 其他方面。除了以上主要发现之外，我们还发现零形回指的两种动词控制关系，一种是主语控制，一种是宾语控制。可以进行较清楚的分类，并采用动词分类的方法分化其中的先行语。以往有研究者讨论汉语主从句间的回指问题，涉及某些动词。本研究对语料中的两类动词进行了列表，同时，还发现了少量兼有两种功能的动词。

本研究对零形回指的分时段考察发现，零形回指的使用在时段上无区别，但是，零形回指的使用数量、位置和复杂度存在个人差异，似与作者的语言风格、思维习惯、思想开放度和复杂性等有关。

第二节　主要创新之处

归纳起来，本研究的创新之处主要有以下几个方面：

1. 以往研究多提到回指的层次性，并进行了一定分析与应用，但没有进行系统的语料分析与标注。本研究在语料中对此做了清楚的划分和标注，并在数据库中详细地记录了这一特征。而且，本研究所涉及的层次类别也比现有的研究更为广泛。

2. 本研究对中心理论关于"中心是语篇片段中作为语篇模型一

部分的语义实体"概念进行扩展，认为中心是双向的，不仅可以按照语言的线性顺序向右延伸，也可以左向扩展和控制其领域范围内的其他成员。同时，本研究认为，作为语篇模型中的一部分语义实体，中心的延伸性在其所在的语篇片段中是延续的，不因为次中心或局域中心的出现而中断，以保持对主题的延续性和回指的延续性的有效解释。

3. 本研究还在指称参照点理论的框架下，对于汉语的零形回指，增加了一个主语之上的参照点——主题，以及主语之下和宾语之下的若干参照点。另外，本研究认为参照点不仅形成领地，更重要的是形成不同层次的领地，这对于解释包括长距离回指和内包回指在内的零形回指现象具有积极的作用。

4. 本研究在 Duan（2006）、许余龙等（2008）和段嫚娟等（2009，2012）的研究基础上，在语句的划分上直接反映出句法层次。同时，针对其中某些仍不能消解的句子的问题（段嫚娟等，2012：231），采取在语料标注时添加一些零形主题的办法，以有助于某些指代词的正确消解。并基于更为丰富的语料数据，对零形回指解析参数做了调整和修改，有助于获得更好的解析效果。

5. 基于以上各种处理，以及对数据库中的各种特征与关系的分析，本研究进行了零形回指先行语的解析试验。取得了对数据库中88.3%先行语的解析。运行的规则包括先行语的位置、零形回指的平行位置关系和层次结构等。位置、生命性、平行性、层次作为主要特征；距离和概率是基本原则。

此外，针对以上解析中的机械性和规则运行的不灵活性，增加本研究数据解析的智能化和考虑今后在开放语料中运用本研究的回指解析特征与规则，我们选择了 Logistic Regression 系统尝试解析本研究的零形回指的先行语。用的是从本研究的数据库中归纳出来的108例共124类零形回指，写成 txt 文本，进行了特征标注，包括 NP 的类、位置、生命性、层次性四个部分。试验获得了对零形回指解析83.2%的正确率。该结果不仅表明本研究思路和方法的可行性，也证明了特征选择的可靠性。试验还表明，如果增加语料的量，会取得更好的效果，并能够训练出一个模式，在开放的语料中进行尝试。

6. 当今，随着大型计算机语料库的出现，一些学者开始尝试机器学习回指解析模式。其主要做法是首先在封闭语料库中对语料进行规则训练，称为训练语料库，然后推演到大型的开放语料库中，由计算机自主学习算法和进行指代解析的公开测试。其最大的优点在于它的可扩展性。但是，我国学者关于机器学习回指解析的研究多针对汉语或英语的名词短语或代词，尚未对汉语的零形回指进行尝试。本研究作为一种新的尝试，能够为机器自学习的零形回指解析提供有效的参考。这也是本研究进一步努力的方向。

7. 选择语块作为语料标注的基本单位，也是一种创新，符合自然语言表达的实际情况和语篇组织的心理过程，也与计算机模拟自然语言处理的新做法取得一致。此外，成功地解析了大多数反指，首次尝试机器自学习模式应用于零形回指，提出模糊解码的设想，都具有一定的创新性。

第三节　不足之处及对今后研究的思考

本研究的局限性及对今后研究的建议包括以下几个方面：

1. 虽然研究获得了零形回指的特征和规则，但由于缺乏自动标注，手工标注语料不仅耗时，而且难免存在一定的误差，也由于此，语料数量受到限制，只用了27万字，更由于建设语料的数据库耗时巨大，只建设了18万字的数据库，自动标注将有助于语料数量的增加和节省时间，也有利于机器识别。

2. 基于数据库规则进行的解析，有一定的机械性，且难免不能穷尽所有的零形回指类型和关系。缺乏灵活性，难以防止规则之间的冲突，这种情况在以往研究的回指解析中也出现过。而且，由于本研究的特征和规则需要在标注的语料库中进行解析，尚未在开放的语料中进行，因此，仍具有一定的局限性。

3. 可以认为，语句的关联是意义上的，形式只是一种反映，而不是全部的反映。故不可尽用形式解决方案。计算机翻译要取得成功，必须训练电脑，输入各方面的信息，建立语篇智能库。如同人的大脑在成长中的各种习得。本研究不能选取不熟悉的材料进行分析，而选择了研究者较熟悉的语篇进行标注，也说明语篇回指的识别需要智能，那么，电脑进行该工作的时候也有同样的需要。

4. 模糊零形回指是上述基于特征和规则的解析完成不了的任务。因此，零形回指研究必须考虑自学习或者智能化，使得解析模式能够用于开放语料库，并能够处于在线更新状态。本研究的解析办法看到了模糊零形回指问题，但是，尚未研究零形回指解析的模糊查找能力。如本研究第10章所说，计算机回指解析要走智能化的道路，要有推广应用价值。这也是当今计算语言学发展的必然趋势，今后的有关研究应该朝着这一方向努力。

参考文献

陈红:《汉语语块研究》,《社会科学家》2009 年第 6 期。

陈平:《汉语零形回指的话语分析》,《中国语文》1987 年第 5 期。

陈伟英:《汉语主语省略的认知语用研究》,博士学位论文,浙江大学,2009 年。

董秀芳:《整体与部分关系在汉语词汇系统中的表现及在汉语句法中的凸显性》,《世界汉语教学》2009 年第 4 期。

段嫚娟、许余龙、付相君:《前瞻中心的排序对指代消解的影响——项向心理论参数化实证研究》,《外国语》2009 年第 3 期。

段嫚娟、许余龙、付相君:《向心参数的设定对指代消解结果影响的原因分析》,《当代语言学》2012 年第 3 期。

高原:《照应词的认知分析》,外语教学与研究出版社 2003 年版。

侯敏、孙建军:《基于汉英机器翻译的名词回指分析》,《语言计算与基于内容的文本处理》,清华大学出版社 2003 年版。

侯敏、孙建军:《汉语中的零形回指及其在机器翻译中的处理对策》,《中文信息学报》2005 年第 1 期。

胡乃全、孔芳、王海东等:《基于最大熵模型的中文指代消解系统实现》,《计算机应用研究》2009 年第 8 期。

黄李伟:《中文零指代消解研究》,硕士学位论文,苏州大学,2010 年。

黄奕、白永权、蒋跃:《汉英访谈节目中第一人称代词的指称模糊》,《外国语》2007 年第 2 期。

蒋平:《影响先行语可及性的因素》,《外国语》2003 年第 5 期。

蒋平：《零形回指现象考察》，《汉语学习》2004 年第 3 期。

蒋平：《指向宾语的零形回指》，《南昌大学学报》2011 年第 5 期。

蒋跃、李璐：《英文电视访谈节目中模糊语言建构权势关系的分析研究》，《外语教学》2010 年第 1 期。

孔芳、朱巧明、周国栋等：《基于中心理论的指代消解研究》，《计算机科学》，2009 年第 6 期。

雷霖、熊伟等：《一种基于流行距离的中文语块聚类分析方法》，《北京大学学报》（自然科学版）2013 年第 1 期。

李丛禾：《英汉语会话中第三人称回指现象的认知阐释》，博士学位论文，上海外国语大学，2005 年。

李丛禾：《语篇向心理论在回指解析中的运用》，《外国语言文学》2007 年第 1 期。

李国臣、罗云飞：《采用优先选择策略的中文人称代词的指代消解》，《中文信息学报》2005 年第 4 期。

黎千驹：《实用模糊语用学》，广西师范大学出版社 1996 年版。

刘礼进：《中心理论和回指解析计算法》，《外语学刊》2005 年第 6 期。

刘礼进：《汉英篇章视点回指式对比考察》，《现代外语》2011 年第 3 期。

刘伟：《现代汉语代词隐现的动态研究》，博士学位论文，北京语言大学，2005 年。

陆丙甫：《语序类型学理论与汉语句法研究》，《当代语言学理论和汉语研究》（沈阳、冯胜利主编），商务印书馆 2008 年版。

陆丙甫、蔡振光：《"组块"与语言结构难度》，《世界汉语教学》2009 年第 1 期。

陆振慧：《英汉语篇中指同表达的对比研究》，《外语教学与研究》2002 年第 5 期。

马博森：《自然会话中人物回指的分布模式：文盲和非文盲话语的比较研究》，《外国语》2007 年第 3 期。

孟静：《面向句法分析的语块划分体系的研究》，硕士学位论文，山西大学，2005 年。

庞宁：《基于最大熵模型的共指消解研究》，硕士学位论文，山西大学，2007 年。

钱伟、郭以昆等：《基于最大熵模型的英文名词短语指代消解》，《计算机研究与发展》2003 年第 9 期。

钱旭菁：《汉语语块研究初探》，《北京大学学报》（哲学社会科学版）2008 年第 5 期。

沈家煊：《不对称和标记论》，江西教育出版社 1999 年版。

石定栩：《汉语主题句的特性》，《现代外语》1998 年第 2 期。

史树敏：《基于领域本体的汉语共指消解及相关技术研究》，博士学位论文，南京理工大学，2008 年。

王德亮：《汉语零形回指解析：基于向心理论的研究》，《现代外语》2004 年第 4 期。

王德亮：《汉语回指消解算法推导》，《外语教学》2011 年第 3 期。

王海东、谭魏璇等：《基于树核函数的代词指代消解》，《计算机工程》2009 年第 15 期。

王厚峰、何婷婷：《汉语中人称代词的消解研究》，《计算机学报》2001 年第 2 期。

王厚峰：《汉语篇章的指代消解浅论》，《语言文字应用》2004 年第 4 期。

王军：《模糊回指及其语用功能》，《西安外语学院学报》2009 年第 4 期。

王义娜：《概念参照视点：语篇指称解释的认知思路》，《外语学刊》2005 年第 5 期。

王智强：《汉语指代消解及相关技术研究》，博士学位论文，北京邮电大学，2006 年。

熊学亮：《认知语用学概论》，上海外语教育出版社 1999 年版。

熊学亮、翁依琴：《回指的优选解析》，《外语教学与研究》2005 年第

6 期。

徐赳赳：《现代汉语篇章回指研究》，中国社会科学出版社 2003 年版。

许余龙：《英汉指称词语表达的可及性》，《外语教学与研究》2000 年第 5 期。

许余龙：《语篇回指的认知语言学探索》，《外国语》2002 年第 1 期。

许余龙：《语篇回指的认知语言学研究与验证》，《外国语》2003 年第 2 期。

许余龙：《篇章回指的功能语用探索》，上海外语教育出版社 2004 年版。

许余龙：《从回指确认的角度看汉语叙述体篇章中的主题标示》，《当代语言学》2005 年第 2 期。

许余龙：《话题引入与语篇回指——一项基于民间故事语料的英汉对比研究》，《外语教学》2007 年第 6 期。

许余龙：《向心理论的参数化研究》，《当代语言学》2008 年第 3 期。

许余龙、段嫚娟、付相君：《"语句"与"代词"的设定对指代消解的影响——一项向心理论参数化实证研究》，《现代外语》2008 年第 2 期。

许余龙、孙姗姗、段嫚娟：《名词短语可及性与篇章回指——以汉语主语属格语为例》，《现代外语》2013 年第 1 期。

杨宁：《汉语零形回指——基于话题的分析》，《华南师范大学学报》（社会科学版）2010 年第 6 期。

杨若东：《认知推理与语篇回指代词指代的确定——兼论形式解决方法之不足》，《外国语》1997 年第 2 期。

杨勇、李艳翠，周国栋等：《指代消解中距离特征的研究》，《中文信息学报》2008 年第 5 期。

俞洪亮：《论叙事体中指称关系的心理表征》，《外语与外语教学》2002 年第 1 期。

余泽超：《英汉下指功能新解——兼评 van Hoek 回指理论》，《外语教学与研究》2011 年第 2 期。

曾小荣:《汉语自然会话与剧作会话中第三人称零形回指现象对比研究》,《解放军外国语学院学报》2011 年第 2 期。

张春泉:《第一人称代词的虚指及其心理动因》,《浙江大学学报》(人文社会科学版) 2005 年第 3 期。

赵艳芳:《认知语言学概论》,上海外语教育出版社 2001 年版。

周强、詹卫东、任海波:《构建大规模的汉语语块库》,《自然语言理解与机器翻译》(黄昌宁、张普主编),清华大学出版社 2001 年版。

朱勘宇:《汉语零形回指的句法驱动力》,《汉语学习》2002 年第 4 期。

Abney, Steven P. , "Parsing by Chunks", in R. Berwick, S. Abney, et al. (eds.) *Principle Based Parsing*, Boston: Kluwer Academic Publishers, 1991.

Alenberg, B. , "On the Phraseology of Spoken English: The Evidence of Recurrent Word Combinations", in A. P. Cowie (ed.) *Phraseology: Theory, Analysis, and Applications* , Oxford: Clarendon Press, 1998.

Ariel, Mira, "Referring and Accessibility", *Journal of Linguistics*, Vol. 24, No. 1, 1988.

Ariel, Mira, *Accessing Noun – phrase Antecedents*, London and New York: Routledge, 1990.

Ariel, Mira, "Interpreting Anaphoric Expressions: A Cognitive Versus a Pragmatic Approach", *Journal of Linguistics*, Vol. 30, No. 1, 1994.

Battistella, Edwin, " Chinese Reflexivization: a Movement to INFL Approach", *Linguistics*, Vol. 27, No. 4, 1989, pp. 987 – 1012.

Bickerton, D. , " Some Assertions about Presuppositions about Pronominalization", in R. E. Grossman et al. (eds.) *Papers from the Parasession on Functionalism*, Illinois: Chicago Linguistic Society, 1975.

Bolinger, Dwight, "Pronoun in Discourse", in T. Givón (ed.) Syntax and Semantics 12: *Discourse and Syntax*, New York: Academic Press, 1979.

Bosch, Peter, *Agreement and Anaphora—A Study of the Role of Pronoun in Syntax and Discourse*, London: Academic Press Inc. Ltd, 1983.

Brennan, S., M. Friedman & C. Pollard, "A Centering Approach to Pronouns", in *Proceedings of the 25th Annual Meeting of the Association for Computational Linguistics*, 1987.

Brown, G., & G. Yule, *Discourse Analysis*, Cambridge: Cambridge University Press, 1983.

Carbonell, J., & R. Brown, "Anaphora Resolution: A Multi – Strategy Approach", in *Proceedings of the 12th International Conference on Computational Linguistics*, Budapest, 1988.

Chen, Jing, Huaxin Huang and Yicheng Wu, "Topic Expression, Information Saliency and Anaphora Resolution", *Journal of Pragmatics*, Vol. 41, No. 9, 2009.

Chen, Ping, Reference Introducing and Tracking in Chinese Narratives, Ph. D. dissertation, UCLA, 1986.

Chen, Ping, "Pragmatic Interpretations of Structural Topics and Relativization in Chinese", *Journal of Pragmatics*, Vol. 26, No. 3, 1996.

Chomsky, Noam, *Reflections on Language*, New York: Pantheon Books, 1975.

Chomsky, Noam, "On Binding", *Linguistic Inquiry*, Vol. 11, No. 1, 1980.

Chomsky, Noam, *Lectures on Government and Binding*, Dordrecht: Foris, 1981.

Chomsky, Noam, *Knowledge of Language: Its Nature, Origin and Use*, New York: Praeger, 1986.

Chomsky, Noam, *Language and Problems of Knowledge: The Managua*

Lectures, Cambridge, MA: The MIT Press, 1988.

Clancy P., "Referential Choice in English and Japanese Narrative Discourse", in Chafe (ed.) *Pear Stories: Cognitive, Cultural, and Linguistic Aspects of Narrative Production*, Norwood, N. J. : Ablex Publishing Cooperation, 1980.

Clark, H. H., and C. R. Marshall, "Definite Reference and Mutual Knowledge", in A. K. Joshi et al. (eds.) *Elements of Discourse Understanding*, Cambridge: Cambridge Uni. Press, 1981.

Clark, H. H., and C. J. Sengul, "In Search of Referents for Nouns and Pronouns", *Memory and Cognition*, Vol. 7, No. 1, 1979.

Cole, P., Gabriella Hermon & Li – May Sung, "Principles and Parameters of Long – Distance Reflexives", *Linguistic Inquiry*, Vol. 21, No. 1, 1990.

Croft, W., *Radical Construction Grammar: Syntactic Theory in Typological Perspective*, Oxford: Oxford University Press, 2001.

Culicover, P. W., and R. Jackendoff, *Simpler Syntax*, Oxford: Oxford University Press, 2005.

Culicover, P., and W. Wilkins, "Control, PRO, and the Projection Principle", *Language*, Vol. 62, No. 2, 1986.

Duan, Manjuan, Parameter Setting in Centering Theory and its Effects on Chinese Anaphora Resolution: An Empirical Study. Ph. D. dissertation, Shanghai International Studies University, 2006.

Fillmore, Charles, "The Case for Case", in Bach and Harms (eds.) *Universals in Linguistic Theory*, New York: Holt, Rinchart & Winston, 1968.

Fox, Barbara, *Discourse Structure and Anaphora – Written and Conversational English*, Cambridge: Cambridge University Press, 1987.

Frascarelli, Mara, "Subjects, Topics and the Interpretation of Referential

Pro – An Interface Approach to the Linking of (Null) Pronouns ", *Natural Language and Linguistic Theory*, Vol 25, No. 3, 2007.

Garrod, S. C., & A. J. Sanford, "The Mental Representation of Discourse in a Focused Memory System: Implications for the Interpretation of Anaphoric Noun Phrase", *Journal of Semantics*, Vol. 1, No. 1, 1982.

Ge, N., J. Hale and E. Charniak, "A Statistical Approach to Anaphora Resolution", in *Proceedings of the Workshop on Very Large Corpora*, Montreal, Canada, 1998.

Geach, P. T., *Reference and Generality* (emended edn), Cornell UP, Ithaca, N. Y, 1968.

Givón, T., *Topic Continuity in Discourse: A Quantitative Cross – Language Study*, Amsterdam: John Benjamins, 1983.

Givón, T., *Syntax: A Functional – typological Introduction* (Vol. 1). Amsterdam: John Benjamins, 1984.

Givón, T., "The Pragmatics of Referentiality", in D. Schiffrin (ed.) *Meaning, Form and Use in Context*, Washington DC: Georgetown University Press, 1985.

Grimes, J., *The Thread of Discourse*, The Hague: Mouton, 1975.

Grosz, B., A. Joshi and S. Weinstein, "Providing a Unified Account of Definite Noun Phrases in Discourse", in *Proceedings of the 21ˢᵗ Annual Meeting of the Association for Computational Linguisitcs*, Cambridge, Massachusettes, 1983.

Grosz, B., A. Joshi and S. Weinstein, "Centering: a Framework for Modeling the Local Coherence of Discourse", *Computational Linguistics*, Vol. 21, No. 2, 1995.

Gundel, J., "Shared Knowledge and Topicality", *Journal of Pragmatics*, Vol. 9, No. 1, 1985.

Gundel, J., "Universals of Topic – comment Structure", in M. Hammond et al. (eds.) *Studies in Syntactic Typology*, Amsterdam: John

Benjamins, 1988.

Gundel, J. , Nancy Hedberg and Ron Zacharski, "Cognitive Status and the Form of Referring Expressions in Discourse", *Language*, Vol. 69, No. 2, 1993.

Halliday, M. A. K. & R. Hasan, *Cohesion in English*. London: Longman, 1976.

Handy, Ben, Tyler Hicks – Wright and Eric Schkufza, "Anaphora Resolution", CS224n Final Project, 2006, http: //nlp. stanford. edu/courses/cs224n.

Hobbs, J. , "Resolving Pronoun References", *Lingua*, Vol. 44, 1978.

Hu, Qinan, A Corpus – based Study on Zero Anaphora Resolution in Chinese Discourse, Ph. D. dissertation, City University of Hongkong, 2008.

Huang, C.- T. J. , "A Note on the Binding Theory", *Linguistic Inquiry*, Vol. 14, No. 3, 1983.

Huang, C. – T. J. , "On the Distribution and Reference of Empty Pronouns", *Linguistic Inquiry*, Vol. 15, No. 3, 1984.

Huang, C. – T. J. , "Existential Sentences in Chinese and (In) definiteness", in E. J. Reuland and A. G. B. ter Meulen (eds.) *The Representation of (In) definiteness*, Cambridge, Ma. : MIT Press, 1987.

Huang, C. – T. J. , "Pro – drop in Chinese: a Generalized Control Theory", in Jaeggli & Safir (eds.) *The Null Subject Parameter*, 1989.

Huang, Yan, *The Syntax and Pragmatics of Anaphora*, Cambridge: Cambridge University Press, 1994.

Huang, Yan, *Anaphora: A Cross – Linguistic Study*, New York: Oxford University Press Inc. , 2000.

Iida, M. , "Discourse Coherence and Shifting Centers in Japanese Texts", in M. A. Walker et al. (eds.) *Centering Theory in Discourse*, New

York: Oxford University Press, 1998.

Ingria, R. , and D. Stallard, "A Computational Mechanism for Pronominal Reference", in *Proceedings of the 27th Annual Meetings of the Association for Computational Linguistics*, Vancouver, 1989.

Jackendoff, Ray, *Semantic Interpretation in Generative Grammar*, Cambridge, MA: The MIT Press, 1972.

Jiang, Ping, Syntactic and Discourse Features of Zero Anaphora: With Specific Reference to its Resolution in Chinese, Ph. D. dissertation, Shanghai International Studies University, 2004.

Joshi, A. , S. Kuhn, "Centered Logic: the Role Entity Centered Sentence Representation in Natural Language Inferencing", in *Proceedings of the 6th International Joint Conference on Artificial Intelligence*, Tokyo, Japan, 1979, pp. 435 – 439.

Kameyama, M. , "Intrasentential Centering: A Case Study", in M. A. Walker et al. (eds.) New York: Oxford University Press, 1998.

Karttunen, L. , "Pronouns and Variable", *CLS*, No. 5, 1969, Chicago: Chicago Linguistic Society.

Keenan, E. L. , & B. Comrie, "Noun Phrase Accessibility and Universal Grammar", *Linguistic Inquiry*, Vol. 8, No. 1, 1977.

Kehler, A. , "Current Theories of Centering and Pronoun Interpretation: a Critical Evaluation", *Computational Linguistics*, Vol. 23, No. 3, 1997.

Kuno, Susumu, "Pronominalization, Reflexivization, and Direct Discourse", *Linguistic Inquiry*, Vol. 3, No. 2, 1972a.

Kuno, Susumu, "Functional Sentence Perspective: A Case Study from Japanese and English", *Linguistic Inquiry*, Vol. 3, No. 3, 1972b.

Kuno, Susumu, "Three Perspectives in the Functional Approach to Syntax". in *Papers from the Parasession on Functionalism*, Illinois: Chicago Linguistic Society, 1975.

Kuno, Susumu, *Functional Syntax - Anaphora, Discourse and Empathy*. Chicago, London: The University of Chicago Press, 1987.

Langacker, Ronald, "On Pronominalization and the Chain of Command", in Reibel and Schane (eds.) *Modern Studies in English*, Englewood Cliffs, N. J. : Prentice – Hall, 1969.

Langacker, Ronald, *Foundations of Cognitive Grammar* (Vol. 1). Stanford: Stanford University Press, 1987.

Langacker, Ronald, "Settings, Participants, and Grammatical Relations", in Tsohatzidis S. L. (ed.) *Meaning and Prototypes: Studies on Linguistic Categorization*, Oxford: Routledge, 1990.

Langacker, Ronald, *Foundations of Cognitive Grammar* (Vol. 2). Stanford: Stanford University Press, 1991.

Langacker, Ronald, "Reference – Point Constructions", *Cognitive Linguistics*, Vol. 4, No. 1, 1993.

Langacker, Ronald, *Grammar and Conceptualizatio*, Berlin and New York: Mouton de Gruyter, 1995.

Lappin, Shalom & M. McCord, "Anaphora Resolution in Slot Grammar", *Computational Linguistics*, Vol. 16, No. 4, 1990.

Lasnik, H. , "Remarks on Coreference", *Linguistic Analysis*, Vol. 2, No. 1, 1976.

Lees, R. B. , and E. S. Klima, "Rules for English Pronominalization", *Language*, Vol. 39, No. 1, 1963.

Levinson, S. C. , "Pragmatics and the Grammar of Anaphora: a Partial Pragmatic Reduction of Binding and Control Phenomena", *Journal of Linguistics*, Vol. 23, No. 2, 1987.

Levinson, S. C. , "Pragmatic Reduction of the Binding Conditions Revisited", *Journal of Linguistics*, Vol. 27, 1991.

Li, C. N. , and S. A. Thompson, "Subject and Topic: a New Typology of Language", in Li (ed.) *Subject and Topic*, New York: Academic

Press, 1976.

Li, C. N. , and S. A. Thompson, "Third – person Pronouns and Zero – anaphora in Chinese Discourse", in T. Givón (ed.) , New York: Academic Press, 1979.

Li, C. N. , and S. A. Thompson, *Mandarin Chinese: a Functional Reference Grammar*, Berkeley: University of California Press, 1981.

Liang, Tyne and Wu Dian – Song, "Automatic Pronominal Anaphora Resolution in English Texts", *Computational Linguistics and Chinese Language Processing* 9, The Association for Computational Linguistics and Chinese Language Processing, 2004.

Longacre, R. , "The Paragraph as a Grammatical Unit", in T. Givón (ed.) , New York: Academic Press, 1979.

Longacre, R. , *The Grammar of Discourse*, New York: Plenum Press, 1983.

Mitkov, Ruslan, "An Integrated Model for Anaphora Resolution", in *Proceedings of the 15th International Conference on Computational Linguistics*, Kyoto, Japan, 1994a.

Mitkov, Ruslan, "A New Approach for Tracking Center", in *Proceedings of the International Conference on New Methods in Language Processing*, Manchester, UK, 1994b.

Mitkov, Ruslan, "An Uncertainty Reasoning Approach to Anaphora Resolution", in *Proceedings of the Natural Language Pacific rim Symposium*, Seoul, 1995.

Mitkov, Ruslan, "Two Engines Are Better Than One: Generating More Power and Confidence in the Search for the Antecedent", in R. Mitkov and N. Nicolov (eds.) *Recent Advances in Natural Language Processing*, Amsterdam: John Benjamins, 1996.

Mitkov, Ruslan, "Pronoun Resolution", in Simon Botley & Anthony Mark McEnery (eds.) *Corpus – based and Computational Approaches to*

Discourse Anaphora Amsterdam, Philadelphia: John Benjamins, 2000.

Mitkov, Ruslan, *Anaphora Resolution*, London: Pearson Education, 2002.

Mitkov, R. , S. K. Choi and R. Sharp, "Anaphora Resolution in Machine Translation", in *Proceedings of the 6ᵗʰ International Conference on Theoretical and Methodological Issues in Machine Translation*, Leuven, Belgium, 1995.

Nasukawa, T. , "Robust Method of Pronoun Resolution Using Full – text Information", *The 15ᵗʰ International Conference on Computational Linguistics*, Kyoto, Japan, 1994.

Orasan, C. , and R. Evans, "Experiments in Optimizing the Task of Anaphora Resolution", *Proceedings of ICEIS*, Stafford, UK, 2000.

Poesio, M. et al. , "Centering: A Parametric Theory and its Instantiations", *Computational Linguistics*, Vol. 30, No. 3, 2004.

Pollard, Carl & Ivan A. Sag, *Information – based Syntax and Semantics 1: Fundamentals.* CSLI Lecture Notes Series No. 13, California: Stanford University, 1987.

Pollard, Carl & Ivan A. Sag, "Anaphors in English and the Scope of Binding Theory", *Linguistic Inquiry*, Vol. 23, No. 2, 1992.

Postal, Paul, "On Coreferential Complement Subject Deletion", *Linguistic Inquiry*, Vol. 1, No. 4, 1970.

Postal, Paul, *Crossover Phenomena*, New York: Holt, Rinchart and Winston, 1971.

Preuß, S. et al. , "Anaphora Resolution in Machine Translation", in W. Ramm (ed.) *Studies in Machine Translation and Natural Language Processing* (Vol. 6), Luxembourg: Office for Official Publications of the European Community, 1994.

Reinhart, Tanya, The Syntactic Domain of Anaphora, Ph. D. dissertation, MIT, 1976.

Reinhart, Tanya, "Definite NP Anaphora and C – command Domains", *Linguistic Inquiry*, Vol. 12, 1981.

Reinhart, Tanya, *Anaphora and Semantic Interpretation*, London: Croom Helm, 1983a.

Reinhart, Tanya, "Coreference and Bound Anaphora: a Restatement of the Anaphora Questions", *Linguistic and Philosophy* 6, 1983b.

Reinhart, T., & Eric Reuland, "Reflexivity", *Linguistic Inquiry*, Vol. 24, 1993.

Rich, E., & S. LuperFoy, "An Architecture for Anaphora Resolution", in *Proceedings of the Second Conference on Applied Natural Language Processing*, Austin, Texas, 1988.

Ross, J. R., "On the Cyclic Nature of English Pronominalization", in Reibel and Schane (eds.), Englewood Cliffs, N. J.: Prentice – Hall, 1967.

Ružička, R., "Remarks on Control", *Linguistic Inquiry* Vol. 14, No. 2, 1983.

Saggion, H., & A. Carvalho, "Anaphora Resolution in a Machine Translation System", *Proceedings of the International Conference on Machine Translation*, Cranfield, UK, 1994.

Sanford, A. J., & S. C. Garrod, *Understanding Written Language*, Chichester: John Wiley & Sons, 1981.

Shi, D., "Topic Chain as a Syntactic Category in Chinese", *Journal of Chinese Linguistics*, Vol. 17, 1989.

Sidner, C. L., "Focusing in the Comprehension of Definite Anaphora", in M. Brady & R. C. Berwick (eds.) *Computational Models of Discourse*, Cambridge/Mass.: MIT Press, 1983.

Soon, W., H. Ng, & D. Lim, "A Machine Learning Approach to Coreference Resolution of Noun Phrases", *Computational Linguistics*, Vol. 27, No. 4, 2001.

Stirling, Lesley, *Switch Reference and Discourse Representation*, Cambridge: Cambridge University Press, 1993.

Tai, H – Y James, "Anaphoric Constraints in Mandarin Chinese Narrative Discourse", in John Hinds (ed.), Edmonton: Linguistic Research Inc., 1978.

Tang, C. C. J., "Chinese Reflexives", *Natural Language and Linguistic Theory*, Vol. 7, No. 1, 1989.

Tao, Liang, "Switch Reference and Zero Anaphora: Emergent Reference in Discourse Processing", in Cienki, Luka & Smith. (eds.) *Conceptual and Discourse Factors in Linguistic Structure*, 2001.

Tetreault, Joel, "Analysis of Syntax – based Pronoun Resolution Methods", in *Proceedings of the 37th Annual Meeting of the Association for Computational Linguistics*, 1999.

Tetreault, Joel, "A Corpus – based Evaluation of Centering and Pronoun Resolution", *Computational Linguistics*, Vol. 27, No. 4, 2001.

Thompson, Geoff, *Introducing Functional Grammar*, 外语教学与研究出版社 2000 年版。

Tsao, F. – F., A Functional Study of Topic in Chinese: The First Step toward Discourse Analysis, Ph. D. dissertation, University of Southern California, 1977.

Tsao, F. – F., "A Topic – comment Approach to the Ba Construction", *Journal of Chinese Linguistics*, Vol. 15, No. 1, 1987.

Ungerer, F., & H. J. Schmid, *An Introduction to Cognitive Linguistics*, New York: Addison Wesley Longman, 1996.

Van Dijk, T. A., *Macrostructures: An Interdisciplinary Study of Global Structures in Discourse, Interaction, and Cognition*, Hillsdale, NJ: Lawrence Erlbaum Associates, 1980.

Van Hoek, K., *Anaphora and Conceptual Structure*, Chicago: The University of Chicago Press, 1997.

Wada, H. , "Discourse Processing in MT: Problems in Pronominal Translation", in *Proceedings of the 13th International Conference on Computational Linguistics* (Vol. 1), Helsinki, Finland, 1990.

Walker, M. A. , A. K. Joshi & E. F. Prince (eds.), *Centering Theory in Discourse*, Oxford: Clarendon Press, 1998.

Wasow, Thomas, *Anaphora in Generative Grammar*, E. Story – Scientia P. V. B. A, 1979.

Westergaard, Marit R. , *Definite NP Anaphora: A Pragmatic Approach*, Norwegian Uni. Press, 1986.

Wray, A. , *Formulaic Language and the Lexicon*, Cambridge: Cambridge University Press, 2002.

Xu, Y. – L. , Resolving Third Person Anaphora in Chinese Texts: Towards a Functional – pragmatic Model, Ph. D. dissertation, Hong Kong Polytechnic University, 1995.

Yeh, Ching – Long and Yi – Chun Chen, "An Empirical Study of Zero Anaphora Resolution in Chinese Based on Centering Theory", in *Proceedings of ROCLING XIV*, Tainan, Taiwan, 2001.

Zadeh, L. A. , "Fuzzy Sets", *Information and Control*, Vol. 8, No. 3, 1965.

附　录

零形回指语料分类标注

符号说明：

1. NP 的类型：

以 NP 表示名词词语；DM 指示词语；PP 人称代词；IP 不定代词；RP 反身代词；ZP 零代词；ZT 有两个先行语的零代词；ZF 模糊零回指或泛指；ZC 反指零代词；ZCT 有两个先行语的反指零代词；ZE 外指或无指的零形式；DS 小句充当的先行语。

2. NP 的句法位置：

主题位置：TM 为主题的属格语；T1 为与主语之间没有隔离符的主题；T2 为带逗号的 NP 充当的主题；T3 为带逗号的 PP 充当的主题；T4 为句子型主题。主语属格语位置：SM 表示主语的属格语。主语位置：S 普通主语、S1［"有"之前的主语］、S2［"是"之前的主语］、S3［其他存现动词之前的主语］。同位语位置：AP 表示同位语；OM 表示宾语的属格语。宾语位置：O 普通宾语、O1［"有"之后的宾语］、O2［"是"之后的宾语］、O3［其他存现动词之后的宾语］、O4［"把"、"将"、"连"引出的 NP］、OI 间接宾语、OD 直接宾语。旁语位置：OBL 表示。

3. NP 的性：

A 生命性；I 无生命性；C 概念；L 场所；Y 时间或气候；U 未定性。

4. NP 所在的小句在全句或语篇片段中的结构层次：

FAD1 表示出现在前的从属状语；FAD2 表示出现在前的从属定语；FAD3 表示出现在前的从属定语包含着状语或包含着另外一个定

语；FAD11 表示出现在前的更低次层次的状语；FAD21 表示在前的更低次层次的定语。BAD 表示在后的从属状语；BAD1 表示在后的次层次从属状语；BADC 表示在后的从属补语；BADC1 表示在后的次层次的从属补语；BADC2 表示在后的更低次层次的从属补语。NUC 表示核心结构；NUC1 表示次层次的核心结构。EBAD 表示在后的内嵌结构；EBAD1 表示在后的次层次的内嵌结构。IAD 表示插入的状语结构；IAD1 表示次层次插入的状语结构。

5. 以下每例表示一个小类，有的代表很多例子，有的代表一两个例子。

一　主要解析先行语为 T 的零形回指，兼顾解析其他的：

1. NP－S－A－NUC－1（杨勇上将）称赞 NP－O－A－NUC－2（祖国首都的民兵）／
   ZP－T1－U－BADC－2（＊）NP－S－C－BADC－3（阵容）雄壮整齐／，
   ZP－S2－U－BADC－2（＊）是 NP－O2－C－BADC－4（祖国一支强大的后备力量）／。

2. PP－T1－A－FAD1－5（他）虽然 NP－S－I－FAD1－6（两眼）熬得通红／，
   但 ZP－S－U－NUC－5（＊）依然精神饱满地赶来／
   ZP－S－U－NUC－5（＊）欢迎 NP－O－A－NUC－7（最可爱的人）／。

3. 例如 DM－T1－I－NUC－8（"严""产"这些简体字）IP－S－A－NUC－9（有人）认为／
   ZP－S－U－EBAD－8（＊）不好看／，……

4. NP－S－A－NUC－10（高二）像 NP－OBL－A－NUC－11

（疯狗）一般地到处寻找 NP－O－A－NUC－12（刘五）／，

ZP－T1－U－NUC－10（＊）NP－S－I－NUC－13（怀里）
还藏了 NP－O－I－NUC－14（一把渔刀）／。

ZP－S－U－NUC－10（＊）到 NP－OBL－L－NUC－15（海
边的小酒店）里拼命喝酒／。

5. PP－T1－A－NUC－16（他）NP－S－I－NUC－17（一手）
用 NP－OBL－I－NUC－18（指头）敲着 NP－O－I－NUC－
19（桌子）／，

ZP－S－U－NUC－16（＊）在 NP－OBL－L－NUC－20（眼
角上）瞟着 NP－O－A－NUC－21（刘五）／，

ZP－T1－U－NUC－16（＊）NP－S－I－NUC－22（脸上）
挂 NP－O－C－NUC－23（一种轻蔑的笑）／。

6. PP－T1－A－NUC－24（他）NP－S－I－NUC－25（父亲留
下来的一份家产）就这么变小／，

ZP－S－U－NUC－25（＊）变作没有／，

而且 ZP－S－U－NUC－24（＊）现在负了债／。

7. NP－TM－A－NUC－26（香港歌星）的 NP－T2－I－NUC－
27（歌声），ZP－T1－U－NUC－27（＊）NP－S－I－NUC－
28（声音）软／，

ZP－S－U－NUC－27（＊）吐字硬／，

ZP－T1－U－NUC－27（＊）NP－S－I－NUC－29（舌头）
大／，

ZP－T1－U－NUC－27（＊）NP－S－I－NUC－30（嗓子）
细／。

ZP－S－U－NUC－27（＊）听起来／……

8. PP – T1 – A – NUC – 31（它）NP – S1 – I – NUC – 32（眼睛里）只有 NP – O1 – I – NUC – 33（光），NP – AP – I – NUC – 34（一种很柔和很绵软的带着茸毛的亮光）／，

ZP – S – U – BADC – 33（＊）朝 NP – OBL – A – BADC – 35（屠夫）忽闪几下／，

ZP – S – U – NUC – 31（＊）转身走开／。

9. NP – T2 – A – NUC – 36（岛上的人），ZP – T1 – U – NUC – 36（＊）NP – S – I – NUC – 37（心中）都为 DM – OBL – I – NUC – 38（此事）有点紧张／，

ZP – T1 – U – NUC – 36（＊）NP – S – I – NUC – 39（头顶上）像似要打雷／。

10. PP – T1 – A – NUC – 40（她）NP – S – I – NUC – 41（脸色）惨白／，

ZP – T1 – U – NUC – 40（＊）NP – S – I – NUC – 42（头发）还浸在 NP – OBL – L – NUC – 43（河水里）／

ZP – S – U – BAD – 42（＊）一飘一散的／，

ZP – T1 – U – NUC – 40（＊）NP – S – I – NUC – 43（两臂）死死抱住 NP – O – I – NUC – 44（一扇竹门）／。

11. PP – TM – A – NUC – 45（他）的 NP – T1 – C – NUC – 46（生平）PP – S – A – NUC – 47（我们）不很知道 ZP – O – U – NUC – 46（＊）／。

12. DM – T2 – I – NUC – 48（这条小河），ZP – S2 – U – NUC – 48（＊）平时几乎是干枯的／，

ZP – T1 – U – NUC – 48（＊）ZF – S – U – NUC – 49（＊）抬腿／

ZF – S – U – NUC – 49（＊）就可以迈得过 ZP – O – U – NUC –
48（＊）/，……

13. 又如 ZF – S – U – NUC – 50（＊）画 NP – O – A – NUC – 51
（一只貂和一只熊）/，

PP – TM – A – NUC – 52（他们）的 NP – T1 – I – NUC – 53（心
脏之间）ZF – S – U – NUC – 50（＊）画 NP – O – I – NUC – 54
（一条线）/

ZP – S – U – BADC – 54（＊）连系着 ZP – O – U – BADC – 53
（＊）/，……

14. ZC – S – U – FAD2 – 55（＊）波及 NP – O – L – FAD2 – 56
（全球）的/

NP – T2 – C – NUC – 55（金融危机），对于 NP – OBL – C –
NUC – 57（我国文化产业）而言，ZP – S2 – U – NUC – 55
（＊）是检阅/

ZP – S2 – U – NUC – 55（＊）又是考验/，……

15. DM – SM – I – NUC – 58（这一现象）的 NP – S – C – NUC –
59（原因）首先是/

NP – S – C – EBAD – 60（国家对中西部地区的扶持政策效
果）开始显现/；

其次，NP – S – L – EBAD – 61（中西部地区）都还处在 NP –
OBL – C – EBAD – 62（工业化的初期和中期）/，

NP – TM – C – EBAD – 63（重化工业、装备制造业等基础工
业和基础设施建设）的 NP – T2 – C – EBAD – 64（推进），
ZP – S – U – EBAD – 64（＊）为 NP – OBL – C – EBAD – 65
（中西部地区的工业发展）带来了强大的 NP – O – C –
EBAD – 66（动力）/；

同时，NP－T2－C－EBAD－67（中央在农业政策上的倾斜），ZP－S－U－EBAD－67（＊）也推动了NP－O－I－EBAD－68（中西部地区的农业）/

ZP－S－U－BADC1－68（＊）较快发展/。

当然，ZP－S－U－NUC－58（＊）也得益于NP－O－L－NUC－69（中西部地区）/

ZP－S－U－BADC－69（＊）抓住NP－O－C－BADC－70（自身特点和优势）/，……

16. NP－T2－A－NUC－71（刘五）在DM－OBL－C－NUC－72（这种高烈的情调）之下，ZP－T1－U－NUC－71（＊）NP－S－I－NUC－73（二两白干）一仰脖颈便下去/，

ZP－S－U－NUC－71（＊）站起来/

ZP－S－U－NUC－71（＊）似将有所表示/。

17. DM－T2－A－NUC－74（这杂种），NP－S－A－IAD－75（磨坊的驴子）戴NP－O－I－IAD－76（眼罩）/，

ZP－S－U－NUC－74（＊）不要脸/。

18. NP－S1－Y－NUC－77（如今）有了NP－O1－C－NUC－78（"34条"）/，

凡是NP－T2－C－NUC－79（沿海地区拥有的政策），NP－S－A－NUC－80（嘉禾）都全面对接ZP－O－U－NUC－79（＊）/；

19. 目前ZC－T1－U－FAD2－81（＊）NP－S－C－FAD2－82（造船速度）居NP－O－C－FAD2－83（世界最前列）的/

NP－T2－A－NUC－81（日本），ZP－S－U－NUC－81（＊）建造NP－O－I－NUC－84（万吨级货轮）/

NP－S－C－NUC－85（平均最短的船台周期）也需要 NP－O－Y－NUC－86（三个月）/。

20. ZC－S－U－FAD1－87（＊）在撤离前夕/，
ZC－S－U－FAD2－87（＊）驻扎在 NP－OBL－L－FAD2－88（西山口两侧河谷地带）的/
NP－T2－A－NUC－87（我边防部队），ZP－S－U－NUC－87（＊）还分头到 NP－OBL－L－NUC－89（附近村庄）/，
ZP－S－U－NUC－87（＊）向 NP－OBL－A－NUC－90（当地门巴族和藏族人民）告别/。

21. DM－T3－L－NUC－91（那条穿村而过的小溪旁边），ZP－S3－U－NUC－91（＊）蠕动着 NP－OM－L－NUC－92（村里）的 NP－O3－A－NUC－93（女人和孩子）/，
ZP－S－U－BADC－93（＊）工作着/，
ZP－S－U－BADC－93（＊）嚷着/，
ZP－S－U－BADC－93（＊）笑着/。

22. 对于 DM－T3－C－NUC－94（这种密集的生活），NP－S－A－NUC－95（陈杲）觉得/
ZP－S－U－EBAD－94（＊）有点陌生/，
ZP－S－U－EBAD－94（＊）不大习惯/，
甚至 ZP－S－U－EBAD－94（＊）有点可笑/。

23. 对于 DM－T3－I－NUC－96（这种话语），NP－S－A－NUC－97（奥斯汀）提出 NP－O－C－NUC－98（一个"语法的－词汇的标准"）/
ZP－S－U－NUC－97（＊）来进行判断 ZP－O－U－NUC－96（＊）/。

24. 这时 Ds – T4 – I – NUC – 99（雨季已到，雨量集中），对 NP – OBL – I – NUC – 100（广场上的露天作业），ZP – S – U – NUC – 99（＊）是极大的（＊）NP – O – C – NUC – 101（威胁）／。

25. Ds – T4 – I – NUC – 102（这屋子的陈设是非常美致的），ZE – S – U – NUC – 103（＊）只看 NP – O – I – NUC – 104（墙上的点缀）／
ZE – S – U – NUC – 103（＊）就知道 ZP – O – U – NUC – 102（＊）／。

26. Ds – T4 – I – NUC – 105（这故事中的主人以后是乘一个怎样的机缘相见相识），PP – S – A – NUC – 106（我）不知道 ZP – O – U – NUC – 105（＊）／，
NP – S – A – NUC – 107（长辈们）恐怕也少知道 ZP – O – U – NUC – 105（＊）／。

二 主要解析先行语为 S 的零形回指，兼顾其他的：

27. NP – OBL – Y – NUC – 108（今天下午八时半），NP – S – A – NUC – 109（装配工人们）就怀着 NP – O – C – NUC – 110（兴奋的心情）／
ZP – S – U – NUC – 109（＊）走上了 NP – OBL – L – NUC – 111（总装配线两旁）NP – O – I – NUC – 112（各自的岗位）／。

28. 从 NP – OBL – Y – NUC – 113（2008 年）始，NP – S – A – NUC – 114（中国对外文化集团公司）着手规划构建 NP – O – C – NUC – 115（全国票务网络系统）／。

到 NP – OBL – Y – NUC – 116（目前）为止，ZP – S – U – NUC – 114（＊）已经完成了 NP – OM – C – NUC – 117（票务系统）的 NP – O – I – NUC – 118（技术研发等工作）／。

29. PP – S – A – FAD1 – 119（她）在 NP – OBL – Y – FAD1 – 120（一个星期前）接到 NP – OM – A – FAD1 – 121（儿子）从 NP – OBL – L – FAD1 – 122（朝鲜）的 NP – O – I – FAD1 – 123（来信）后／，

ZP – S – U – NUC – 119（＊）就日夜盼望 NP – O – I – NUC – 124（今天这个时刻）／。

30. NP – S – I – FAD1 – 125（战斗）结束后／，

PP – S – A – NUC – 126（他们）又填平 NP – O – I – NUC – 127（壕沟）／，

ZP – S – U – NUC – 126（＊）再把 NP – O4 – I – NUC – 128（大白菜）放回原来的 NP – OBL – L – NUC – 129（菜地里）／。

31. NP – T1 – L – FAD1 – 130（有的地段）NP – S – I – FAD1 – 131（路基）垫高以后／，

NP – S1 – I – NUC – 132（引水）有 NP – O1 – C – NUC – 133（困难）／，

NP – S – A – NUC – 134（战士们）专门给 NP – OBL – A – NUC – 135（群众）埋管引水／，

或者 ZP – S – U – NUC – 134（＊）另打 NP – O – I – NUC – 136（新井）／。

32. NP – S1 – A – NUC – 137（"宝宝"们）有 NP – O1 – C – NUC – 138（良心）／，

NP－T1－I－NUC－139（四洋一担的叶）ZP－S－U－NUC－137（＊）不是白吃的／；

33. NP－T2－C－NUC－140（产业承接），以 NP－OBL－C－NUC－141（其蓬勃发展之势），ZP－S－U－NUC－140（＊）正日渐成为 NP－OM－C－NUC－142（"大湘南"县域工业）的 NP－O－C－NUC－143（主要形态）／，

ZP－S－U－NUC－140（＊）引领 NP－O－A－NUC－144（湘南人民）／

ZP－S－U－BADC－144（＊）后发追赶 NP－O－C－BADC－145（科学发展）／。

34. NP－T2－A－NUC－146（欲望少的人），ZP－S1－U－NUC－146（＊）纵然有 NP－O1－C－NUC－147（善性）／

ZP－S－U－BADC－147（＊）丧失／，

ZP－S－U－NUC－146（＊）也不会丧失太多 ZP－O－U－NUC－147（＊）／；

35. ZC－S－U－FAD2－148（＊）超过 NP－O－C－FAD2－149（90％）的／

NP－S－A－NUC－148（政府部门）表示／

ZP－S－U－EBAD－148（＊）已经或正在制定 NP－O－C－EBAD－150（大学生创业扶持政策）／。

36. NP－S－A－NUC－151（三名老师傅）面对 ZC－S－U－FAD2－152（＊）站在 NP－OBL－L－FAD2－153（跟前）的／NP－O－A－NUC－152（江根田）／，

ZP－S－U－NUC－151（＊）一问一答地考了 ZP－O－U－NUC－152（＊）近 NP－OBL－Y－NUC－154（两个小

时）／。

37. PP－S－A－NUC－155（我们）必须有 NP－O－C－NUC－156（阶级观点和民族观点）／。

在 NP－OBL－L－NUC－157（不同的民族居住的地区内），在 NP－OBL－C－NUC－158（不同的阶级里），NP－S－C－NUC－159（生活情况）就决不会一样／。

DM－T2－C－NUC－160（这种观点），ZP－S－U－NUC－155（＊）其他时候也要有 NP－O－U－NUC－160（＊）／，……

38. PP－S－A－NUC－161（他们）提出／

ZP－S－U－EBAD－161（＊）要进行 NP－OM－I－EBAD－162（小型人工降雨）的 NP－O－I－EBAD－163（试验）／。

在 NP－OBL－C－NUC－164（中共吉林省委和吉林市委的统一领导下），ZP－S－U－NUC－161（＊）组织了 NP－O－A－NUC－165（各有关方面）／

ZP－S－U－BADC－165（＊）协作进行 ZP－O－U－BADC－163（＊）／。

39. PP－S－A－NUC－166（他们）听到 NP－O－I－NUC－167（飞机声）／

ZP－S－U－BADC－167（＊）掠过 NP－OBL－L－BADC－168（天空）／，

接着 ZE－S－L－NUC－169（＊）就突然下起 NP－O－I－NUC－170（雨）来／，

ZP－S－U－NUC－166（＊）都挨着雨淋／

ZP－S－U－NUC－166（＊）跑回家去／。

40. NP – S – A – NUC – 171（二姑姑）说/

ZP – S – U – EBAD – 171（＊）没指望 PP – O – A – EBAD – 172（我们）/

ZP – S – U – BADC1 – 172（＊）来得如此快/，

NP – S – I – EBAD – 173（房子）都没打扫/。

ZP – S – U – NUC – 171（＊）领 PP – O – A – NUC – 174（我们）/

ZP – S – U – BADC – 174（＊）参观 NP – O – L – BADC – 175（全宅）/，……

41. NP – S – A – NUC – 176（姐妹俩）跟着 NP – O – A – NUC – 177（羊群）/

ZP – S – U – NUC – 176（＊）艰难地走着/。

NP – SM – A – NUC – 178（妹妹玉荣）的 NP – S – I – NUC – 179（小脸）已经冻肿了/，

但 PP – S – A – NUC – 180（她）依然倔强地跟着 NP – O – A – NUC – 181（羊群）/

ZP – S – U – NUC – 180（＊）奔跑/。

ZP – S – U – NUC – 176（＊）约莫走了三四个钟头/，……

42. NP – S1 – L – NUC – 182（这里）还有 NP – O1 – A – NUC – 183（一些走贩）/。

ZP – S – U – BADC – 183（＊）早晨时摆 NP – O – I – BADC – 184（地摊）/，

ZP – S – U – BADC – 183（＊）卖些 NP – O – I – BADC – 184（自家缝制的衬衣睡衣，鞋袜，针头线脑）/，

ZP – S – U – BADC – 183（＊）到八九点就收摊了/。

ZP – S1 – U – NUC – 182（＊）再有 NP – O1 – A – NUC – 185（一些推销商）/，

ZP－S－U－BADC－185（＊）或是向 NP－OBL－L－BADC－
186（小饭铺）推销 NP－O－I－BADC－187（鲜辣粉、味
精、五香调料）／，……

43. 如果 PP－S－A－FAD1－188（我们）从 NP－OBL－C－
FAD1－189（个别性的善）中发现 NP－OM－C－FAD1－190
（道德价值）的 NP－O－C－FAD1－191（基础）／，
那么，由于 DM－OBL－C－FAD1－192（这些善的个别性），
PP－S－C－NUC－193（它们）只有着 NP－O－C－NUC－
194（相对的性质）／，
DM－S2－C－NUC－195（这）是不能作为 NP－OM－C－
NUC－196（道德价值）的 NP－O－C－NUC－197（源头）
的／。
于是 ZP－S－U－FAD1－188（＊）要想找到 NP－OM－C－
FAD1－198（道德价值）的 NP－O－C－FAD1－199（最高
根源）／，
ZP－S－U－NUC－188（＊）就应该超越 NP－O－C－NUC－
200（这些个别性的善）／。

44. PP－S－A－NUC－201（他）提着 NP－O－I－NUC－202
（景颇人那份礼物）／，
ZP－S－U－NUC－201（＊）和 NP－AP－A－NUC－203
（刀含梦）并肩默默地出了 NP－OBL－L－NUC－204（街
口）／。
ZP－S－U－NUC－201（＊）到了 NP－OBL－L－NUC－205
（僻静处），NP－S－A－NUC－206（刀含梦）悄声问道／：
"……"
ZP－S－U－NUC－201（＊）NP－OBL－I－NUC－207（言
谈间）已经顺 NP－OBL－I－NUC－208（小道）进入密密丛

丛的 NP－O－L－NUC－209（香蕉林）／，……

45. NP－S－I－NUC－210（路灯）当然是一下子就全亮了的／。
但是 NP－S－A－NUC－211（陈昊）总觉得／
ZP－S－U－EBAD－210（＊）是从 NP－OBL－I－EBAD－212（他的头顶）抛出去 NP－O－I－EBAD－213（两道光流）／。

46. PP－S－A－NUC－214（她）借了 NP－O－I－NUC－215（丝车）／，
ZP－S－U－NUC－214（＊）又忙了五六天／。
NP－T1－L－NUC－216（家里）NP－S－I－NUC－217（米）又吃完了／。
ZP－S－U－NUC－214（＊）叫 NP－O－A－NUC－218（阿四）／
ZP－S－U－BADC－218（＊）拿 DM－O－I－BADC－219（那丝）上 NP－OBL－L－BADC－220（镇里）去卖／。

47. PP－S－A－NUC－221（他）想来／
DM－S－A－EBAD－222（这伙年轻人）一定私通 NP－O－A－EBAD－223（洋鬼子）／，
ZP－S－U－EBAD－222（＊）却故意来骗 NP－O－A－EBAD－224（乡下人）／。
后来果然 ZP－S－U－NUC－222（＊）就不喊 NP－O－I－NUC－225（"打倒洋鬼子"）了／，……

48. PP－S－A－NUC－226（他）希望／
NP－S－A－EBAD－227（小伙子）把 NP－O4－I－EBAD－228（录音机的声音）关小一些／，

ZP – S – U – NUC – 226（＊）等了几次/

ZP – S – U – NUC – 226（＊）发现/

ZP – S – U – EBAD – 227（＊）没有关小 ZP – O – U – EBAD – 228（＊）的意思/，

ZP – S – U – NUC – 226（＊）便径自说下去/。

49. NP – S – A – NUC – 229（屠夫）有 NP – O – I – NUC – 230（一双好眼睛）/，

PP – SM – A – NUC – 231（他）的 NP – S – I – NUC – 232（瞳光）穿过 NP – O – I – NUC – 233（白绒绒的皮毛）/，

ZP – S – U – NUC – 232（＊）在 NP – OBL – I – NUC – 234（羊的筋肉间）流动/；

50. IP – T1 – I – NUC – 235（每一勺）PP – S – A – NUC – 236（他）都必得送到 NP – OBL – L – NUC – 237（下巴底下）/，

ZP – S – U – NUC – 236（＊）才能放进 NP – OBL – I – NUC – 238（盒内）/。

51. NP – T2 – C – NUC – 239（他们争论的焦点），ZP – S – U – NUC – 239（＊）不在 NP – OBL – C – NUC – 240（刘五的改变）/，

DM – T1 – C – INS – 241（这个）PP – S – A – INS – 242（他们）都了解 ZP – O – U – INS – 241（＊）/；

ZP – S – U – NUC – 239（＊）却在 NP – OBL – C – NUC – 243（高二的异常）/，……

52. 总之，NP – T2 – I – NUC – 244（一道很宽的沟），PP – S – A – NUC – 245（他）大概跳不过去 ZP – O – U – NUC – 244（＊）/，

ZP－S－U－NUC－245（＊）被横扫以前/

ZP－S－U－NUC－245（＊）本来是可以跳过去 ZP－O－U－NUC－244（＊）的/，……

53. NP－T2－I－NUC－246（洋钱），ZP－S－U－NUC－246（＊）也是洋/，

PP－S－A－NUC－247（他）倒又要 ZP－O－U－NUC－246（＊）了/！

54. PP－S－A－NUC－248（她）就多少有些存心地用 DM－OBL－I－NUC－249（那种无盖的快餐盒）与 PP－OBL－A－NUC－250（你）打饭打菜/。

PP－S－A－NUC－251（你）说/

DM－S－I－EBAD－252（这）怎么好拿啊/！

PP－S－A－NUC－253（她）也不与 PP－OBL－A－NUC－254（你）调换 ZP－O－U－NUC－252（＊）/，

ZP－S－U－NUC－253（＊）只是用 NP－OBL－I－NUC－255（另一只无盖的快餐盒）合上去 ZP－O－U－NUC－252（＊）/，

ZP－S－U－NUC－253（＊）交 ZP－O－U－NUC－252（＊）到 NP－OBL－I－NUC－256（你手上）/。

55. 而 ZC－S－U－FAD2－257（＊）不能帮助 NP－OM－L－FAD2－258（边远的小镇）的 IP－O－A－FAD2－259（人们）/

ZP－S－U－BADC1－259（＊）得到更多、更肥美的 NP－O－I－BADC1－260（羊腿）的/

NP－S－C－NUC－257（民主）则只是奢侈的空谈/。

56. NP – S – A – FAD1 – 258（部队）当年战斗在 NP – OBL – L – FAD1 – 259（辽西战场）时/，

NP – S – A – NUC – 260（战士们）路过 NP – OM – I – NUC – 261（枝头结满果实）的 NP – O – L – NUC – 262（苹果园）/，

ZP – T1 – U – NUC – 260（＊）NP – S – I – NUC – 263（一个苹果）也不摘/；

57. 所以 DM – T3 – L – NUC – 264（这条小街上），ZP – S – U – NUC – 264（＊）看起来各做各的生意/，

实际上，ZP – S – U – NUC – 264（＊）也是结了 NP – O – C – NUC – 265（帮道）的/。

ZP – T1 – U – NUC – 264（＊）NP – S – I – NUC – 266（内里）靠得很紧/。

58. PP – S – A – NUC – 267（他）再戴 NP – O – I – NUC – 268（一副黑墨镜）/。

虽然 NP – S – Y – FAD1 – 269（天）已经黑了/，

可 PP – S – A – NUC – 270（他）还是要戴 ZP – O – U – NUC – 268（＊）的/。

ZP – S – U – NUC – 270（＊）摘去 NP – O – I – NUC – 271（厨师帽）/，

ZP – S – U – NUC – 270（＊）露出了 NP – O – I – NUC – 272（头发）/，

ZP – S2 – U – BADC – 272（＊）是 NP – O2 – C – BADC – 273（刺猬式的男女通行的新款式）/，

ZP – S – U – BADC – 272（＊）喷了 NP – O – I – BADC – 274（摩丝）/。

因为 NP – OBL – C – BADC – 275（帽子的保护），ZP – S –

U – BADC – 272（＊）一点没走形／，

ZP – S – U – BADC – 272（＊）也没 NP – O – I – BADC – 276（油烟气）／。

ZP – T1 – U – NUC – 270（＊）NP – S2 – L – NUC – 277（脚下）是 NP – O2 – I – NUC – 278（黑皮鞋）／，

ZP – S – U – BADC – 278（＊）尖头方跟／。

59. IP – S – A – NUC – 279（有人）想看 NP – OM – A – NUC – 280（屠夫）的 NP – O – C – NUC – 281（热闹）／，

NP – S – A – NUC – 282（连长）拿 NP – OBL – I – NUC – 283（眼睛）挡了 ZP – O – U – NUC – 279（＊）／，

ZP – S – U – NUC – 282（＊）只让 NP – O – A – NUC – 284（屠夫）／

ZP – S – U – BADC – 284（＊）喝 NP – O – I – BADC – 285（三杯）／。

60. NP – S1 – Y – NUC – 286（这时候）有 NP – O1 – A – NUC – 287（一个壮健的小伙子）／

ZP – S – U – BADC – 287（＊）正从 NP – OBL – L – BADC – 288（对岸的陆家稻场上）走过／，

ZP – S – U – BADC – 287（＊）跑到 NP – OBL – L – BADC – 289（溪边）／，

ZP – S – U – BADC – 287（＊）跨上了 DM – O – I – BADC – 290（那横在溪面用四根木头并排做成的雏形的"桥"）／。

NP – S – A – NUC – 291（四大娘）一眼看见 ZP – O – U – NUC – 287（＊）／，……

61. NP – S – A – NUC – 292（羊群）顺着 NP – O – I – NUC – 293（风）／

ZP – S – U – NUC – 292（＊）拼命逃窜／。

NP – S – A – NUC – 294（姐妹俩）飞奔上前／

ZP – S – U – NUC – 294（＊）拦堵 ZP – O – U – NUC – 292

（＊）／，……

62. 只有 NP – SM – I – NUC – 295（冰箱）的 NP – S – I – NUC –

296（门）是开着的／。

NP – S – A – NUC – 297（我）不知道 PP – O – A – NUC – 298

（它）／

ZP – S – U – BADC – 298（＊）是怎样撞开 ZP – O – U –

BADC – 296（＊）的／，……

63. NP – T1 – A – NUC – 299（小翠）NP – SM – I – NUC – 300

（手里）的 NP – S – I – NUC – 301（粽子米）撒了一地／，

ZP – S – U – NUC – 299（＊）忙的用 NP – OBL – I – NUC –

302（脚）去压着 ZP – O – U – NUC – 301（＊）／。

64. NP – OBL – Y – NUC – 302（去年）NP – S – I – NUC – 303

（秋收）固然还好／，

可是 NP – T2 – A – NUC – 304（地主、债主、正税、杂捐），

ZP – S – U – NUC – 304（＊）一层一层地剥削 ZP – O – U –

NUC – 303（＊）来／，

ZP – S – U – NUC – 303（＊）早就完了／。

65. NP – T2 – I – NUC – 305（各个菜摊上的蔬菜），ZP – S – U –

NUC – 305（＊）都经过加工整理／，

NP – S – I – NUC – 306（白菜）剥去了 NP – O – I – NUC –

307（菜帮）／，

NP – S – I – NUC – 308（芹菜）摘去了 NP – O – I – NUC –

308（根）/，

NP－S－I－NUC－310（胡萝卜和鲜茄）洗得干干净净/，

NP－S－I－NUC－312（边荸荠）也剥了 NP－O－I－NUC－313（皮）/。

如果 NP－S－A－FAD1－314（顾客）没有时间挑选 ZP－O－U－FAD1－305（＊）/，

ZP－S－U－NUC－314（＊）可以把 NP－O4－I－NUC－315（菜单）交给 NP－OBL－A－NUC－316（营业员）/，……

66. PP－S－A－NUC－317（我）想着/

NP－S2－I－EBAD－318（箩筐里装的）肯定是 NP－O2－I－EBAD－319（水果）/。

当然 ZP－S2－U－EBAD－318（＊）最好是 NP－O2－I－EBAD－320（香蕉）/。

PP－S－A－NUC－321（我）想/

PP－SM－A－EBAD－322（他）的 NP－S1－L－EBAD－323（驾驶室里）应该也有 ZP－O1－U－EBAD－319（＊）/，

那么 PP－S－A－NUC－324（我）一坐进 ZP－OBL－U－NUC－323（＊）去/

ZP－S－U－NUC－324（＊）就可以拿起 ZP－O－U－NUC－320（＊）来吃了/。

三　主要解析有 SM 干扰的先行语为 S 的零形回指，兼顾其他的：

67. NP－SM－A－NUC－325（边防部队）的 NP－S－A－NUC－326（医生和卫生员）还背着 NP－O－I－NUC－327（药包）/

ZP－S－U－NUC－326（＊）在 NP－OBL－L－NUC－328（村庄里）为 NP－OBL－A－NUC－329（居民）进行 NP－O－I－NUC－330（最后一次治疗）/。

68. 但是 PP – SM – A – NUC – 331（他）的 NP – S2 – L – NUC –
332（王国）并不是阴森可怕/，

ZP – T1 – U – NUC – 332（＊）NP – S – L – NUC – 333（里
面）充满了永恒的 NP – O – C – NUC – 334（幸福）/。

69. NP – SM – A – NUC – 335（高二）的 NP – S – I – NUC – 336
（拳头）擎在空中/，

NP – S – I – IAD – 337（棺材）进了 NP – O – I – IAD – 338
（坟）/，

NP – S – U – NUC – 336（＊）老停在 NP – OBL – L – NUC –
339（那儿）/！

70. PP – SM – A – NUC – 340（她们）的 NP – S – I – NUC – 341
（筒裙）又窄又长/，

ZP – S – U – NUC – 340（＊）走起 NP – O – I – NUC – 342
（路）来/

ZP – S – U – NUC – 341（＊）飘飘摆摆/，……

71. 则 PP – SM – A – NUC – 343（我们）的 NP – S – C – NUC –
344（生命气质）就增大一分/，

ZP – S – U – NUC – 343（＊）循序渐进/，

ZP – S – U – NUC – 343（＊）慢慢培养 ZP – S – U – NUC –
344（＊）/，

ZP – S – U – NUC – 343（＊）方能使 RP – O – A – NUC – 345
（自己）/

ZP – S – U – BADC – 345（＊）养成 NP – O – C – BADC – 346
（一种至大至刚的浩然之气）/，……

四　主要解析先行语为 SM 的零形回指，兼顾其他的：

72. 于是 NP – SM – A – NUC – 347（老通宝和阿四）的 NP – S – I – NUC – 348（谈话）打断/，

ZP – S – U – NUC – 347（＊）都出去"捋叶"/。

73. PP – SM – A – NUC – 349（她们）DM – S – I – NUC – 350（那快乐的心里）便时时闪过了 DM – O – C – NUC – 351（这样的盘算）/：

ZP – SM – U – NUC – 349（＊）NP – S – I – NUC – 352（夹衣和夏衣）都在 NP – OBL – L – NUC – 353（当铺里）/，

DM – T1 – I – NUC – 354（这）ZP – S – U – NUC – 349（＊）可先得赎出来/；

ZP – S – U – NUC – 349（＊）过 NP – O – C – NUC – 355（端阳节）/

ZP – S – U – NUC – 349（＊）也许可以吃 NP – O – I – NUC – 356（一条黄鱼）/。

74. PP – SM – A – NUC – 357（他）的 NP – S – I – NUC – 358（左耳朵）动了两动/——

DM – S2 – I – BAD – 359（这）是 NP – O2 – C – BAD – 360（他要发表高见的预兆）/。

ZP – SM – U – NUC – 357（＊）NP – S – I – NUC – 361（嘴）咧到耳朵边/，……

75. NP – SM – A – NUC – 362（四大娘）的 NP – S – I – NUC – 363（脸色）立刻变了/，

ZP – T1 – U – NUC – 362（＊）NP – S – I – NUC – 364（一句话）也没说/，

ZP – S – U – NUC – 362 （＊） 提了 NP – O – I – NUC – 365
（水桶）／

ZP – S – U – NUC – 362 （＊） 就回家去／，……

76. 本来，ZC – S – U – FAD2 – 366 （＊） 做尽 NP – O – I – FAD2 –
367 （坏事）／的

NP – SM – A – NUC – 366 （帝国主义者） 的 NP – S – C – NUC –
368 （寿命） 不会很长／，

ZP – S – U – NUC – 366 （＊） 更经不得 NP – O – I – NUC –
369 （这样一场激烈的经济比赛）／，……

五　主要解析先行语为 O 的零形回指，兼顾其他的：

77. PP – S – A – NUC – 370 （我） 明明告诉过 PP – OI – A – NUC –
371 （你），NP – OD – I – NUC – 372 （五块钱一荤两素，六
块钱两荤一素，七块钱两荤两素）／，

PP – S – A – NUC – 373 （你自己） 放弃了 ZP – O – U – NUC –
372 （＊）／，

PP – S – A – NUC – 374 （我） 也不能硬塞给 PP – OI – A –
NUC – 375 （你） ZP – OD – U – NUC – 372 （＊）／，

PP – S – A – NUC – 376 （你） 少要了 ZP – O – U – NUC – 372
（＊）／

ZP – S – U – NUC – 374 （＊） 也不退 NP – O – I – NUC – 377
（钱） 的／。

78. NP – S – A – NUC – 378 （龙梅） 想背上 NP – O – A – NUC –
379 （羊）／

ZP – S – U – NUC – 378 （＊） 走／，

ZP – S – U – NUC – 378 （＊） 背不动 ZP – O – U – NUC – 379

（＊）／，

ZP－S－U－NUC－378（＊）放下 ZP－O－U－NUC－379

（＊）吧／，……

79. PP－T1－A－NUC－380（她）NP－S－I－NUC－381（身

上）着 NP－O－I－NUC－382（火）了／。

在旁边的 NP－S－A－NUC－383（工友）劝 PP－O－A－

NUC－384（她）／

ZP－S－U－BADC－384（＊）赶快到 NP－OBL－L－BADC－

385（外面）去弄熄 ZP－O－U－BADC－382（＊）／，……

80. NP－S－A－NUC－386（小姐们）将搋抹布的 NP－O4－I－

NUC－387（脏水）泼在 NP－OBL－L－NUC－388（门前路

上）／，

ZP－S－U－NUC－386（＊）也不让着 NP－OM－A－NUC－

389（路人）的 NP－O－I－NUC－390（脚）／，

IP－S－A－NUC－391（谁）泼上 ZP－O－U－NUC－387

（＊）／

IP－S－A－NUC－391（谁）活该／。

81. DM－T2－C－NUC－392（这种观点），PP－S－A－NUC－

393（我们）其他时候也要有 ZP－O－U－NUC－392

（＊）／，

ZP－S－U－FAD1－393（＊）在论述 NP－O－I－FAD1－

394（公元前第五六世纪印度情况）时／，

ZP－S－U－NUC－393（＊）更是绝对不能离开 ZP－O－

U－NUC－392（＊）的／。

82. NP－S－A－NUC－395（一名顾客）却提醒 PP－O－A－

NUC－396（你）/：

PP－S－A－EBAD－396（你）还可以要NP－O－I－EBAD－
397（一样素菜）呢/，

因为ZP－S2－U－BAD1－396（＊）至少是NP－O2－I－
BAD1－398（一荤两素）/。

于是PP－S－A－NUC－399（你）便向NP－OBL－A－NUC－
400（那小姐）交涉/。

这时候，DM－S－A－NUC－401（这小姐）突然间变得滔滔
不绝/，

PP－S－A－NUC－401（她）呱呱呱/，

ZP－S－U－NUC－401（＊）一连气地说着/，

NP－S－C－NUC－402（意思）是/，

PP－S－A－EBAD－403（你自己）没要ZP－O－U－EBAD－
397（＊）/，……

83. DM－S－I－NUC－404（这）不仅不合NP－O－I－NUC－
405（事实）/，

而且ZP－S－U－NUC－404（＊）还割裂了NP－O－C－
NUC－406（词义与概念之间的密切联系）/；

其次，ZP－S－U－NUC－404（＊）还可能给IP－OI－A－
NUC－407（人）NP－OD－C－NUC－408（一个错觉）/，

ZP－S－U－NUC－407（＊）以为/

NP－S1－I－EBAD－409（概念与声音形式之间）有NP－
O1－C－EBAD－410（必然联系）/，……

84. NP－OBL－L－NUC－411（海边的小酒店里），NP－T2－I－
NUC－412（一盏昏红的煤油灯），ZP－S－U－NUC－412
（＊）照出NP－O－A－NUC－413（几个粗皮大手的汉
子）/

ZP – S – U – BADC – 413（＊）围坐在 NP – OBL – L – BADC – 414（一张桌子）上/。

85. NP – OBL – Y – NUC – 415（上半年）NP – S – A – NUC – 416（重庆）实现 NP – O – I – NUC – 417（增加值 2320.47 亿元）/，

ZP – S – U – BADC – 417（＊）增长 12.5%/。

86. NP – T3 – L – NUC – 418（在皆东），ZP – S1 – U – NUC – 418（＊）驻有 NP – O1 – A – NUC – 419（一个公费医疗队）/。

ZP – S – U – BADC – 419（＊）说是 NP – O – A – BADC – 420（队）/，

其实 ZP – S1 – U – BADC – 419（＊）只有 NP – O1 – A – BADC – 421（一位助理医生和两个看护）/。

87. NP – S – A – NUC – 422（西方学者）一般把 PP – O4 – C – NUC – 423（它）叫作 NP – OBL – C – NUC – 424（"共和国"）/，

ZP – S – U – NUC – 422（＊）也只是说明/

ZP – S – U – EBAD – 423（＊）与 NP – OBL – C – NUC – 425（世袭君主制）不同而已/。

88. 但对于 PP – OBL – A – NUC – 426（我），PP – S – A – NUC – 427（它）并无半点要来亲近 ZP – O – U – NUC – 426（＊）的表示/，

ZP – S – U – NUC – 427（＊）仍是我行我素/，

ZP – S – U – NUC – 427（＊）饿了/

ZP – S – U – NUC – 427（＊）就叫/，

ZP – S – U – NUC – 426（＊）拿 NP – O – I – NUC – 428（东

西）给 NP－OBL－A－NUC－427（它）/……

89. PP－S－A－NUC－429（她）答应/

ZP－S－U－EBAD－429（＊）很快就来/。

NP－S－A－NUC－430（景颇人）带起 NP－O－I－NUC－431（雨伞）/，

ZP－S－U－NUC－430（＊）想去催请 ZP－O－U－NUC－429（＊）一下/。

ZC－S－U－FAD1－430（＊）到了 NP－OBL－L－FAD1－432（河边）/，

PP－S－A－NUC－430（他）才省悟到/，

原是由于 NP－OBL－I－EBAD－433（夜来一场大雨），NP－S－I－EBAD－434（河水）漫了 NP－O－I－EBAD－435（槽）/，

ZP－S－U－EBAD－429（＊）根本没法过来了/。

90. NP－SM－I－NUC－436（饭铺）的 NP－S－C－NUC－437（情形）就杂了/，

ZP－S1－U－NUC－436（＊）有 NP－O1－I－NUC－438（兰州拉面）/，

可 NP－S2－A－NUC－439（店主）并不是 NP－O2－A－NUC－440（兰州人）/，

ZP－S2－U－NUC－439（＊）却是 NP－O2－A－NUC－441（山东人）/。

或者 ZP－S－U－NUC－438（＊）从 NP－OBL－A－NUC－442（兰州人那里）学来的 NP－O－C－NUC－443（手艺）/，

或者 ZP－S2－U－NUC－438（＊）根本是 NP－O2－I－NUC－444（另一路的拉面）/，……

六　主要解析先行语为 OM 的零形回指，兼顾其他的：

91. DM – S – A – NUC – 445（这）是 ZC – S – U – FAD2 – 446
（﹡）从事 NP – O – I – FAD2 – 447（音乐工作）NP – OBL –
Y – FAD2 – 448（二十多年）的/NP – OM – A – NUC – 446
（陈德山）的 NP – O – A – NUC – 449（第三个儿子）/，
PP – S – A – NUC – 450（他）要把 PP – O4 – A – NUC – 451
（他们）都培养/
ZP – S – U – BADC – 451（﹡）成优秀的 NP – O – A – BADC –
452（音乐家）/。

92. ZE – S2 – L – NUC – 453（﹡）总归是 IP – OM – A – NUC –
454（人家）的 NP – O2 – L – NUC – 455（地盘）/，
ZP – S – U – BADC – 454（﹡）喊人/
ZP – S – U – BADC – 454（﹡）喊得应/，……

93. NP – S – A – NUC – 456（江西省）在 NP – OBL – L – NUC –
457（全省范围内）发动了 NP – O – A – NUC – 458（全党全
民）/
ZP – S – U – BADC – 458（﹡）办 NP – OM – I – BADC – 459
（工业）的 NP – O – C – BADC – 460（群众运动）/。
NP – S – A – BADC – 461（省）办 ZP – O – U – BADC – 459
（﹡）/，
NP – S – A – BADC – 462（县）办 ZP – O – U – BADC – 459
（﹡）/，……

七　主要解析先行语为 OBL 的零形回指，兼顾其他的：

94. 那时 NP – S2 – I – NUC – 463（上学）对 NP – OBL – A – NUC –
464（这些穷孩子）来说只不过是 NP – O2 – C – NUC – 465

（梦想）／，

ZP – S – U – FAD1 – 464（＊）即使勉强能上学／，

ZP – S – U – NUC – 464（＊）又会遭到 NP – OM – A – NUC – 466（反动政权和头人）的 NP – O – C – NUC – 467（迫害）／。

95. NP – S – L – NUC – 468（木炭外面）又用 NP – OBL – I – NUC – 469（白膏泥）填塞封固／，

ZP – T1 – U – BADC – 469（＊）NP – S – C – NUC – 470（厚度）60 至 130 厘米／。

96. NP – T2 – C – NUC – 471（思想政治教育学）在 NP – OBL – C – NUC – 472（发展过程中），ZP – S – U – NUC – 471（＊）还正在经历一个／

由 ZC – S – U – FAD2 – 472（＊）注重 NP – O – C – FAD2 – 473（思想政治教育）的 NP – OBL – C – NUC – 472（学科传承）／

向 ZC – S – U – FAD2 – 474（＊）注重 NP – O – C – FAD2 – 475（思想政治教育）的 NP – OBL – C – NUC – 474（学科创新）的／NP – O – C – NUC – 476（转变）／，……

97. PP – S – A – NUC – 477（他）把 NP – O4 – I – NUC – 478（手）放在 NP – OBL – I – NUC – 479（小宝的“和尚头”）上／

ZP – S – U – NUC – 477（＊）摩着 ZP – O – U – NUC – 479（＊）／，……

98. NP – T2 – I – NUC – 480（原告与被告争论的焦点），ZP – S – U – NUC – 480（＊）是／

NP‒S‒A‒EBAD‒481（东史郎日记中记载的其上司桥本光治）将 NP‒O4‒A‒EBAD‒482（中国人）装入 NP‒OBL‒I‒EBAD‒483（邮局麻袋）／，

ZP‒S‒U‒EBAD‒481（＊）浇上 ZP‒OBL‒I‒EBAD‒484（汽油）／，

ZP‒S‒U‒EBAD‒481（＊）捆上 ZP‒OBL‒I‒EBAD‒485（手榴弹）／，

ZP‒S‒U‒EBAD‒481（＊）点着 ZP‒O‒U‒EBAD‒483（＊）后／

ZP‒S‒U‒EBAD‒481（＊）扔 ZP‒O‒U‒EBAD‒483（＊）进水塘的／

事实是否存在／。

八　先行语为两个成分的零形回指：

99. ZCT‒S‒U‒FAD1‒484（＊）走出 NP‒O‒L‒FAD1‒485（车站）以后／，

NP‒S‒A‒NUC‒484（杨勇上将）由 NP‒OBL‒A‒NUC‒486（彭真和郭沫若）陪同／，

NP‒S‒A‒NUC‒484（王平上将）由 NP‒OBL‒A‒NUC‒487（李济深和程潜）陪同／，

ZT‒S‒U‒NUC‒484（＊）分别乘上 NP‒O‒I‒NUC‒488（敞篷汽车）／，

ZP‒S‒U‒NUC‒484（＊）同 NP‒OBL‒A‒NUC‒489（志愿军代表团和志愿军文艺工作团）一起由 NP‒OBL‒L‒NUC‒490（车站）到 NP‒OBL‒L‒NUC‒491（北京饭店）／。

九　零代词反指：

100. 其旗下 ZC‒S‒U‒FAD2‒492（＊）专业生产 NP‒O‒

I – FAD2 – 493（彪马用品）的/

NP – T2 – A – NUC – 492（湘威运动用品有限公司），ZP – S – U – NUC – 492（＊）已从 NP – OBL – L – NUC – 494（广东东莞）转移到了 NP – OBL – L – NUC – 495（这里）/。

101. ZC – S – U – FAD1 – 496（＊）把 NP – O4 – A – FAD1 – 497（企业导师）作为 NP – OBL – A – FAD1 – 498（主导师），NP – AP – A – FAD1 – 499（学校导师）作为 NP – OBL – A – FAD1 – 500（副导师）/，

ZC – T1 – U – FAD1 – 496（＊）NP – S – I – FAD1 – 501（从事的课题和论文）也都是经过选择认定/、NP – S – A – FAD21 – 502（企业）急需解决的 NP – O – C – FAD1 – 503（最关键技术问题）/。

NP – S – A – NUC – 496·（宝钢、上汽等5家企业）已成为 NP – O – L – NUC – 504（首批上海研究生联合培养基地）/。

102. 虽然在 DM – OBL – Y – FAD1 – 505（这半个月）来 ZC – S – U – FAD1 – 506（＊）也是半饱/

而且 ZC – S – U – FAD1 – 506（＊）少睡/，

ZC – S – U – FAD1 – 506（＊）也瘦了许多了/，

PP – SM – A – NUC – 506（他）的 NP – S – C – NUC – 507（精神）可还是很饱满/。

103. ZC – S – U – FAD1 – 508（＊）记起 DM – O – I – FAD1 – 509（这）/，

NP – SM – A – NUC – 508（刀含梦）的 NP – S – I – NUC – 510（心）就不由地跳荡起来/。

104. DM – S – C – NUC – 511（这）又不是 DM – O – C – NUC – 512（那种思想解放式的开放）/，

ZP – S – U – NUC – 511（＊）而是有些破罐子破摔似的/。

从 NP – OBL – I – NUC – 513（随地撒尿这事）上，ZE – S – U – NUC – 514（＊）最能看出 DM – O – C – NUC – 515（这一点）/。

ZC – T1 – U – FAD1 – 516（＊）NP – S – I – FAD1 – 517（啤酒）再喝多些/，

PP – S – A – NUC – 516（他们）就要闹 NP – O – C – NUC – 518（事）了/。

105. NP – OBL – L – NUC – 519（研发室里），NP – S – A – NUC – 520（科研人员）正埋头工作/。

ZC – S – U – FAD1 – 521（＊）看到 NP – O – A – FAD1 – 522（一位科技人员）/

ZP – S – U – BADC1 – 522（＊）正在测试 NP – O – I – BADC1 – 523（传感器）/，

NP – S – A – NUC – 521（温家宝）说/，

DM – S2 – I – EBAD – 524（这）是最重要的 NP – O2 – I – EBAD – 525（部件）/，……

106. NP – S – A – NUC – 526（长影）制定了 NP – O – C – NUC – 527（《长影农村题材电影创作基地建设规划》）/，

ZP – S – U – NUC – 526（＊）决心拍摄出一批 ZC – S – U – FAD2 – 528（＊）反映 NP – O – I – FAD2 – 529（当下农村面貌、农民命运、乡俗民风等）/

ZC – S – U – FAD2 – 528（＊）健康向上/、

ZC – T1 – U – FAD2 – 528（＊）NP – S – A – FAD2 – 530

（农民）喜闻乐见的/NP－O－I－NUC－528（优秀农村题材影片）/，

ZP－S－U－NUC－526（＊）提出了/

ZP－S－U－EBAD－526（＊）力争用 NP－O－Y－EBAD－531（5 年左右时间）/

ZP－S－U－EBAD－526（＊）实现 NP－O－I－EBAD－532（年产 100 部胶片电影和数字电影）的/NP－O－C－NUC－533（目标）/。

107. NP－S－A－NUC－534（恩格斯）说/：

NP－S－C－EBAD－535（宗教）是由 ZC－S－U－FAD21－536（＊）身感 NP－O－C－FAD21－537（宗教需要）/

并 ZC－S－U－FAD21－536（＊）了解 NP－O－C－FAD21－538（群众宗教需要）的/IP－OBL－A－EBAD－536（人们）所建立的/。

108. ZC－S－U－FAD1－539（＊）为了使广大 NP－O－A－FAD1－540（适龄儿童）/

ZP－S－U－BADC1－540（＊）都有 NP－O－C－BADC1－541（机会）/

ZP－S－U－BADC1－540（＊）学习 NP－O－C－BADC1－542（文化）/，

NP－S－A－NUC－539（拉萨军管会）最近又帮助 NP－O－A－NUC－543（各居民委员会）/，

ZP－S－U－BADC－543（＊）采用 NP－O－C－BADC－544（民办方式）/

ZP－S－U－BADC－543（＊）兴办了 NP－O－I－BADC－545（19 所文化学校）/。